UND SAGTE KEIN EINZIGES WORT

TWENTIETH CENTURY GERMAN TEXTS

Heinrich Böll

UND SAGTE KEIN EINZIGES WORT

Edited by
William Hanson

Senior Lecturer in German,
University of Exeter

Routledge

First published in this edition in 1988 by
Routledge
11 New Fetter Lane, London EC4P 4EE

© 1953 Verlag Kiepenheuer & Witsch, Köln & Berlin
Introduction and notes © 1988 William Hanson

Typeset by Colset Private Ltd, Singapore
Printed in Great Britain by Richard Clay Ltd, Bungay, Suffolk

British Library Cataloguing in Publication Data

Böll, Heinrich
Und sagte kein einziges Wort. ——
(Twentieth century texts).
I. Title   II. Hanson, William, 1938
833'.914   PT2603.0394

ISBN 0–415–00669–4

CONTENTS

ACKNOWLEDGEMENTS

The editor and publishers are grateful to Verlag Kiepenheuer and Witsch for permission to reproduce the text of 1953 in this edition and to Professor Dorothée Sölle, together with the editor and publishers of the *Deutsches Allgemeines Sonntagsblatt*, for permission to reproduce the poem on pp. 6–7.

The editor would like to express his gratitude to Mrs Isobel Howe, who made valuable comments on the first draft of the introduction, to Miss Hilda Swinburne for her help with the notes and to Mrs Penny Pike who typed successive drafts of the editorial material.

CHRONOLOGY

1917   21 December: Born in Cologne.
1937   Abitur. Apprenticeship to a bookseller in Bonn.
        Began writing.
1939   University of Cologne as student of German and
        Classical Philology (summer term). Called up for
        service in the 'Wehrmacht' on completion of only
        one term at the university.
1939–45 Served – reluctantly – in the infantry on the
        Eastern and Western fronts where he was wounded
        four times. He never got beyond the rank of lance
        corporal.
1943   Marriage to Annemarie Çech, a teacher and trans-
        lator of English.
1945   Death at birth of Christoph, first son of the mar-
        riage. Returned to Cologne.
1947   Published his first short stories (*Die Botschaft* and
        Kumpel mit dem langen Haar). Birth of son
        Raimund.
1948   Birth of son René.
1949   Published *Der Zug war pünktlich*.
1950   Birth of son Vincent. Published *Wanderer kommst
        du nach Spa . . .* (a collecton of 25 short stories).

1951   First attended and received the prize of the 'Gruppe 47' for his short story *Die schwarzen Schafe*. Published his first novel, *Wo warst du, Adam?*

1953   *Und sagte kein einziges Wort*. Elected to membership of the Deutsche Akademie für Sprache und Literature.

1954   First visit to Ireland. Published *Haus ohne Hüter*.

1955   *Das Brot der frühen Jahre*.

1956   *Unberechenbare Gäste*, a collection of satirical stories.

1957   *Irisches Tagebuch; Im Tal der donnernden Hufe*.

1958   *Dr. Murkes gesammeltes Schweigen*, a collection of satirical stories.

1959   *Billard um halbzehn*. Received Kunstpreis des Landes Nordrhein-Westfalen. Elected member of the Bavarian Academy of Arts.

1960   Founder and Editor of *Labyrinth*, a journal committed to Christian and Socialist principles. Received Prix Charles-Veillon (Lausanne).

1961   *Ein Schluck Erde* (play). First collection of works *(Erzählungen, Hörspiele, Aufsätze)*. Received Literaturpreis der Stadt Köln. *Brief an einen jungen Katholiken*.

1962   First visit to Russia. *Als der Krieg ausbrach/Als der Krieg zu Ende war*. Translated, with Annemarie Böll, J.D. Salinger's *Catcher in the Rye* (many other translated works, before and after).

1963   *Ansichten eines Clowns. Hierzulande* (essays).

1964   *Entfernung von der Truppe*. Visiting lecturer at Frankfurt University.

1966   *Ende einer Dienstfahrt; Frankfurter Vorlesungen*.

1967   Georg-Büchner-Preis.

1968   August: visit to Prague coincides with the Russian invasion of Czechoslovakia.

1969   Visit to Israel.

1970–2 President of the West German section of the PEN Club (International Association of Poets, Playwrights, Editors, Essayists and Novelists).

1971–4   President of the International PEN Club.

1971   *Gruppenbild mit Dame*. First visit to U.S.A.

1972   Published the controversial essay 'Will Ulrike Meinhof Gnade oder freies Geleit?'. Awarded the Nobel Prize for Literature.

1973   Awarded Honorary Doctorates at the universities of Aston, Brunel, and Dublin. Second visit to USA.

1974   Awarded the Carl von Ossietzky Medal of the International League of Human Rights. Honorary Membership of the American Academy of Arts and Letters. Received Russian Nobel Prize winner Alexander Solzhenitsyn at his home in Cologne. *Die verlorene Ehre der Katharina Blum*, his most successful work. (Made into a film by Volker Schlöndorff in 1975).

1975   Autumn: conversations with René Wintzen in Paris (published 1978 as *Une mémoire allemande*, translated 1981 as *Eine deutsche Erinnerung*).

1977   First volume of Collected Works (*Werke. Romane und Erzählungen 1947–1977*).

1978   *Werke. Essayistische Schriften und Reden. Hörspiele, Theaterstücke, Drehbücher, Gedichte 1. Interviews 1. 1952–1978.*

1979   *Fürsorgliche Belagerung* (translated in 1981 as *The Safety Net*).

1981   *Was soll aus dem Jungen bloß werden?*, an autobiographical sketch of his childhood and youth under the Nazi dictatorship.

1982   *Vermintes Gelände. Essayistische Schriften, 1977–1981*. Death of son Raimund. Freedom of the city of Cologne.

1982–5   Reader and adviser to the Lamuv publishing house founded by his son René.

1985   16 July: Died in Bornheim-Merten, near Cologne. Posthumous publication of *Frauen vor Flußlandschaft*.

INTRODUCTION

Heinrich Böll was the most famous writer of his generation.
Only Günter Grass has achieved anything like the same international acclaim and exposure, but it was Böll who became
the first West German writer to be awarded the Nobel Prize
for Literature in 1972. Characteristically he is said to have
been taken aback when told that the award had gone to him
and not to his friend Grass.[1] Nevertheless, it is a measure of
his achievement and quality that he was the obvious choice
once the decision had been made to honour a West German
writer. His ability was recognized at a very early stage in his
career when he first joined the Group 47 whose acclaimed
literary prize he received in 1951. His writing career spanned
over forty years – he did produce some stories before the
war, but these have not survived – and his range of novels,
short stories, radio plays and essays is wide. No attempt can
be made in a brief introductory note of this kind to discuss his
life and work comprehensively. (The studies by J.H. Reid
and R.C. Conard are the fullest accounts to have appeared so
far in English. See Bibliography.) Certain areas of Böll's
biography and interests can be singled out specifically, however, when preparing to study the work of the 1950s, with
particular reference to *Und sagte kein einziges Wort*.

A belief in the importance of family life is reflected throughout Böll's work and clearly stems from his own personal
experiences. He was born in Cologne on 21 December 1917
into a lower middle-class family, his father being a carpenter
and wood-carver. Not, then, the proud and patriarchal
world of the 'Bürger' that so dominates the work of a writer
like Thomas Mann, but the world of the 'Kleinbürger' forms
the background for many of Böll's stories, that of the ordinary, conscientious citizen who often is seen as a victim
rather than as an aggressor. The Böll family were independent Rhinelanders, deeply religious Roman Catholics and
formed a close and a happy unit. Böll spoke of their solidarity – 'Es war ein richtiger Clan' (quoted in K. Schröter,
p. 29).[2] He was particularly devoted to his mother who was
to die in 1944 from a heart attack following an air-raid on
Cologne. He married Annemarie Çech in 1943 and they too
established a close-knit family unit with their three sons.
Even after he became established as a freelance novelist Böll
continued to collaborate with his wife, a professional translator. They were inseparable. One of the last photographs to
be widely circulated before his death was of the obviously
sick writer, with characteristic dark beret, sitting with his
wife in a field in Mutlangen demonstrating against the siting
of nuclear weapons in the Federal Republic. The sons, too,
remained close to their father with whom they collaborated
on numerous projects concerning human rights and the
Peace Movement. In the 1970s and 1980s Böll was able to
keep in touch with the views of the younger generation
through them. The novel *Fürsorgliche Belagerung* (1979) is
dedicated to them – 'Meinen Söhnen Raimund, René and
Vincent – in Dankbarkeit'. Throughout Böll's work, from
Haus ohne Hüter (1954), dealing with the problems of
families whose father has been killed in the war, to *Was soll
aus dem Jungen bloß werden* (1981), his most personal
account of his own youth, there is a sense that Böll is
chronicling aspects of contemporary family life.

Above all else, perhaps, it is the rise of National Socialism under Hitler, the Second World War, and its aftermath in Germany that proved the most formative experiences of Böll's life and furnish the background to much of his work. The fear of fascism and an awareness of the dangers of authoritarianism coloured his outlook throughout his life and made of him a liberal, committed to those ideals of 'Humanität' and tolerance that were such fundamental values in the period of the German Enlightenment in the eighteenth century. Böll's experience of war and the rise of fascism and its outcome was a direct and personal one. After 1933 he was deeply affected by the growing influence of National Socialism on day-to-day life and he came to hate the brown uniform of the hordes marching the streets of Cologne (see *Eine deutsche Erinnerung*, p. 115f.). He did not join the Hitler Youth but had to carry out the 'Arbeitsdienst' (the next stage up from the Hitler Youth). His university study was cut short after only one term when he was drafted into the army where he served throughout the war on both the Eastern and Western fronts and was wounded on four occasions. In 1945 he returned, like so many, to a devastated city. The hatred of war and of National Socialism stayed with him. He constantly reflects in short stories and in novels the paradox of Germany's involvement in total war, the tragedy that a nation renowned as 'ein Volk der Dichter und Denker' and the home of civilized, enlightened ideals could also be responsible for the Holocaust. He tries to relate the enormity of that responsibility to the life of ordinary and fundamentally decent citizens. Böll never believed in what he considered to be the facile public recognition of guilt which became popular in the 1960s – at a time when many former Nazis were still in public office. The term 'die Bewältigung der Vergangenheit', which became popular then, was to him meaningless. The past could not be 'overcome'; it had to be lived with.

The position of the Roman Catholic Church during the Nazi period was a precarious one and a source of considerable concern for Böll whose involvement with the Church was life-long and complex. That Böll was a man of deep religious conviction is beyond question. He is indeed a religious writer, specifically (though he disliked the term) a Catholic writer, in his critical approach not unlike Graham Greene. Böll's view of the Church as an institution and its political involvement led to feelings of substantial ambivalence. Born into a family of Catholic Rhinelanders, he inevitably felt he belonged to the Catholic Church; his career is marked by a whole series of works that are critical of the Catholic Church, or, more accurately, critical of a specific kind of conservative Catholicism that he felt was prevalent immediately following the war. In the 1960s he was critical too of a so-called 'progressive' Catholicism that in his view had missed its spiritual purpose. In the 1970s he officially left the Church when he ceased to pay his 'Kirchensteuer' and he did not return to official membership of the institution. He died a Roman Catholic nevertheless, receiving an orthodox burial. Böll was not able to forget the Concordat of July 1933 between the Vatican and the Nazis, signed by Papal Nuncio Eugenio Pacelli, who later became Pope Pius XII. He saw a fundamental clash between the institutional and spiritual roles of the Church and never tired of saying so in essays and novels. And yet his work is full of religious feeling, despite fundamental doubts about the difficulties and uncertainties of faith. Often he depicts the conflicting needs of human beings, who are both flesh and spirit, who live in a real and harsh world and are told by their priests – and have an instinct too – that there is a spiritual world. This conflict is nowhere more clearly depicted than in *Und sagte kein einziges Wort*.

Böll was always quick to maintain that his real interest as a writer was not in reflecting the German past or religious or political problems, but simply in words and in language. 'Wichtig ist die Sprache und ob man das, was man ausdrücken will, ausdrücken kann' (*Eine deutsche Erinnerung* p. 36). This at first sight might seem strange from a writer who has been hailed as the chief exponent in the German language of 'littérature engagée'. Certainly his work is more obviously characterized by its commitment to humane ideals and its growing social critical tendency than a self-absorbed aestheticism. He made his name in works such as *Der Zug war pünktlich* (1949), *Wanderer kommst du nach Spa . . .* (1950) and *Wo warst du, Adam?* (1951) through his ability to render vividly the horror of war and the deprivations of post-war society. They are characterized by the close and sympathetic observation of individuals who are made wholly credible. Through the 1950s he continued to write about representative figures in the newly emerging materialistic world of the 'Wirtschaftswunder'. *Das Brot der frühen Jahre* is a critique of that world. Böll saw the Currency Reform of 1948 as 'a clear reinstatement of total capitalism', as he put it in the last major interview he gave before he died (*Heinrich Böll. On his death* p. 23) and the deficiencies of capitalist enterprise become recurrent concerns in his work. *Billard um halbzehn* (1959), though technically innovative, is again not an aesthetic exercise in stylistic intricacy but an ambitious attempt to re-live the German past through the memories of three generations of one family. Throughout the 1960s – though there were long periods when on account of illness or depression he did not write – he continued to depict and criticize the development of a materialistic society. *Ansichten eines Clowns* is a withering attack on the mores of the new coffee and cream-cake society and on residual National Socialism in the high places of that society. *Gruppenbild mit Dame* (1971), though technically probably Böll's most self-conscious work, is a large-scale attempt to tackle political and historical events in Germany from 1922 to 1970 through the experiences of one woman, Leni Gruyten-Pfeiffer. It is an intricate composite portrait produced by the many people around her during that time. In the 1970s Böll took up more specific social issues in works like *Die verlorene Ehre der Katharina Blum* (1974), (the press and the police) and *Fürsorgliche Belagerung* (1979), (terrorism and police protection). The work he left on his desk when he died, now published as *Frauen vor Flußlandschaft*, again has very specific political connotations and, whilst it is not intended as a 'roman à clef', it certainly reflects – often humorously and satirically – some of the political figures in the present-day Bonn-Bad Godesberg complex. More important, however, it is Böll's final plea for involvement, despite the nastiness of political life.

In all, then, Böll is a writer in a clearly German context concerned to depict society realistically and critically. Any assessment of his work must rest on an evaluation of the nature of his commitment and the objects of his social criticism. He never seems to be interested in the literary avant-garde – to which he never belonged – nor to be obsessed, as so many past and present German writers have been, with the 'task' of the writer, or the so-called 'malheur d'être poète'. And yet he maintains that his real interest as a writer is in words and in language. As he says in the essay *Über mich selbst* it is through language that he comes to understand the complexity of issues and the difficulty of establishing truth. It is through words, he maintains, that people learn tolerance. Böll was a political animal; his constitution led him to support the (liberal) Left, never the far-Left since he detested all forms of extremism. He was too a religious man. But in the end he remains a writer, a teller of tales whose aim is to create people and places the reader is made to believe in implicitly. The reader of a Böll story is never passive. Böll provokes. By general consensus, however, he is the most readable, the most accessible of writers, and that is no mean achievement.

Not long after Heinrich Böll's death on 16 July 1985 at his house in Bornheim-Merten, the following poem appeared in a Sunday newspaper,[3] written by Dorothée Sölle, a prominent theologian and writer, and sometime collaborator with Böll:

Als Heinrich Böll starb

Wer schützt mich jetzt
vor den projektilen der polizei

die in die unbewaffnete
menge schießt
wer schützt meine augen
vor dem tränengas
wer schützt unsere stimmen
vor dem knebel des schweigens
wer beschützt uns den verstand
vor bild boenisch & co
und wer unser herz
vor verzweiflung
wer unsere verzweiflung
vor kälte

Wer erinnert uns jetzt
an das brot der frühen jahre
und den geschmack der schuld
und den geruch feuchter
klamotten
in einer engen wohnung
und das sakrament
der geteilten zigarette
wer erinnert uns jetzt
an diese art feindesliebe
die du höflichkeit nanntest

Wer beschützt uns jetzt
vor uns selber
wer tröstet mich
mit untröstlichkeit
wer verspricht uns
nicht sieg unter einem himmel
der immer schöner
schimmernden kampfflugzeuge
aber wenigstens tränen
wer stärkt uns
mit waffenlosigkeit
wer bittet für uns

This impressive epitaph takes due account of Böll's tireless activities on behalf of the Peace Movement and his sustained concern for the institutions of democracy in the Federal Republic, not least the Press. From *Dr. Murkes gesammeltes Schweigen* (1958) to *Die verlorene Ehre der Katharina Blum* (1974) there is a recurrent preoccupation in his work with newspapers and the function of the media in a democratic society. In his last years he was deeply disturbed that Peter Boenisch, a reporter for the most popular and most notoriously biased 'Boulevardzeitung' in the country, should have become Press spokesman for the government of Chancellor Kohl. Dorothee Sölle's poem moves from these public activities to Böll's literary work, particularly the early work – *Das Brot der frühen Jahre* of 1955 is mentioned – to suggest its representative quality and its humanity. The theme of the poem is that, now that Böll is dead, West Germans have lost a man who was their spokesman. Though Böll, a modest man, disliked the idea, it is clear, not only from this poem but also from many of the obituary notices that appeared after his death, that he 'spoke for a generation'. A critical re-appraisal of Böll's work is already under way. Indeed in many obituary notices[4] and newspaper articles several questions were raised about the precise nature of his achievement. The questions, however, relate wholly to his technical achievement, particularly in the more ambitious longer works, namely *Billard um halbzehn* (1959), *Gruppenbild mit Dame* (1971) and *Fürsorgliche Belagerung* (1979). No doubts at all have been raised – even in those newspapers that do not share Böll's political views – concerning the quality of his humanity and the sincerity of his moral and political commitment. It is difficult to see at this moment what overall picture of Böll as a writer will emerge in the coming years. The present indications (mainly in journalistic assessments)[5] seem to be that commentators are singling out his satirical short stories, his radio plays, his literary and political essays which for Böll became increasingly important and the earlier phase of his work from *Der Zug war pünktlich*

(1949) to *Ansichten eines Clowns* (1963) where he most clearly developed a sure and wholly characteristic voice, where, as Sölle observes in her poem, a 'shared cigarette' takes on the quality of a sacrament.

UND SAGTE KEIN EINZIGES WORT: SOME APPROACHES TO THE NOVEL

The title

> 'They crucified my Lord,
> an' He never said a mumbalin' word.
> Not a word, not a word, not a word.'[6]

Though perhaps not *strictly* accurate either theologically or as a quotation, the words of the negro spiritual that Käte Bogner first hears in Chapter 4 of the novel suggest that when Christ was dying on the Cross He did not complain. Suffering, though inexplicable, is an accepted and central part of the Christian faith. Käte's situation in the novel is a critical one and her faith is sorely tested. In Chapter 4 we see her struggling with the dust in her flat, remembering her dead children and the uncaring world around her. She feels anger at the way she is having to suffer. She hears sounds down the hall, presumably from the radio, of Church services and pious lectures and her anger becomes hatred. But then she hears the words of the spiritual as a reminder of the true Christian message of consolation. The severity of the test Käte undergoes is further underlined later (in Chapter 12) when she returns to the flat, after the night spent with Fred, to be met by Frau Franke, ironically on her way to Mass, yet finding time nevertheless to suggest cruelly to Käte that it looks as though Fred has finally left her for good. But now Käte expresses no hatred or anger. She longs only for the voice of the negro. Again the words of the spiritual are introduced, as a coda at this point in the narrative, a reminder that the difficulties and horrors of life can be resolved through patience and ungrudging acceptance of all that life – here in the form of the uncharitable Frau Franke – imposes.

It is in relation to the words of the spiritual that the mentally retarded boy Bernhard and his family become intelligible. Bernhard's family and the situation in the 'Bude' function as a model of true Christianity. We first meet the girl with Bernhard taking Communion with the so-called 'Dreiminuspriester' in Chapter 3. Fred is immediately struck by the girl's 'sehr sanftes Profil' and her 'einfache Innigkeit' (p. 59). He is as if mesmerized by her natural dignity as she holds on to her brother's hand 'mit einer stetigen und festen Geduld' (p. 60). Later he sees her as somehow childlike and innocent as she goes about lighting the stove and preparing the breakfast in the 'Bude'. He senses a piety verging on saintliness. She does not complain; she shows spontaneous charity to both Fred and Käte who, like the 'Dreiminuspriester' are instinctively drawn to her. Like Fred, Käte too is entranced by the girl and her brother. When she meets them after her Confession (p. 116) 'Ihr Lächeln fiel wie ein Zauber über mich'. Yet the family has suffered greatly. The girl must struggle to make ends meet; her brother is mentally retarded; her mother has been killed in an air raid; her father is a wounded war veteran. Yet she exemplifies the Christian virtues implied in the words of the spiritual. Her brother is both an image of war-ruined Germany – he was blown from his mother's arms when she was killed – and one of Christ-like acceptance. The words of the spiritual are directly related to him at one point: 'kein einziges Wort kann er sprechen, nur dsu-dsa-dse' (p. 118). But he is not isolated, the voices of his family get through to him, as do the shrill sounds of everyday life – the trams and, most significantly, the organ and the Divine Office of the monks in the nearby church. Bernhard's family is a model of suffering but also one of genuine charity and humanity. That is clear from the way Fred and Käte are attracted to and received by the people in the 'Bude'.

The title of the novel is an indication of its course and its outcome. It points to the difficult moral that the story embodies. Moreover, in his depiction of the group in the

'Bude', Böll writes with deep sentiment whilst wholly avoiding mawkish sentimentality.

The social issues

Through what is at first sight a very intimate story Böll manages skilfully in *Und sagte kein einziges Wort* to give a broad picture of the state of West German society in the early 1950s. It must be stressed that Böll uses throughout the technical device of the double perspective (see p. 26). Consequently the social attitudes in the story are those subjectively held by the involved narrators, Fred and Käte and not those of an author objectively stating a case. Nevertheless, Böll's view is fundamentally critical and constitutes an indictment at several levels. At this early stage in his career Böll is concerned to show how social forces and institutionalized morality are working against the well-being of decent people.

Though this is not a war story as such the war from 1939 to 1945 is a formative influence on the lives of the two main protagonists. The effect of the crude advertising gimmick of the 'Drogistenverband' whereby the sounds of an air-raid are used to alert people to the effectiveness of their products is simply too terrifying for Fred and Käte; they remember the realities of an air-raid all too vividly. The novel shows the impact of war, its effect on the lives of ordinary people. The scale of the devastation in Germany in 1945 is nowadays not easy to visualize if one visits the thriving cities of the Federal Republic. The damage to property following Allied bombing raids was immense. It has been calculated that of all the buildings standing in Cologne before the outbreak of the war two-thirds had been razed to the ground by the end. Little wonder that 1945 became known as 'das Jahr Null'. Böll speaks in his *Frankfurter Vorlesungen* (1966) of the wider psychological implications of the total loss of 'Eigentum' as a loss of identity. Fred Bogner had served on the Eastern Front and Käte still has vivid memories of his returning to the ruins, a man without possessions, a man basically alienated (and yet paradoxically and significantly for the outcome of the novel the moment also accentuates their closeness):

> und ich sehe Fred noch vor mir, wie er dort stand: die Hände in den Taschen seiner grauen Uniformhose, auf den Trümmerhaufen blickend . . . Fred schien nichts zu begreifen, nichts zu fühlen . . . er sah mich an mit dem Blick eines Mannes, der niemals wirklich etwas besessen hat. Er nahm die brennende Zigarette aus dem Mund, steckte sie in meinen, ich zog daran und stieß mit dem Rauch des ersten Zuges ein heftiges Lachen aus mir hinaus. (p. 132)

The passage here demonstrates how the background of war is used not only to give the novel its authenticity, but also to reveal the relationship of the characters. The memory here is of the period around 1945, but the ruins still form the background to their story in 1953. There are many references to bomb-damage all around as Fred wanders the streets of Cologne looking for a hotel; everything is 'ausgeflickt', patched-up. The poverty of the Bogners' room and the meagre 'Bude' of Bernhard and his family find their correspondence outside in the destroyed city.

The novel is not simply a picture of the aftermath of the war. It is too a critique of poverty. The story takes place eight years after the end of the war, but both Fred and Käte are aware that they are still poor and that their children, Clemens aged 13, Carla aged 11, and the baby are 'fur die Tretmühle bestimmt' (p. 88). Fred believes their poverty is the main source of his despair – 'die Armut hat mich krank gemacht' (p. 140). Böll uses the Bogners' room to illustrate that poverty. In Chapter 2 it is a special treat for the Bogners' children to be able to play in the hallway whilst the Frankes are away at a meeting of the Catholic Women's League. Following the recommendation provided by the Church, the Frankes have been allocated four rooms in the house, whilst the Bogners have to live in one dust-filled room divided off to form a plywood box room to accommodate the baby. The walls are paper-thin; they hear everything from the Hopfs next door and have to be careful not to disturb the Selbsteins below. It all becomes too much for Fred to bear and precipitates the crisis that the story depicts. Käte too is aware of their poverty and it affects her deeply. This is shown as she goes to visit Frau Franke following the latter's annual superficial act of generosity at Christmas: 'Wir gingen in die Tiefe eines Spiegels hinein und ich sah uns: Wir sahen arm aus' (p. 52). Their poverty is underlined by the relative comfort and security of others. Already by the early 1950s Böll sees German society divided into the haves and the have-nots – and the Bogners are clearly in the latter category.

Through the Bogners' situation Böll is demonstrating and criticizing two fundamental aspects of society that developed in the immediate post-war period, namely the re-emergence of a vigorous form of capitalism and secondly the consequent growth of the commercial spirit. The novel suggests that both tendencies have not been equally beneficial to all members of the community. The plight of the Bogners is set not only against a backdrop of war damage but also against the advertising activities associated with the conference of the 'Drogistenverband', together with the pomp and ceremony of the so-called St Jerome Procession. As the meagre hotel-room is made ready for Fred and Käte, banners are raised displaying the latest contraceptive products, whilst the bishop preaches in splendour surrounded by gilt lanterns and choirboys in scarlet. The photogenic bishop had, moreover, been an army officer, and his walk reminds Fred of the goose-step. The bishop's cousin is on the board of the 'Drogistenverband' and so the Church is reluctant to act to stop the tasteless advertising associated with their conference. In Chapter 11 they are advertising the ironically named 'Doulorin' as a relief for a hangover at the very moment when Käte is recovering from a bout of morning sickness. Böll thereby contrasts the trivial and empty commercial world with the real existential suffering of Käte which is reminiscent of the 'Seven Dolours of Mary'. (See note on p. 198.) The most telling and grotesque image that the pharmacists use is the display of storks with broken necks and Fred's horror and distaste is clear from his description of it: '. . . grausig hingen ihre schlaffen Köpfe nach unten' (p. 155). This reflects both Fred's constitutional inability to accept the notion of contraception, and the anti-materialistic spirit of the whole novel.

Böll expresses some grave doubts about the nature of capitalism itself in this story. As was mentioned above (p. 5) he was unhappy about the terms of the Currency Reform of 1948. Questions related to both property and capital are central to the novel. The basic problem for the Bogners stems from the uneven distribution of property – a problem made worse in this case by being caused by the Church. All Fred's bitterness at this is caught in his near-hysterical response (p. 146) to the vast house of the Dante specialist that is being looked after by Fred's friends the Blocks who have offered him a temporary refuge there. The fact that the repellent bishop regularly makes use of the spacious Dante library only further infuriates him. It is not without significance that the opening paragraph of each of the first two important introductory chapters raises the issue of money, the staple of all capitalist enterprise. In Chapter 1 Fred's alienation is underlined by the way he is received in a bank. He feels unwelcome there; he is viewed suspiciously by the teller. In Chapter 2 the banknotes that Käte receives are to her distasteful, threatening, bearing witness to the link between the aggression of the German past and contemporary capitalism through 'das erschreckende Symbol des Adlers, der . . . ausfliegen wird, jemand zu erobern' (p. 48).[7] Property, money, and commerce are all seen critically, from outside, by the two protagonists. The personal and moral crisis of the final chapter, moreover, is set against a background of shops advertising first summer then winter holidays. The Bogners are denied both. In the last analysis it is the odious Frau Franke who exemplifies in near focus the hypocrisy of the society reflected more generally by the 'Drogistenverband' or the Church. She is a woman incapable of real generosity towards others – a woman who exemplifies the Existentialist playwright Jean-Paul Sartre's idea that 'hell is other people' (L'enfer, c'est les autres'). And it is important to remember that Frau Franke represents both Church orthodoxy and commercial success. She is an important member of the Catholic Women's League which ensures that she gets preferential treatment by the Church Housing Commission and she comes originally from an 'altes Händlergeschlecht' (p. 53). At one and the same time Böll criticizes here the old middle-class mercantile spirit and the hierarchical nature of the Church. Frau Franke treats God as a marketable commodity (p. 53).

Clearly the role of the Church in society is central in this novel. It is important to distinguish between attitudes towards the Christian faith, towards Roman Catholic orthodoxy and towards the Roman Catholic Church as an institution when assessing the message that Böll is trying to put across. Though it is clear from the experiences of Fred and Käte that faith is hard, its importance and necessity are not questioned. In addition, though some aspects of Roman Catholic practice are criticized as worldly, materialistic or excessive, fundamental doctrine, particularly concerning marriage, the procreation of children and family life are ultimately supported. Critics have seen this as Böll's most fundamentally Catholic novel.[8] It is the Roman Catholic Church as an institution of state, as a political organization that is seen to be deficient, its representatives lacking genuine human charity.

Religion is central to the meaning of the novel. Fred's first encounter with the girl from the 'Bude' and her retarded brother is in church (p. 59) and is crucial in contrasting her simplicity and serenity – key aspects of her faith – with his sense of alienation. The importance of religion and the liturgy as positive sustaining forces are clearly seen in Käte. Her faith is simple. As she says: 'die Sanftmut der Liturgie

[gehört] zu den wenigen Freuden . . ., die mir geblieben sind'
(p. 51), and the quiet peace of an empty church – 'den
unendlichen Frieden, der von der Gegenwart Gottes ausströmt' (p. 51) – is a basic need. The virtue of a simple, natural faith *within* the Roman Catholic Church is demonstrated
forcefully through her. Set against Käte's natural piety, however, is a Church where commercialism, idolatry, and a
crudely conservative authoritarianism are dominant. Some
indication of this is given when Käte goes into the dark
'Kirche zu den Sieben Schmerzen Mariä' to confess and she
smells 'der grausame Lack der Frömmigkeitsindustrie'
(p. 109). When Fred and Käte go to Mass in Chapter 10 the
church is full of the members of the 'Drogistenverband' who
are there not as participants in the service, but as sightseers.
A key contrast in the novel is made between the photogenic
bishop who leads the Procession – 'Sein Asketengesicht war
photogen. Es eignete sich gut als Titelblatt für religiöse Illustrierte' (p. 83) – and the lowly priest who hears Käte's
Confession. In the eyes of the Church hierarchy the latter is a
'Dreiminuspriester' because his sermons lack drama, his
voice is hoarse, and his dossier indicates some involvement – albeit Platonic – with a woman. It is this priest, however, who shows real charity towards Käte over the question
of absolution. The bishop in contrast is incapable of charity,
pretends to be a man of the people by affecting a regional
accent but his sermons are hollow and full of catchphrases.
As is indicated by the telephone conversations that Fred
overhears between the influential prelates in the Diocesan
Office where he works, top figures in the Church hierarchy
are either concerned to preserve their authority intact,
involved with commercial enterprises, or they waste their
time on very trivial matters indeed – the question of vinegar
on salad, for example, becomes a major power issue. Even
Käte finds that her ability to participate in the rituals of the
Church which are so important to her is impaired because
Frau Franke participates in those same rituals and the priest
at the altar is the same 'bon viveur' who visits the Frankes

from time to time. That the view of the Church as an institution, however, is not a wholly negative one, is established
through the figure of Sergé, who plays such a key role in
Chapter 13 in getting Fred back with his family. One day – as
Fred himself suggests – he will be able to talk to Sergé about
his feelings and attitudes. Unlike the 'Dreiminuspriester'
Sergé is clearly very much part of the ruling hierarchy, but is
a sympathetic and fundamentally generous figure.

Some key issues then in West German society in the years
after the war are treated in the novel. The criticism though
vigorous is not bleak. Set against a hard-hearted individual
like Frau Franke or the potentially destructive aspects of
institutions like the Church and the 'Drogistenverband' are
ordinary people who can be charitable (Fred's mother, the
fairground attendant, the 'Hauswirtin' Frau Baluhn, the
family in the 'Bude') and spiritual representatives who do
uphold genuine Christian values (the 'Dreiminuspriester',
and Sergé). The picture of society that Böll depicts is a wide-
ranging and balanced one and whilst he is critical of many
aspects of society he reflects a belief too in the capacity for
compassion of at least some people.

Fred and Käte

Any interpretation of Böll's novel must rest on an assessment
of Fred's personality. The central tension of the novel stems
from his decision, or rather his need to leave home. Indeed
why he leaves and then why he returns are the two basic
questions that the novel poses. It is not an accident that
it is Fred who speaks at the beginning and at the end. Böll
thus disturbs the external symmetry of the novel by allowing
him seven of thirteen chapters, to Käte's six. Fred is a complex and 'difficult' character, in many respects a challenge to
each individual reader, for in assessing him a reader must
reveal his or her own priorities and prejudices. Fred is an
outsider, a loner, a man who by his attitude and behaviour
questions social and moral values. He has something in

common with those other 'angry young men' of Böll's fiction, namely Walter Fendrich in *Das Brot der frühen Jahre* and Hans Schnier in *Ansichten eines Clowns*. Furthermore he demonstrates that Böll's technique of characterization was assured at an early stage in his career.

There are some very specific reasons for Fred's behaviour. He experienced the war on the front line and returned like so many to the ruins of Cologne. In many ways he is a victim of the war. As Käte puts it: 'Manchmal meine ich . . ., daß der Krieg dir einen Knacks gegeben hat. Früher warst du anders' (p. 167). Now, at nearly 44 years of age, having been married for fifteen years, having lost two children, he finds he can no longer live in the cramped and dust-filled one-roomed flat, even though he has battled for eight years to come to terms with the situation. The decision to leave home therefore – and at the start of the novel he has been living away for two months – has not been the hasty decision of an inadequate father or a feckless husband who spends all his money in bars and on pin-ball machines. He clearly loves and needs his wife and his family and has fought the situation at home for a considerable time. The cumulative effect of poverty and deprivation has taken its toll. Their problems – lack of space, the presence of Frau Franke and the noise from the Hopfs – are real ones. Whilst Böll is successful, however, in creating a character who reflects specific social conditions, he has also created in Fred a man of wider significance and more complex dimensions.

It is not only through circumstances in the 1950s that Fred is tired and lacks energy. It is not only his experiences during the war which have made him unable to continue the struggle to maintain normal family life. When Käte says to Fred 'du bist doch ein netter Kerl, aber ich möchte dich manchmal prügeln' (pp. 171–2) she is pointing to something in Fred's character that is not merely the product of historical circumstance; it is simply that some of the negative aspects of his personality have been exacerbated by events. Fred drank *before* the war and never had a settled job either before or after. The position he has as telephonist at the Diocesan Office is the latest in a long line. Constitutionally Fred is an outsider – 'ein Reinfall', as he calls himself (p. 144), an isolated and lonely individual whose dangerous lethargy stems as much from his sense of the pointlessness, the pain, and the drabness of life as from his experiences of life's bleak historical realities. It is important to remember that he spends much of his time wandering around graveyards ('Ich denke fast immer an den Tod' (p. 168)), and that his primary impression of war was that it was 'boring'. The German word is much more resonant, as Fred himself indicates when he says 'ich kenne nichts Schlimmeres als Langeweile' (pp. 98–9). The word equates closely to the French 'ennui', that lethargic state of mind that becomes part of a wider despair. Fred's preoccupation with death stems from the premature death of his mother – a key figure in his childhood – when he was only 7 years of age. He is fundamentally anti-social, more specifically anti-bourgeois, and is potentially a destructive character. He belongs very much in the tradition of the Existentialist anti-hero of literature in the 1950s, unfit for and unwilling to participate in normal social living. Käte recognizes this side to his personality – 'ich glaube, wenn wir über das reden, was du wissen möchtest, hast du keine Chance' (p. 163), and again later 'Ich kenne die Gefühle, die du hast, und weiß, wie herrlich es ist, sich so richtig im Schlamm zu wälzen' (p. 166). It is significant that Fred is a good story-teller, but finds it impossible to tell positive stories about people. On account of his doubts about the value of human existence, Käte recognizes he might give up the only things that are important to her – their love and their family. Fred too recognizes this only too well. It is crucial in assessing his relationship to her that he can say of Käte 'ich habe mich nie mit dir gelangweilt' (p. 157).

There is, of course, a positive side to Fred's isolation. Böll uses him as an instrument of social criticism and establishes him as a sympathetic figure despite, or indeed perhaps because of his destructive qualities. Much of Böll's work contrasts naturalness, which is reflective of real humanity, with coolly ordered behaviour, which reflects restrictive and potentially unfeeling social practice. Fred is one of Böll's 'natural', humane, instinctive – and therefore fallible – characters. Not for Fred the social niceties or the suburban orderliness of work and home; not for him the cultural outlet. He has other priorities: 'Kultur . . ., wenn du mir sagen kannst, was das ist – nein, ich interessiere mich nicht dafür. Ich interessiere mich für Gott, für Friedhöfe, für dich, für Würstchenbuden, Rummelplätze und fünftklassige Hotels' (p. 144). (Käte ironically reminds him that he has failed to mention schnapps.) The idea of a settled existence is basically abhorrent to him: 'Oh, diese Scheiße – es hat mich immer gelangweilt, geschmackvolle Wohnungen langweilen mich, ohne daß ich weiß, warum' (p. 143). He hates the idea of his children becoming part of the everyday social pattern 'eingespannt in den tödlichen Kreislauf, der mit dem Aufpacken eines Schulranzens beginnt und irgendwo auf einem Bürostuhl endet' (p. 41).

Böll has created in Fred an individualist and a man of feeling who has a kind of instinctive moral sense. He weeps for his children not out of conscience but because he feels pain. It is the inability to pray and the realization that he is becoming violent that have contributed most significantly to his decision to leave home. God is at the top of his list of priorities, and the fundamentally gentle Fred is horrified that he has been led to strike his children. It is not only Käte who has a deep religious conviction. Fred kneels and crosses himself even before the bishop when, as the Host passes, he recognizes that he is kneeling before God and not a bishop, and that 'Gott (war) unschuldig' (p. 83). He cannot however find consolation in prayer. Even at the end of the positive night with Käte his problem remains unresolved: 'Ich versuchte auch zu beten, konnte es aber nicht' (p. 173).

In comparison to Fred, Käte seems at first sight a relatively straightforward character. There is a long tradition in

German literature going back to the late eighteenth and early nineteenth centuries where women are idealized as figures of stability, endurance, and resignation, somewhat passive representations of moral virtue in contrast to an active, self-centred, and potentially amoral male stance. Goethe in *Faust* sets out to create the apotheosis of womanhood in Gretchen and Helen through whom Faust, after a life of self-centred striving is eventually saved. It is the 'eternally feminine' ('das Ewig-Weibliche') that draws him up to heaven. In an admittedly wholly different, prosaic world Böll, through figures like Leni Pfeiffer (in *Gruppenbild mit Dame*), Katharina Blum and Käte Bogner, produces his variant on the traditional models. It is Käte who holds the family together, who realizes that Fred is opting out of his responsibilities, understandable though she finds his actions. She it is who urges him to pray, to suffer the things they are being forced by circumstance to suffer and to cling to his family. 'Beten', 'aushalten', 'zusammenhalten' are the imperatives for a life that is hard and to which she seems to be resigned: 'Es ist ja nicht für lange Zeit, Fred, für dreißig, vierzig Jahre noch' (p. 169). She is 38 at the time of the action. Her faith and her family are at the centre of her world. She needs the Church, that sense of peace she derives from the liturgy; she needs to confess – she goes to Confession before she goes to join Fred. Her love of Fred and her children are fundamental to her stability. She is still excited in an almost girlish way as she prepares to go to him, having specially purchased a new lipstick. Her attachment to her children is clear as she worries over leaving them with the highly competent babysitters Bellermann and Gulli who momentarily seem to her more suitable parents for her children. She is horrified to feel superfluous as far as her children are concerned.

Käte, however, is not simply a passive, resigned mother and wife. It is after all her decision that the meeting in the hotel will be the last one, a decision which helps to precipitate the final crisis for Fred. She is capable of anger and bitterness, even momentarily directed at Fred when she realizes that he should not have left them alone, though she does not blame him when, for example, she reminds him that they had *both* begun to drink excessively: 'Es geht mir nicht darum festzustellen, wer an irgend etwas schuld ist' (p. 167). She shares with Fred that mixture of defiance and resentment at the way they and, more importantly their children, are having to suffer. This is shown with some intensity as she cries when she sees that her children are being forced by circumstances to adopt an unnatural kind of humility (p. 142) when faced with the unreasonable demands of others. Like Fred she too is overwhelmed by the paradoxes and terrors of existence as she sees herself becoming like those women she remembers from her youth who were 'hingerissen von der wilden Schrecknis des Lebens' (p. 140). She is aware of the awful irony of the fact that physical love can have a negative, destructive aspect. As she watches her children's reaction to the sounds of love-making coming from the flat next door they seem to her like 'zitternde Tiere, die den Tod riechen' (p. 96). The fact that at the end of the story Käte is again pregnant underlines the paradoxical nature of sexual love; on the one hand it is the fullest expression of Christian love, on the other it serves to increase her suffering. The cramped room from which Fred has had to flee will be more cramped than ever when he returns and the baby is born.

There is a side to Käte that is independent. Her alienation from Fred on the morning after their night in the hotel may well be momentary, but it is vividly portrayed nevertheless: 'Er war mir fremd, dieser gelangweilte, gleichgültige Zeitgenosse' (p. 176). There are moments when her sense of solidarity is with her black or white sisters (p. 74). She is then more than an idealized female figure. She and Fred are well-matched in that they are both incapable of accepting the norms of a socially acceptable marriage ('ich kann mir nichts Langweiligeres denken als tüchtige Männer' (p. 143) are *her* words, but could well be Fred's). They are both 'restless guests' in the world, joined by their love and their children.

Böll has called his novel 'eine Auseinandersetzung mit der

staatlichen und kirchlichen Institution Ehe, auf einer, wie ich
finde, existentiellen Basis' (*Eine deutsche Erinnerung*,
p. 20). He probes the particular problems of a specific time,
of two very specific personalities, but in so doing has something more general to say about the institution of marriage
and the nature of the family. The essential belief embodied in
the novel is in the fundamental importance of the family
relationship and the indissolubility of the marriage unit.
Fred's friends, the Bücklers, have a relationship outside marriage which is full of uncertainty and tension and in Fred's
eyes is worse than any marriage could be – 'ihre Freundschaft ist langweiliger geworden als eine Ehe werden kann'
(p. 43). Despite their differences Fred and Käte are compat-
ible and need their marriage. They have never lied to one
another and Fred has never been unfaithful; like Hans
Schnier in *Ansichten eines Clowns* he is a constitutional
monogamist. The boredom that he so often experiences is
never related to her. As he puts it so simply he married her
when he knew he could take breakfast with her for life. Ultimately their problem is not caused by their love alone, but by
the way marriage must of necessity function as a social institution. The novel in no way denies the necessity of marriage,
but it does throw into sharp relief its problematic nature.
Käte remembers Christ's promise of another life where there
will be no marriage (p. 176) and Fred too imagines the time
where there might be love of the kind he feels for Käte without the necessity of marriage: 'Es wäre schön, dich wiederzusehen in einem Leben, in dem ich dich lieben könnte, so
lieben wie jetzt, ohne dich zu heiraten' (p. 177). Given their
financial situation, given Fred's basic anti-social feelings, the
responsibility imposed on him by the need to organize daily
life for his family becomes too great. Käte understands this
for when Fred pinpoints his dilemma in the following terms:
'Es ist schrecklich, sich zu lieben und zu heiraten', her
response is sympathetic: 'Vielleicht hast du recht' (p. 178).

But at the end we are left to assume that Fred returns to his
family and to his marriage. Fred's life only has a meaning in

relation to her: 'Das einzige, was für mich spricht, ist, daß ich dich liebe' (p. 144). Their time together in Chapter 10 at the fairground amidst the ruins affirms the value of their marriage. Marriage is clearly a problematic institution, and Käte and Fred are not only close in their love but also in their despair, but when she calls their marriage 'eine großartige Ehe' (p. 139) she means it.

The end of the novel

There is no easy optimism at the end of the story. Fred has not consciously made the decision to return to his family. The final 'nach Hause' is forced on him by circumstances, the result of a crisis that has led him to a nervous breakdown, possibly even to the edge of insanity. His character remains unstable, his situation uncertain. Things will not be easy for Käte. The conclusion – as so often in Böll's fiction – is almost wholly inconclusive. Böll avoids offering simple solutions to the problems he has raised by leaving the story open-ended. The meeting that the novel describes is critical in the relationship of Fred and Käte. Though she refuses directly to exert pressure on him to return to his family, Käte's decision not to continue to meet him on these occasions – where she is made to feel she is a whore meeting a stranger in a brothel – make the situation critical. In addition, her pregnancy increases her problems. She knows that her position in the last analysis is more difficult than his. Fred can escape; she cannot. In deciding to separate, she is testing him. The final chapter shows how he responds to the test. Watching her buy flowers for the grave of their dead children – the twins he had helped to deliver at the height of the war – is too much for him. With her 'trauriges sanftes Profil', a motif repeated in the final chapter, she seems to take on for him the qualities of the girl in the 'Bude'. For good or ill he must return to Käte,

> mit der mich soviel verband wie mit keinem Menschen auf dieser Welt: mit der ich nicht nur zusammen geschlafen

hatte, gegessen, gesprochen, . . . mit ihr verband mich etwas, was Menschen mehr verbindet als miteinander schlafen: Es hatte eine Zeit gegeben, in der wir zusammen gebetet hatten. (p. 193)

This is the central realization implied in the final action of the novel. Their lot will not be improved; they are still poor and likely to get poorer. Now that Käte is pregnant their room will seem smaller, the dust even more pervasive. But the sanctity of marriage and the family is affirmed. There is even a possibility that Fred, through Sergé, might find some reconciliation with religion. The contact with the group at the 'Bude' will also be maintained and fostered by Käte, as she makes clear in Chapter 8. The hopes are slender, but they are there at the end.

Böll's method

Und sagte kein einziges Wort indicates that already in 1953, relatively early in his career, Böll's writing was assured technically; he seems here to be very much in control of his art. The novel displays those qualities that came to be hallmarks of his writing, namely the vivid and realistic portrayal of a recognizably German situation at a specific historical moment, the subtle portrayal of credible, many-sided characters, and the deep concern of the committed moralist for the way ordinary individuals are threatened by the way society is developing. Most noticeable of all perhaps is his remarkable ability as a writer to appeal to the senses, to sights, smells, and touches. This is coupled with his ability to shock the reader at a moment of crisis with a sharp and memorable image as, for example, when Käte suffers the full pain and relief of her Confession 'so wie es schmerzt, wenn eine geschickte Hand den Eiter aus einer Wunde drückt' (p. 112). As an artist he adheres rigorously to what he calls in the *Frankfurter Vorlesungen* 'eine Ästhetik des Humanen'. The careful description of something that is a mundane part of everyday life is used to full effect in the fictional situation to suggest wide-ranging and complex human reflexes. Thus Dora (p. 44) draws momentarily more deeply on her cigarette and Böll through a very simple action makes us aware not only of the tension she is feeling but also her uncertainty about her relationship with Bückler and her latent antipathy towards Fred.

The novel is characterized by the very careful connecting and integrating of themes. (This introduction has sought to single out some aspects of the work for the purposes of study; the story itself, however, is a very carefully unified whole.) The basic technical device employed in the story is that of the shifting perspective, that is, of allowing first one chapter to Fred, the next to Käte (though, as mentioned earlier, the symmetry is significantly disturbed). The use of the shifting, highly subjective perspective is of course crucial when evaluating the story. It is also the major source of its irony. Viewpoints are contrasted; there are parallels. The shifts give the novel its complexity and its intensity. The chronology of each chapter is linear; we follow the weekend through as it progresses in time. The parallels, however, between Fred's and Käte's experiences are across the various chapters, giving the story a dual movement structurally. Time, as so often in the work of Böll,[9] is a key element in the organization of the story. The weekend moves inexorably on, but frequently chronological time gives way to what might be called experienced time which is concentrated, as for example where Käte's Confession is described (p. 111f.). This creates a sharply ironic effect; it takes eight minutes to recount in her Confession a life-time of personal 'Angst'. Another example of this concentrated temporal awareness comes in the dream-like twenty minutes leading to Fred's breakdown depicted in the final chapter. Time in the novel is also a whole series of moments remembered from the past. Like Hans Schnier, Fred Bogner 'collects moments'. The novel becomes an account of moments and memories, often evoked through a face. Faces are important to Fred: 'Ich kann kein Gesicht vergessen, sie folgen mir alle, und ich erkenne sie, sobald sie wieder auftauchen' (p. 123). Remembered moments concentrate experience; together they constitute what life really is. Fred imagines the point of death (p. 65) when a whole series of such moments will come together. (The list at this point – his wife, his children, and a priest – nicely indicates his priorities.)

Stylistically Böll renders the world of Fred and Käte vividly, materially, wholly naturally. The work has that stark realism that is such a hallmark of Böll's writing, but there is too an element of fantasy that also became characteristic, moments in the text where the imagination takes precedence over careful realistic observation. Such moments are more frequently associated with Käte, for example, as she sees herself in a mirror (p. 74) and becomes more than her real self. The mirror device is used several times right from the start of the novel where Fred sees himself as a down-and-out in a striking mirror image. Later, the fact that his life has gone out of control is, literally, reflected in the window of the cake shop that is transformed into a bowling alley (p. 57). Most effectively of all perhaps the image occurs in Chapter 8 where Käte *becomes* the girl in the 'Bude' and lives out her whole life-cycle. The depiction of these imaginative moments gives the novel its special quality, stops it from becoming a drab chronicle or, simply an objective piece of 'Zeitkritik'.

Not unnaturally the depiction of shifting perspectives and the concentration of experience leads occasionally to symbolism. The railway station, the voice over the loudspeaker, the movement and sound of trains subtly enhance the restlessness, uncertainty and isolation felt by the chief protagonists. But they form the realistic background to the central Cologne locations and never seem like contrived 'literary' devices. (See how naturally, for example, the motif of the train is used at the opening of Chapter 12). But Fred and Käte *do* share the bridal coach on the merry-go-round, Fred astride a swan, Käte a rocking horse. In the midst of a bout of morning sickness in Chapter 10 Käte *does* see God. Here, in an impressively sustained piece of imaginative writing Böll combines nausea with tenderness, bitterness with genuine piety.

The basic strategy of the whole novel is to extend the meaning of a fundamentally simple realistic account. As a result of this the novel, whilst being written clearly within a historical time takes on wider resonances. The situation and background to the story have specific social and historical connotations, but the situation also represents the setting for a wider existential and personal struggle. The characters are credible, contemporary figures, but they also take on more representative roles; Fred and Käte come to represent not only a couple at a particular time, but something of the human condition at any time. Even the most specific question of all – concerning poverty – leads to the wider issue of the nature of capitalism. It is Böll's mastery of his craft that transforms a simple, even prosaic account of poverty, deprivation and marital inadequacy into an even more potent account of existence in a world where God seems to be absent. In short, Böll is not only a chronicler of his age or the voice of his generation, he is one of his country's major novelists with a place in a long and distinguished tradition.

NOTES TO THE INTRODUCTION

1 See Keith Bullivant: 'Heinrich Böll – a tribute' in *German Life and Letters*, 39. April 1986, p. 245.
2 Works referred to in parentheses are listed in the Bibliography on p. 30.
3 *Deutsches Allgemeines Sonntagsblatt*, No. 41. 13 October 1985.
4 See *Heinrich Böll. On his death. Selected obituaries and the last interview*. Inter Nationes, Bonn, 1985.
5 The editor would like to point out that the new full-scale study of Böll by J.H. Reid (1987, see Bibliography) appeared after this edition had gone to press.
6 The full version of the spiritual can be found in J.W. Johnson and J.R. Johnson (eds) *The Book of American Negro Spirituals*, 1925, vol. 1, pp. 174–6.
7 The importance of this section is underlined by Böll himself in choosing this chapter to be included in the collection *Das Heinrich Böll Lesebuch*, dtv, 1982.
8 See, however, W.A. Coupe: 'Heinrich Böll's *Und sagte kein einziges Wort* – an analysis' in *German Life and Letters* 17, 1963–4, pp. 238–44. The present editor wishes to acknowledge his particular indebtedness to Professor Coupe's stimulating essay.
9 See J.H. Reid: 'Time in the works of Heinrich Böll' in *Modern Language Review*, 62, 1967, pp. 476–85.

BIBLIOGRAPHY

Most of the works mentioned in the introduction are readily available in paperback editions published by the Deutscher Taschenbuch Verlag (dtv). Of the many essays and interviews that Böll published the following proved most useful in the preparation of this edition:
Heinrich Böll, *Hierzulande. Aufsätze zur Zeit*, Munich: dtv, 1963.
Heinrich Böll, *Eine deutsche Erinnerung. Interview mit Rene Wintzen*, Munich: dtv, 1981.

The following are among the most accessible books and essays on Böll and contain helpful comments on *Und sagte kein einziges Wort*:
Conard, Robert C., *Heinrich Böll*, Boston: Twayne, 1981.
Lengning, Werner (ed.), *Der Schriftsteller Heinrich Böll*, Munich: dtv, 5th edn, 1977.
Macpherson, Enid, *Heinrich Böll*, London: Heinemann, 1972.
Reich-Ranicki, Marcel (ed.), *In Sachen Böll*, Munich: dtv, 6th edn, 1977.
Reid, J.H., *Heinrich Böll. Withdrawal and re-emergence*, London: Oswald Wolff, 1973.
Reid, J.H., *Heinrich Böll. A German for his time*, Leamington Spa and New York: Berg 1987.
Schröter, Klaus, *Heinrich Böll in Selbstzeugnissen und Bilddokumenten*, Reinbeck bei Hamburg: Rowohlt, 1982 (Rowohlts Bildmonographien 310).

Schwarz, Wilhelm Johannes, *Der Erzähler Heinrich Böll*, Berne and Munich: Franke, 1967.

Bullivant, Keith: 'Heinrich Böll – a tribute' in *German Life and Letters* 39, 1986, pp. 245-51.
Coupe, W.A., 'Heinrich Böll's *Und sagte kein einziges Wort* – an analysis' in *German Life and Letters* 17, 1963-4, pp. 238-44.
A useful collection is *Heinrich Böll. On his death. Selected obituaries and the last interview*, Inter Nationes, Bonn, 1985.

Translations: *Acquainted with the Night*, translated by Richard Graves, London: Hutchinson, 1955.
And never said a word, translated by Leila Vennewitz, Harmondsworth: Penguin Books, 1982.

UND SAGTE KEIN EINZIGES WORT

1

Nach dem Dienst ging ich zur Kasse, um mein Gehalt abzuholen. Es standen sehr viele Leute am Auszahlungsschalter, und ich wartete eine halbe Stunde, reichte meinen Scheck hinein und sah, wie der Kassierer ihn einem Mädchen mit gelber Bluse gab. Das Mädchen ging an den Stapel Kontokarten, suchte meine heraus, gab den Scheck dem Kassierer zurück, sagte »in Ordnung«, und die sauberen Hände des Kassierers zählten die Scheine auf die Marmorplatte. Ich zählte sie nach, zwängte mich nach draußen und ging an den kleinen Tisch neben der Tür, um das Geld in einen Umschlag zu stecken und meiner Frau einen Zettel zu schreiben. Auf dem Tisch lagen rötliche Einzahlungsformulare herum, ich nahm eines davon und schrieb mit Bleistift auf die Rückseite: »Ich muß Dich morgen sehen, ich rufe bis zwei an.« Ich steckte den Zettel in den Umschlag, schob die Geldscheine nach, leckte den Klebstoff am Deckel des Umschlags, zögerte, nahm das Geld wieder heraus und suchte aus dem Packen einen Zehnmarkschein, den ich in meine Manteltasche schob. Ich nahm auch den Zettel wieder heraus und schrieb dazu: »Ich habe mir 10 Mark genommen, Du bekommst sie morgen zurück. Küsse die Kinder. Fred.« – Aber der Umschlag klebte nun nicht mehr, und ich ging an den leeren

Schalter, wo »Einzahlungen« stand. Das Mädchen hinter der Glasscheibe erhob sich, schob die Scheibe hoch. Sie war dunkelhäutig und mager und hatte einen rosa Pullover an, den sie oben am Hals mit einer künstlichen Rose zusammengesteckt hatte. Ich sagte zu ihr: »Bitte geben Sie mir ein Stück Klebestreifen.« Sie sah mich einen Augenblick zögernd an, riß dann ein Stück von einer braunen Kleberolle ab, reichte es mir heraus, ohne ein Wort zu sagen, und schob die Scheibe wieder herunter. Ich sagte »Danke« gegen die Glasscheibe, ging an den Tisch zurück, klebte den Umschlag zu, zog meine Mütze über und verließ die Kasse.

Es regnete, als ich hinauskam, und in der Allee segelten einzelne Blätter auf den Asphalt. Ich blieb am Eingang der Kasse stehen, wartete, bis die Zwölf* um die Ecke bog, sprang auf und fuhr bis zum Tuckhoffplatz. Es waren sehr viele Leute in der Bahn, ihre Kleider strömten den Geruch der Nässe aus. Es regnete noch heftiger, als ich am Tuckhoffplatz absprang, ohne bezahlt zu haben. Ich lief schnell unter das Zeltdach einer Würstchenbude, drückte mich zur Theke durch, bestellte eine Bratwurst und eine Tasse Bouillon, ließ mir zehn Zigaretten geben und wechselte den Zehnmarkschein. Während ich in die Wurst biß, blickte ich in den Spiegel, der die ganze Hinterfront der Bude einnahm. Ich erkannte mich zuerst nicht, sah dies magere, graue Gesicht unter der verschossenen Baskenmütze, und ich wußte plötzlich, daß ich aussah wie einer von den Männern, die bei meiner Mutter hausierten und nie abgewiesen wurden. Die tödliche Trostlosigkeit ihrer Gesichter kam ins dämmrige Licht unserer Diele, wenn ich ihnen als kleiner Junge manchmal die Tür öffnete. Wenn dann meine Mutter kam, die ich ängstlich gerufen hatte, unsere Garderobe mit den Augen bewachend, sobald meine Mutter aus der Küche kam, ihre Hände an der Schürze trocknete, breitete sich ein seltsamer und beruhigender Glanz auf den Gesichtern dieser trostlosen Gestalten aus, die Seifenpulver oder Bohnerwachs, Rasierklingen oder Schnürsenkel zu verkaufen hatten. Das Glück, durch den bloßen Anblick meiner Mutter hervorgerufen, hatte auf diesen grauen Gesichtern etwas Schreckliches. Meine Mutter war eine gute Frau. Sie konnte niemanden von der Tür weisen, sie gab den Bettlern Brot, wenn wir welches hatten, gab ihnen Geld, wenn wir welches hatten, ließ sie wenigstens eine Tasse Kaffee trinken, und wenn wir nichts mehr im Hause hatten, gab sie ihnen frisches Wasser in einem sauberen Glas und den Trost ihrer Augen. Rings um unseren Klingelknopf hatten sich die Zinken der Bettler*, die Zeichen der Landstreicher gesammelt, und wer hausieren kam, hatte die Chance, etwas abgekauft zu bekommen, wenn nur noch eine einzige Münze im Hause war, die zur Bezahlung eines Schnürsenkels reichte. Auch Vertretern gegenüber kannte meine Mutter keine Vorsicht, den Gesichtern auch dieser abgehetzten Zeitgenossen konnte sie nicht widerstehen, und sie   unterschrieb   Kaufverträge,   Versicherungspolicen, Bestellzettel, und ich entsinne mich, wenn ich als kleiner Junge abends im Bett lag, hörte ich meinen Vater nach Hause kommen, und kaum war er im Eßzimmer, brach der Streit los, ein gespenstischer Streit, bei dem meine Mutter kaum ein Wort sprach. Sie war eine stille Frau. Einer von diesen Männern, die zu uns kamen, trug eine verschossene Baskenmütze, wie ich sie jetzt trage, er hieß Disch, war ein abgefallener Priester, wie ich später erfuhr und handelte mit Seifenpulver.

Und während ich jetzt die Wurst aß, deren Wärme an meinem wunden Zahnfleisch heftige Schmerzen hervorrief, erkannte ich drüben in dem flachen Spiegel, daß ich diesem Disch zu gleichen beginne: meine Mütze, mein mageres, graues Gesicht und die Trostlosigkeit meines Blickes. Aber neben meinem Gesicht sah ich die Gesichter meiner Nebenmänner im Spiegel, Münder, die aufgerissen waren, um in Würste zu beißen, ich sah dunkle, gähnende Gaumen hinter gelben Zähnen, in die rosiges Wurstfleisch brockenweise hineinfiel, sah gute Hüte, schlechte, und die nassen Haare hutloser Zeitgenossen, zwischen denen das rosige Gesicht der Würstchenverkäuferin hin und her ging. Munter lächelnd angelte sie heiße Würste mit der Holzgabel aus schwimmendem

Fett, kleckste Senf auf Pappe, ging hin und her zwischen diesen essenden Mündern, sammelte schmutzige, mit Senf bekleckerte Pappteller ein, gab Zigaretten und Limonade aus, nahm Geld ein, Geld mit ihren rosigen, etwas zu kurzen Fingern, während der Regen auf das Zeltdach trommelte.

Auch in meinem Gesicht, wenn ich in die Wurst biß, mein Mund sich öffnete und hinter den gelblichen Zähnen die dunkle Höhlung meines Rachens sichtbar wurde, sah ich diesen Ausdruck sanfter Gier, der mich bei den anderen erschreckte. Unsere Köpfe standen da wie in einem Kasperletheater, eingehüllt in den warmen Dunst, der den Pfannen entstieg. Ich zwängte mich erschreckt wieder nach draußen, lief im Regen in die Mozartstraße hinein. Unter den ausgespannten Dächern der Läden standen wartende Menschen, und als ich Wagners Werkstatt erreichte, mußte ich mich wieder durchzwängen bis zur Tür, konnte sie nur mühsam nach außen öffnen und war erleichtert, als ich endlich die Stufen hinunterging und der Ledergeruch mir entgegenströmte. Es roch nach dem alten Schweiß alter Schuhe, nach neuem Leder, nach Pech*, und ich hörte die altmodische Steppmaschine surren.

Ich ging an zwei Frauen vorüber, die auf einer Bank warteten, öffnete die Glastür und freute mich, daß mein Erscheinen ein Lächeln auf Wagners Gesicht hervorrief. Ich kenne ihn seit fünfunddreißig Jahren. Wir wohnten in der Luft, die jetzt über seinem Laden ist,* dort oben irgendwo in der Luft oberhalb des Zementdaches seiner Werkstatt haben wir gewohnt, und ich habe ihm als Fünfjähriger schon die Pantoffeln meiner Mutter gebracht. Jetzt hängt das Kruzifix wieder an der Wand hinter seinem Schemel, daneben das Bild des heiligen Crispinus*, eines milden alten Mannes mit grauem Bart, der in seinen Händen, die zu gepflegt für einen Schuster sind, einen eisernen Dreifuß hält.

Ich gab Wagner die Hand, und weil er Nägel im Mund hatte, nickte er stumm zum zweiten Schemel hinüber, ich setzte mich, zog den Umschlag aus der Tasche, und Wagner schob mir seinen Tabaksbeutel und Zigarettenpapier über

den Tisch. Aber meine Zigarette brannte noch, ich sagte:
»Danke sehr«, hielt ihm den Umschlag hin und sagte: »Vielleicht . . .«

Er nahm die Nägel aus dem Mund, fuhr mit dem Finger
über seine rauhen Lippen, um zu prüfen, ob nicht ein Nägel-
chen haften geblieben war, und sagte: »Wieder eine Besorgung zu machen an Ihre Frau* – na, na.«

Er nahm mir den Umschlag weg, schüttelte den Kopf und
sagte: »Wird erledigt*, ich schicke meinen Enkel 'rüber, wenn
er vom Beichten kommt. In«, er blickte auf die Uhr, »in einer
halben Stunde.«

»Sie braucht es heute noch, es ist Geld drin«, sagte ich. »Ich
weiß«, sagte er. Ich gab ihm die Hand und ging. Als ich die
Stufen wieder hinaufging, fiel mir ein, daß ich ihn hätte um
Geld fragen können. Ich zögerte einen Augenblick, erstieg
dann die letzte Stufe und zwängte mich durch die Leute
wieder nach draußen.

Es regnete immer noch, als ich fünf Minuten später an der
Benekamstraße aus dem Bus stieg; ich lief zwischen den
hohen Giebeln gotischer Häuser durch, die man abgestützt
hat, um sie als Sehenswürdigkeiten zu erhalten. In den ausgebrannten Fensterhöhlen* sah ich den dunkelgrauen Himmel.
Nur eins dieser Häuser ist bewohnt, ich sprang unter das
Vordach, klingelte und wartete.

Im sanften, braunen Blick des Dienstmädchens lese ich
dasselbe Mitleid, das ich einst jenen Typen entgegenbrachte,
denen ich nun offenbar zu gleichen beginne*. Sie nahm mir
Mantel und Mütze ab, schüttelte beides vor der Tür aus und
sagte: »Mein Gott, Sie müssen ja ganz durchnäßt sein.« Ich
nickte, ging an den Spiegel und fuhr mir mit den Händen
übers Haar.

»Ist Frau Beisem da?« fragte ich.

»Nein.«

»Hat sie wohl daran gedacht, daß morgen der Erste ist?«

»Nein«, sagte das Mädchen. Sie ließ mich ins Wohnzimmer
ein, rückte den Tisch zum Ofen, brachte einen Stuhl, aber ich
blieb stehen, mit dem Rücken gegen den Ofen gelehnt, und

blickte auf die Uhr, die seit einhundertfünfzig Jahren der
Familie Beisem die Zeit verkündet. Das Zimmer ist mit alten
Möbeln vollgestellt, und die Fenster zeigen originale gotische
Verglasung.

Das Mädchen brachte mir eine Tasse Kaffee und zog
Alfons am Hosenträger hinter sich her, den jungen Beisem,
dem die Regeln der Bruchrechnung beizubringen ich mich
verpflichtet habe. Der Junge ist gesund, hat rote Backen und
liebt es, im großen Garten mit Kastanien zu spielen – er
sammelt sie eifrig, schleppt sie auch aus den Gärten der
Nachbarhäuser herbei, die noch unbewohnt sind, und wenn
das Fenster offen war, konnte ich in den letzten Wochen
lange Ketten von Kastanien draußen zwischen den Bäumen
hängen sehen.

Ich umschloß die Kaffeetasse mit meinen Händen,
schlürfte die Wärme in mich, sprach langsam die Regeln der
Bruchrechnung in dieses gesunde Gesicht hinein und wußte,
daß es zwecklos war. Das Kind ist liebenswürdig, aber
dumm, dumm wie seine Eltern, seine Geschwister, und es
gibt nur eine einzige intelligente Person im Hause: das
Dienstmädchen.

Herr Beisem handelt mit Fellen und Schrott, ist ein liebens-
würdiger Mensch, und manchmal, wenn ich ihn treffe, er
sich einige Minuten mit mir unterhält, habe ich das absurde
Gefühl, daß er mich um meinen Beruf beneidet. Ich habe den
Eindruck, daß er sein Leben lang darunter gelitten hat, daß
man von ihm etwas erwartete, was er nicht leisten konnte: die
Leitung eines großen Geschäfts, die ebensoviel Härte wie
Intelligenz erfordert. Beides fehlt ihm, und er fragt mich,
wenn wir uns treffen, mit einer solchen Inbrunst nach den
Einzelheiten meines Berufes, daß ich zu ahnen beginne, er
wäre lieber für sein Leben lang in einer kleinen Fernsprechzentrale eingeschlossen wie ich. Er will wissen, wie
ich den Klappenschrank bediene, wie ich Ferngespräche
herstelle, fragt mich nach dem Jargon unseres Berufes, und
die Vorstellung, daß ich alle Gespräche mithören kann,
bereitet ihm ein kindliches Vergnügen. »Interessant«, ruft

er immer wieder, »wie interessant.«

Die Uhr ging langsam voran. Ich ließ mir die Regeln wiederholen, diktierte Aufgaben und wartete rauchend, bis sie fertiggestellt waren. Draußen war es still. Hier im Zentrum der Stadt herrschte eine Stille wie in einem winzigen Steppendorf, wenn die Herden weggezogen und nur ein paar kranke alte Frauen zurückgeblieben sind.

Brüche werden durcheinander dividiert, indem man sie umgekehrt malnimmt*. - Das Auge des Kindes blieb plötzlich an meinem Gesicht haften, und er sagte: »Clemens hat in Latein eine Zwei*.«

Ich weiß nicht, ob er merkte, wie ich erschrak. Seine Bemerkung holte plötzlich das Gesicht meines Sohnes heran, warf es auf mich, das blasse Gesicht eines Dreizehnjährigen, und mir fiel ein, daß er neben Alfons sitzt.

»Das ist schön«, sagte ich mühsam, »und du?«

»Vier«, sagte er, und sein Blick ging zweifelnd über mein Gesicht, schien etwas zu suchen, und ich spürte, wie ich errötete, zugleich aber von Gleichgültigkeit erfüllt war, denn nun schossen sie auf mich zu, die Gesichter meiner Frau, meiner Kinder, riesengroß, als würden sie in mein Gesicht hineinprojiziert, und ich mußte mir die Augen verdecken, während ich murmelte: »Mach weiter, wie werden Brüche miteinander multipliziert?« Er sagte die Regel leise vor sich hin, blickte mich an dabei, aber ich hörte ihn nicht: Ich sah meine Kinder eingespannt in den tödlichen Kreislauf, der mit dem Aufpacken eines Schulranzens beginnt und irgendwo auf einem Bürostuhl endet. Meine Mutter sah mich mit dem Schulranzen auf dem Rücken morgens weggehen - und Käte, meine Frau, sieht unsere Kinder morgens mit dem Schulranzen auf dem Rücken weggehen.

Ich sprach die Regeln der Bruchrechnung in dieses Kindergesicht hinein, und zu einem Teil kamen sie aus diesem Kindergesicht heraus wieder auf mich zu, und die Stunde verstrich, wenn auch langsam, und ich hatte zwei Mark fünfzig verdient. Ich diktierte dem Jungen Aufgaben für die nächste Stunde, trank den letzten Schluck Kaffee aus und

ging in die Diele. Das Mädchen hatte meinen Mantel und die
Mütze in der Küche getrocknet, sie lächelte mir zu, als sie mir
half, den Mantel anzuziehen. Und als ich auf die Straße trat,
fiel mir das grobe, gütige Gesicht des Mädchens ein, und ich
dachte, daß ich sie hätte um Geld fragen können – ich
zögerte, nur einen Augenblick, klappte meinen Mantelkragen hoch, weil es immer noch regnete, und lief zur
Bushaltestelle, die an der Kirche zu den Sieben Schmerzen
Mariä* ist.

Zehn Minuten später saß ich in einem südlichen Stadtteil in
einer Küche, die nach Essig roch, und ein blasses Mädchen
mit großen, fast gelben Augen sagte lateinische Vokabeln
auf, und einmal öffnete sich die Tür zum Nebenzimmer, und
ein mageres Frauengesicht erschien in der Tür, ein Gesicht
mit großen, fast gelben Augen, und sagte: »Gib dir Mühe,
Kind, du weißt, wie schwer es mir wird, dich zur Schule zu
schicken – und die Stunden kosten Geld.«

Das Kind gab sich Mühe, ich gab mir Mühe, und die ganze
Stunde lang flüsterten wir uns lateinische Vokabeln zu, Sätze
und Syntaxregeln, und ich wußte, daß es zwecklos war. Und
als es Punkt zehn nach drei war, kam die magere Frau aus
dem Nebenzimmer, brachte heftigen Essiggeruch mit, strich
dem Kind übers Haar, blickte mich an und fragte: »Glauben
Sie, daß sie es schaffen wird? Die letzte Arbeit hatte sie drei.
Morgen machen sie wieder eine.«

Ich knöpfte meinen Mantel zu, zog meine nasse Mütze aus
der Tasche und sagte leise: »Sie wird es wohl schaffen.« Und
ich legte meine Hand auf das stumpfe Blondhaar des Kindes,
und die Frau sagte: »Sie muß es schaffen, sie ist meine Einzige,
mein Mann ist in Winiza* gefallen.« Ich sah für einen Augenblick den schmutzigen Bahnhof von Winiza vor mir – voller
rostiger Traktoren –, blickte die Frau an, und sie nahm sich
plötzlich ein Herz und sagte das, was sie schon lange hatte
sagen wollen: »Darf ich Sie bitten zu warten mit dem Geld bis
. . .«, und ich sagte ja, noch bevor sie den Satz beendet hatte.

Das kleine Mädchen lächelte mir zu.

Als ich nach draußen kam, hatte es aufgehört zu regnen,

die Sonne schien, und einzelne große, gelbe Blätter segelten langsam von den Bäumen herunter auf den nassen Asphalt. Am liebsten wäre ich nach Hause gegangen zu den Blocks, bei denen ich seit einem Monat wohne, aber immer wieder treibt es mich, Dinge zu tun, Anstrengungen auf mich zu nehmen, von denen ich weiß, daß sie zu keinem Erfolg führen: Ich hätte Wagner, hätte Beisems Mädchen, die Frau mit dem Essiggeruch nach Geld fragen können, sie hätten mir sicher etwas gegeben, aber ich ging jetzt zur Straßenbahnstation, stieg in die Elf, ließ mich zwischen nassen Menschen bis Nackenheim schaukeln und spürte, wie die heiße Wurst, die ich mittags heruntergeschlungen hatte, mir nun Übelkeit verursachte. In Nackenheim ging ich zwischen den verwahrlosten Sträuchern einer Anlage bis zu Bücklers Villa, klingelte und ließ mich von seiner Freundin ins Wohnzimmer bringen. Als ich ins Zimmer kam, riß Bückler vom Rand einer Zeitung ein Lesezeichen ab, klappte sein Buch zu und wandte sich mit einem steifen Lächeln zu mir hin. Auch er ist alt geworden, lebt nun schon seit Jahren mit dieser Dora zusammen, und ihre Freundschaft ist langweiliger geworden als eine Ehe werden kann. Sie bewachen einander mit einer Unerbittlichkeit, die ihre Züge hart gemacht hat, nennen sich Schatz und Maus, streiten sich wegen Geld, sind aneinander gekettet.

Auch Dora, die wieder ins Zimmer kam, riß ein Stück vom Rand einer Zeitung, legte sie als Lesezeichen ins Buch und goß mir Tee ein. Sie hatten Pralinen, eine Schachtel Zigaretten und eine Kanne Tee zwischen sich stehen.

»Nett«, sagte Bückler, »daß man dich mal wieder sieht, Zigarette?«

»Ja, danke«, sagte ich.

Wir rauchten und schwiegen. Dora saß von mir abgewandt, und jedesmal, wenn ich mich drehte, sie anzusehen, zeigte ihr Gesicht einen steinernen Ausdruck, der sich sofort in Lächeln auflöste, wenn mein Blick sie traf. Sie schwiegen beide, auch ich sagte nichts. Ich drückte die Zigarette aus und sagte plötzlich mitten ins Schweigen hinein:

»Ich brauchte Geld. Vielleicht . . .«

Aber Bückler unterbrach mich lachend und sagte:

»Dann brauchst du dasselbe, was wir schon lange brauchen, ich helfe dir gern, weißt du, aber Geld . . .«

Ich sah Dora an, und sofort schmolz ihr steinernes Gesicht in einem Lächeln dahin. Sie hatte eine scharfe Falte um den Mund, und es kam mir vor, als zöge sie den Rauch der Zigarette tiefer ein als sonst.

»Ihr müßt verzeihen«, sagte ich, »aber du weißt ja . . .«

»Ich weiß«, sagte er, »nichts zu verzeihen, jeder kann mal in Verlegenheit kommen.«

»Dann will ich nicht stören«, sagte ich und stand auf.

»Du störst ja gar nicht«, sagte er, und ich hörte an seiner plötzlich lebhaft werdenden Stimme, daß es ihm ernst war. Auch Dora stand auf, drückte mich an den Schultern herunter, und in ihren Augen las ich die Angst, daß ich gehen könnte. Ich begriff plötzlich, daß sie sich wirklich freuten, mich zu sehen. Dora hielt mir ihr Zigarettenetui hin, goß mir noch einmal Tee ein, und ich setzte mich und warf meine Mütze auf den Stuhl. Aber wir schwiegen weiter, sagten ab und zu ein Wort, und jedesmal, wenn ich Dora anblickte, löste sich ihr steinernes Gesicht in einem Lächeln auf, von dem ich annehmen mußte, daß es aufrichtig war, denn als ich endgültig aufstand und meine Mütze vom Stuhl nahm, begriff ich, daß sie sich fürchteten, miteinander allein zu sein, daß sie sich fürchteten vor den Büchern, den Zigaretten und dem Tee, daß sie Angst hatten vor dem Abend, vor der unendlichen Langeweile, die sie sich aufgepackt hatten, weil sie sich vor der Langeweile der Ehe fürchteten.

Eine halbe Stunde später stand ich in einem anderen Stadtteil vor der Tür eines alten Schulkameraden und drückte auf die Klingel. Ich war länger als ein Jahr nicht mehr bei ihm gewesen, und als nun hinter der winzigen Scheibe in seiner Haustür die Gardine weggeschoben wurde, sah ich auf seinem weißlichen fetten Gesicht den Ausdruck der Bestürzung. Er öffnete die Tür und hatte inzwischen Zeit gefunden, ein anderes Gesicht aufzusetzen, und als wir in den

Flur hineingingen, quoll Badedampf aus einer Tür, und ich hörte das Quieken von Kindern, und die schrille Stimme seiner Frau rief aus dem Badezimmer: »Wer ist denn da?« Ich saß eine halbe Stunde bei ihm in dem grünlich möblierten Raum, der nach Kampfer roch, wir sprachen über Verschiedenes, rauchten, und als er anfing, von der Schule zu erzählen, wurde sein Gesicht um einen Schein heller, mich aber ergriff Langeweile, und ich blies ihm mit dem Qualm meiner Zigarette die Frage ins Gesicht:

»Kannst du mir Geld leihen?«

Er war gar nicht überrascht, aber erzählte mir von den Raten fürs Radio, für den Kühlschrank, für die Couch und von einem Wintermantel für seine Frau, brach dann das Thema ab und fing wieder an, von der Schule zu erzählen. Ich hörte ihm zu, und mich ergriff ein gespenstisches Gefühl; es schien mir, er erzähle von etwas, das zweitausend Jahre zurücklag – ich sah uns in dämmriger Vorzeit mit dem Hausmeister streiten, Schwämme gegen die Tafeln werfen, sah uns rauchen auf den Klos – als wären es die Kabinen einer frühgeschichtlichen Zeit. Es war mir alles so fremd und fern, daß ich erschrak, und ich stand auf, sagte: »Dann verzeih . . .« und verabschiedete mich.

Sein Gesicht wurde wieder mürrisch, als wir durch den Flur zurückgingen, und wieder rief die schrille Stimme seiner Frau etwas aus dem Badezimmer, das ich nicht verstand, und er brüllte etwas zurück, das wie »Laß doch« klang, und die Tür schloß sich hinter mir, und als ich mich auf der schmutzigen Treppe umwandte, sah ich, daß er die Gardine der winzigen Scheibe zurückgezogen hatte und mir nachblickte.

Ich ging langsam zu Fuß in die Stadt zurück. Es hatte wieder angefangen, leise zu regnen, es roch faulig und feucht, und die Gaslaternen waren schon angezündet. Ich trank in einer Kneipe am Wege einen Schnaps und sah einem Mann zu, der an einem Schallplattenautomaten stand und immer wieder Groschen einwarf, um Schlager zu hören. Ich blies den Rauch meiner Zigarette über die Theke, sah in das ernste Gesicht der Wirtin, die mir wie eine Verdammte erschien, zahlte und ging weiter.

Auf den Schutthaufen zerstörter Häuser rann der Regen in trüben Bächen, gelblich oder bräunlich gefärbt, auf den Gehsteig zurück, und von Baugerüsten, unter denen ich herging, tropfte es kalkig auf meinen Mantel.

Ich setzte mich in die Dominikanerkirche und versuchte zu beten. Es war dunkel im Raum, und an den Beichtstühlen standen kleine Gruppen von Männern, Frauen und Kindern. Vorne am Altar brannten zwei Kerzen, das rote Ewige Licht* brannte und die winzigen Lämpchen in den Beichtstühlen. Obwohl ich fror, blieb ich fast eine Stunde in der Kirche. Ich hörte das sanfte Murmeln in den Beichtstühlen, sah, wie die Leute nachrückten, wenn einer herauskam, ins Mittelschiff ging und die Hände vors Gesicht schlug. Einmal sah ich die rotglühenden Drähte einer Heizsonne, als ein Pater die Tür des Beichtstuhls öffnete und sich umblickte, um zu sehen, wieviel Leute noch warteten. Er machte ein enttäuschtes Gesicht, weil noch viele warteten, fast ein Dutzend, und er ging in den Beichstuhl zurück, und ich hörte, wie er den Heizofen ausknipste und das sanfte Gemurmel wieder losging.

Ich sah noch einmal die Gesichter aller Leute, bei denen ich am Nachmittag gewesen war, angefangen von dem Mädchen in der Sparkasse, das mir das Stück Klebepapier gegeben hatte, die rosige Frau in der Würstchenbude, mein eigenes Gesicht mit aufgerissenem Mund, in den Wurststücke hineinfielen, und die verschossene Baskenmütze über meinem Gesicht; ich sah Wagners Gesicht, das milde und grobe Gesicht des Mädchens bei Beisems und den jungen Alfons Beisem, in dessen Gesicht ich die Regeln der Bruchrechnung hineinflüsterte, das Mädchen in der Küche, die nach Essig roch, und ich sah den Bahnhof von Winiza, schmutzig, voll rostiger Traktoren, diesen Bahnhof, in dem ihr Vater gefallen war, sah ihre Mutter mit dem mageren Gesicht und den großen, fast gelben Augen, Bückler und den anderen Schulkameraden und das rote Gesicht des Mannes, der in der Kneipe am Automaten gestanden hatte. Ich stand auf, weil es mir kalt wurde, nahm Weihwasser am Eingang aus dem Becken, bekreuzigte mich und ging in die Böhnenstraße hinein, und als ich in Betzners Kneipe trat, mich an den kleinen Tisch in der Nähe des Automaten setzte, wußte ich, daß ich den ganzen Nachmittag, von dem Augenblick an, wo ich den Zehnmarkschein aus dem Umschlag genommen, an nichts anderes gedacht hatte als an Betzners kleine Kneipe, und ich warf meine Mütze an den Kleiderhaken, rief zur Theke hin: »Einen großen Korn, bitte«, knöpfte meinen Mantel auf und suchte ein paar Groschen aus meiner Rocktasche. Ich warf einen Groschen in den Schlitz des Automaten, drückte auf den Knopf, ließ die silbernen Kugeln in den Kanal schnellen, nahm mit der rechten Hand den Korn, den Betzner mir gebracht hatte, ließ eine Kugel ins Spielfach schnellen und lauschte der Melodie, die die Kugel hervorrief, indem sie die Kontakte berührte. Und als ich tiefer in die Tasche griff, fand ich das Fünfmarkstück, das ich fast vergessen hatte: Der Kollege hatte es mir geliehen, der mich ablöste.

Ich beugte mich tief über den Automaten, sah dem Spiel der silbernen Kugeln zu und lauschte ihrer Melodie, und ich hörte, wie Betzner leise zu einem Mann an der Theke sagte: »Da wird er nun stehenbleiben, bis er keinen Pfennig mehr in der Tasche hat.«

2

Immer wieder zähle ich das Geld, das Fred mir geschickt hat: dunkelgrüne Scheine, hellgrüne, blaue, bedruckt mit den Köpfen ährentragender* Bäuerinnen, vollbusiger Frauen, die den Handel oder den Weinbau symbolisieren, unter dem Mantel eines historischen Helden versteckt einen Mann, der ein Rad und einen Hammer in seinen Händen hält und wahrscheinlich das Handwerk darstellen soll. Neben ihm eine langweilige Jungfrau, die das Modell eines Bankhauses an ihrem Busen birgt; zu deren Füßen eine Schriftrolle und das Handwerkszeug eines Architekten. Mitten auf den grünen Scheinen ein reizloses Luder, das eine Waage in der Rechten hält und aus seinen toten Augen an mir vorbeiblickt. Häßliche Ornamente umranden diese kostbaren Scheine, in den Ecken tragen sie aufgedruckt die Ziffern, die ihren Wert darstellen, Eichenlaub und Ähre, Weinlaub und gekreuzte Hämmer sind in den Münzen eingeprägt, und auf dem Rücken tragen sie das erschreckende Symbol des Adlers, der seine Schwingen entfaltet hat und ausfliegen wird, jemand zu erobern.

Die Kinder sehen mir zu, während ich die Scheine durch meine Hände gleiten lasse, sie sortiere, die Münzen häufele: das monatliche Einkommen meines Mannes, der Telefonist bei einer kirchlichen Behörde ist: dreihundertzwanzig Mark und dreiundachtzig Pfennige. Ich lege den Schein für die Miete beiseite, einen für Strom und Gas, einen für die Krankenkasse, zähle das Geld ab, das ich dem Bäcker schulde, und vergewissere mich des Restes: zweihundertvierzig Mark. Fred hat einen Zettel beigelegt, daß er zehn Mark entnahm, die er morgen zurückgeben will. Er wird sie vertrinken.

Die Kinder sehen mir zu; ihre Gesichter sind ernst und still, aber ich habe eine Überraschung für sie bereit: Sie dürfen heute im Flur spielen. Frankes sind verreist übers Wochenende zu einer Tagung des katholischen Frauenbundes*. Selbsteins, die unter uns wohnen, sind noch für zwei Wochen in Ferien, und die Hopfs, die das Zimmer neben uns gemietet haben, nur durch eine Schwemmsteinmauer von uns getrennt, die Hopfs brauche ich nicht zu fragen. Die Kinder dürfen also im Flur spielen, und das ist eine Vergünstigung, deren Wert nicht zu unterschätzen ist.

»Ist das Geld von Vater?«

»Ja«, sage ich.

»Ist er immer noch krank?«

»Ja - ihr dürft heute im Flur spielen, aber macht nichts kaputt und gebt auf die Tapete acht.« Und ich genieße das Glück, sie froh zu sehen und zugleich von ihnen befreit zu sein, wenn ich die Samstagsarbeit beginne.

Immer noch hängt der Einmachgeruch im Flur, obwohl Frau Franke ihre dreihundert Gläser voll haben dürfte. Der Geruch erhitzten Essigs, der allein genügt, Freds Galle in Aufruhr zu bringen, der Geruch zerkochter Früchte und Gemüse. Die Türen sind abgeschlossen, und auf der Garderobe liegt nur der alte Hut, den Herr Franke aufsetzt, wenn er in den Keller geht. Die neue Tapete reicht bis zu unserer Tür und der neue Anstrich bis auf die Mitte der Türfüllung, die den Eingang zu unserer Wohnung bildet: einem einzigen Raum, von dem wir durch eine Sperrholzwand eine Kabine abgetrennt haben, in der unser Kleinster schläft und wo der Krempel abgestellt wird. Frankes aber haben vier Räume für sich allein: Küche, Wohnzimmer,

Schlafzimmer und ein Sprechzimmer, in dem Frau Franke
die Besucher und Besucherinnen empfängt. Ich weiß die Zahl
der Komitees nicht, kenne nicht die Zahl der Ausschüsse,
kümmere mich nicht um ihre Vereine. Ich weiß nur, daß die
kirchlichen Behörden ihr die Dringlichkeit dieses Raumes
bescheinigt haben, des Raumes, der uns nicht glücklich
machen, aber uns die Möglichkeit garantieren würde, eine
Ehe zu führen.

Frau Franke ist mit sechzig noch eine schöne Frau; der
merkwürdige Glanz ihrer Augen aber, mit denen sie alle
fasziniert, flößt mir Schrecken ein: diese dunklen, harten
Augen, ihr gepflegtes Haar, das sehr geschickt gefärbt ist,
ihre tiefe, leise zitternde Stimme, die nur im Verkehr mit mir
plötzlich schrill werden kann, der Sitz ihrer Kostüme, die
Tatsache, daß sie jeden Morgen die heilige Kommunion
empfängt, jeden Monat den Ring des Bischofs küßt, wenn er
die führenden Damen der Diözese empfängt – diese Tat-
sachen machen sie zu einer Person, gegen die zu kämpfen
zwecklos ist. Wir haben es erfahren, weil wir sechs Jahre
gegen sie gekämpft und es nun aufgegeben haben.

Die Kinder spielen im Flur: Sie sind so daran gewöhnt, still
zu sein, daß sie nicht einmal mehr laut werden, wenn es
gestattet ist. Ich höre sie kaum: Sie haben Pappkartons
aneinandergebunden, einen Zug, der die ganze Länge des
Flurs ausmacht und nun vorsichtig hin und her bugsiert wird.
Sie richten Stationen ein, laden Blechbüchsen, Holzstäbchen
auf, und ich kann gewiß sein, daß sie bis zum Abendessen
beschäftigt sind. Der Kleine schläft noch.

Noch einmal zähle ich die Scheine, die kostbaren, schmutzigen Scheine, deren süßlicher Geruch mich in seiner Sanft-
heit erschreckt, und ich zähle den Zehner hinzu, den Fred
mir schuldet. Er wird ihn vertrinken. Er hat uns vor zwei
Monaten verlassen, schläft bei Bekannten oder in irgendwelchen Asylen, weil er die Enge der Wohnung, die Gegenwart von Frau Franke und die schreckliche Nachbarschaft
der Hopfs nicht mehr erträgt. Damals entschied sich
die Wohnungskommission, die am Rande der Stadt eine

Siedlung baut, gegen uns, weil Fred ein Trinker ist und das
Zeugnis des Pfarrers über mich nicht günstig ausfiel. Er ist
böse, daß ich mich nicht an den Veranstaltungen kirchlicher
Vereine beteilige. Die Vorsitzende dieser Kommission aber
ist Frau Franke, die dadurch den Ruf um den einer unta-
deligen, selbstlosen Frau noch bereichert hat. Denn hätte sie
uns die Wohnung zugebilligt, wäre unser Raum, der ihr nun
als Eßzimmer fehlt, freigeworden. So entschied sie zu ihrem
eigenen Schaden gegen uns.

Mich aber hat seitdem ein Schrecken ergriffen, den ich
nicht zu beschreiben wage. Die Tatsache, Gegenstand eines
solchen Hasses zu sein, flößt mir Furcht ein, und ich habe
Angst, den Leib Christi zu essen, dessen Genuß Frau Franke
täglich erschreckender zu machen scheint. Denn der Glanz
ihrer Augen wird immer härter. Und ich habe Angst, die
heilige Messe zu hören, obwohl die Sanftmut der Liturgie
zu den wenigen Freuden gehört, die mir geblieben sind. Ich
habe Angst, den Pfarrer am Altar zu sehen, den gleichen
Menschen, dessen Stimme ich oft nebenan im Sprechzimmer
höre: die Stimme eines verhinderten Bonvivants, der gute
Zigarren raucht, sich mit den Weibern seiner Kommissionen
und Vereine alberne Scherze erzählt. Oft lachen sie laut
nebenan, während ich angehalten bin, achtzugeben, daß die
Kinder keinen Lärm machen, weil die Konferenz dadurch
gestört werden könnte. Aber ich kümmere mich schon lange
nicht mehr darum, lasse die Kinder spielen und beobachte
mit Schrecken, daß sie gar nicht mehr fähig sind, zu lärmen.
Und manchmal morgens, wenn der Kleine schläft, die
Großen zur Schule sind, während des Einkaufens, schleiche
ich mich für ein paar Augenblicke in eine Kirche, zu Zeiten,
in denen kein Gottesdienst mehr stattfindet, und ich
empfinde den unendlichen Frieden, der von der Gegenwart
Gottes ausströmt.

Manchmal aber zeigt Frau Franke Regungen von Gefühl,
die mich noch mehr erschrecken als ihr Haß. Weihnachten
kam sie und bat uns, an einer kleinen Feier im Wohnzimmer
teilzunehmen. Und ich sah uns durch den Flur gehen, als

gingen wir in die Tiefe eines Spiegels hinein: Clemens und
Carla vorne, dann Fred, und ich ging mit dem Kleinen auf
dem Arm hinterdrein. – Wir gingen in die Tiefe eines
Spiegels hinein, und ich sah uns: Wir sahen arm aus.

Im Wohnzimmer, das seit dreißig Jahren unverändert ist,
kam ich mir fremd vor, wie in einer anderen Welt, fehl am
Platze: Wir gehören nicht auf solche Möbel, zwischen solche
Bilder, wir sollten uns nicht an Tische setzen, die mit Damast
gedeckt sind. Und der Schmuck des Weihnachtsbaumes, den
Frau Franke über den Krieg gerettet hat, macht, daß mir das
Herz vor Angst stehenbleibt: diese flimmernden blauen und
goldenen Kugeln – das Engelhaar und die Puppengesichter
der gläsernen Engel, das Jesuskind aus Seife in der Krippe
aus Rosenholz, Maria und Josef aus grell gemaltem Ton,
süßlich grinsend unter dem Spruchband aus Gips, das
»Frieden den Menschen« verkündet – diese Möbel, an die
wöchentlich acht Stunden lang der Schweiß einer Putzfrau
verschwendet wird, die fünfzig Pfennig pro Stunde bekommt
und Mitglied des Müttervereins* ist, diese ganz tödliche
Sauberkeit macht mir Angst. Herr Franke saß in der Ecke
und rauchte seine Pfeife. Seine knochige Gestalt beginnt sich
mit Fleisch zu füllen, und ich höre oft das Stampfen seiner
Schritte, wenn er die Treppe heraufkommt, seinen poltern-
den Gang, und sein keuchender Atem geht an meinem
Zimmer vorbei in die Tiefe des Flures.

Die Kinder fürchten sich vor solchen Möbeln, die sie nur
selten sehen. Sie setzen sich zögernd auf die ledergepolsterten
Stühle, so scheu und still, daß ich hätte weinen können.

Es standen Teller für sie bereit, und Geschenke lagen da:
Strümpfe und das unvermeidliche Sparschwein aus Ton, das
in der Familie Franke seit fünfunddreißig Jahren zu Weihnachten gehört.

Freds Gesicht war finster, und ich sah, daß er bereute, der
Einladung gefolgt zu sein; er stand da auf die Fensterbank
gestützt, zog eine lose Zigarette aus der Tasche, glättete sie
langsam und zündete sie an.

Frau Franke schenkte die Gläser voll Wein und schob den

Kindern bunte Porzellanbecher voll Limonade zu. Die
Becher sind mit Motiven aus dem Märchen ›Der Wolf und
die sieben Geißlein‹* bemalt.

Wir tranken, Fred trank in einem Zuge sein Glas leer, hielt
es prüfend in der Hand, schien dem Geschmack des Weines
nachzusinnen. In solchen Augenblicken bewundere ich ihn,
denn auf seinem Gesicht konnte jeder deutlich lesen, was zu
sagen überflüssig war: Zwei Sparschweine und ein Glas
Wein, fünf Minuten Sentimentalität täuschen mich nicht
darüber hinweg, daß unsere Wohnung zu eng ist.

Diese schreckliche Einladung endete mit einem kalten
Abschied, und ich las in Frau Frankes Augen alles, was sie
darüber erzählen würde: Zu den zahllosen Flüchen, die wir
tragen, kommt nun noch der der offenbaren Undankbarkeit
und Unhöflichkeit und für sie noch zwei weitere Etagen auf
der vielstöckigen Krone des Martyriums.*

Herr Franke spricht selten, aber wenn er weiß, daß seine
Frau nicht da ist, steckt er manchmal den Kopf in unser
Zimmer und legt, ohne ein Wort zu sagen, eine Tafel Schokolade auf den Tisch, der an der Tür steht, und manchmal
finde ich einen Geldschein in dem Umschlagpapier versteckt,
und ich höre ihn manchmal im Flur mit den Kindern sprechen. Er hält sie an, murmelt ein paar Worte, und die Kinder
erzählen mir, daß er sie über den Kopf streicht und »Liebes«
zu ihnen sagt.

Frau Franke aber ist anders, redselig und lebhaft, ohne
Zärtlichkeit. Sie stammt aus einem alten städtischen
Händlergeschlecht, das die Gegenstände, mit denen es
Handel trieb, von Geschlecht zu Geschlecht wechselte,
immer kostbarere fand: Von Öl, Salz und Mehl, von Fisch
und Tuch kamen sie zu Wein, dann gingen sie in die Politik,
sanken herab zu Grundstücksmaklern, und ich meine heute
manchmal, daß sie mit dem Kostbarsten Handel treiben: mit
Gott.

Frau Franke wird nur bei seltenen Gelegenheiten sanft:
zunächst, wenn sie von Geld spricht. Sie spricht das Wort mit
einer Sanftmut aus, die mich erschreckt, so wie manche

Leute: Leben, Liebe, Tod oder Gott aussprechen, sanft, mit
einem leisen Schrecken und einer großen Zärtlichkeit in der
Stimme. Der Glanz ihrer Augen wird matter, und ihre Züge
werden jung, wenn sie von Geld und von ihrem Einge-
machten spricht, beides Schätze, deren Verletzung sie nicht
zuläßt. Schrecken ergreift mich, wenn ich manchmal unten
im Keller bin, um Kohlen oder Kartoffeln zu holen, und ich
höre sie nebenan die Gläser zählen: mit sanfter Stimme
murmelnd, singend die Zahlen wie die Kadenzen einer gehei-
men Liturgie, und ihre Stimme erinnert mich an die Stimme
einer betenden Nonne – und ich lasse oft meine Eimer im
Stich, fliehe nach oben und drücke meine Kinder an mich,
weil ich spüre, daß ich sie vor etwas behüten muß. Und
die Kinder blicken mich an, die Augen meines Sohnes, der
erwachsen zu werden beginnt, und die sanften, dunklen
Augen meiner Tochter, sie blicken mich an, begreifend und
nicht begreifend – und nur zögernd fallen sie in die Gebete
ein, die ich zu sprechen beginne, die berauschende Eintö-
nigkeit einer Litanei oder die Sätze des Vaterunsers, die
spröde aus unseren Mündern fallen.

Aber es ist drei geworden, und plötzlich bricht draußen die
Angst vor dem Sonntag aus, Lärm platzt in den Hof, und ich
höre die Stimmen, die den frohen Samstagnachmittag
ansagen, und mein Herz beginnt mir im Leibe zu erfrieren.
Ich zähle noch einmal das Geld, betrachte die tödlich lang-
weiligen Bilder darauf und entschließe mich endgültig, es
anzubrechen. Im Flur lachen die Kinder, der Kleine ist
erwacht, und ich muß mich entschließen zu arbeiten, und wie
ich den Blick hebe vom Tisch, auf den gestützt ich nachzudenken begann, fällt mein Blick auf die Wände unseres
Zimmers, die mit billigen Drucken benagelt sind: mit den
süßen Weibergesichtern Renoirs* – sie kommen mir fremd
vor, so fremd, daß ich nicht begreifen kann, wie ich sie vor
einer halben Stunde noch ertragen konnte. Ich nehme sie
herunter, reiße sie mit ruhigen Händen entzwei und werfe
die Fetzen in den Abfalleimer, den ich gleich hinuntertra-
gen muß. Meine Blicke gehen unsere Wände entlang, nichts

findet Gnade vor meinen Augen als das Kruzifix über der Tür und die Zeichnung eines mir Unbekannten, deren wirre Linien und spärliche Farben mir fremd erschienen bisher, die ich aber plötzlich begreife, ohne sie zu verstehen.

3

Es dämmerte gerade, als ich den Bahnhof verließ, und die
Straßen waren noch leer. Sie liefen schräg an einem Häuser-
block vorbei, dessen Fassade mit häßlichen Putzstellen ausgeflickt war. Es war kalt, und auf dem Bahnhofsvorplatz
standen fröstelnd ein paar Taxichauffeure: Sie hatten die
Hände tief in die Manteltaschen vergraben, und diese vier
oder fünf blassen Gesichter unter blauen Schirmmützen
wandten sich mir für einen Augenblick zu; sie bewegten sich
gleichmäßig wie Puppen, die an der Schnur gezogen werden.
Nur einen Augenblick, dann schnappten die Gesichter in
ihre alte Position zurück, dem Ausgang des Bahnhofs
zugewandt.

Nicht einmal Huren waren um diese Zeit auf den Straßen,
und als ich mich langsam umwandte, sah ich, wie der große
Zeiger der Bahnhofsuhr langsam auf die Neun rutschte: Es
war Viertel vor sechs. Ich ging in die Straße hinein, die rechts
an dem großen Gebäude vorbeiführt, und blickte aufmerksam in die Schaukästen: Irgendwo mußte doch ein
Café oder eine Kneipe offen sein oder eine von diesen
Buden, gegen die ich zwar einen Abscheu habe, die mir aber
lieber sind als die Wartesäle mit ihrem lauen Kaffee um diese
Zeit und der flauen, aufgewärmten Bouillon, die nach

Kaserne schmeckt. Ich klappte den Mantelkragen hoch, legte sorgfältig die Ecken ineinander und klopfte den schwärzlichen losen Dreck von Hose und Mantel ab.

Am Abend vorher hatte ich mehr getrunken als sonst, und nachts gegen eins war ich in den Bahnhof gegangen zu Max, der mir manchmal Unterschlupf gewährt. Max ist in der Gepäckaufbewahrung beschäftigt – ich kenne ihn vom Krieg her –, und in der Gepäckaufbewahrung gibt es einen großen Heizkörper mitten im Raum, um ihn herum eine Holzverschalung, die eine Sitzbank trägt. Dort ruhen sich alle aus, die in der untersten Etage des Bahnhofs beschäftigt sind: Gepäckträger, Leute von der Aufbewahrung und die Aufzugführer. Die Verschalung steht weit genug ab, daß ich hineinkriechen kann, und unten ist eine breite Stelle, dort ist es dunkel und warm, und ich fühle Ruhe, wenn ich dort liege, habe Frieden im Herzen, der Schnaps kreist in meinen Adern, das dumpfe Grollen der ein- und ausfahrenden Züge, das Bumsen der Gepäckkarren oben, das Surren der Aufzüge – Geräusche, die mir im Dunkeln noch dunkler erscheinen, schläfern mich schnell ein. Manchmal auch weine ich dort unten, wenn mir Käte einfällt und die Kinder, ich weine, wissend, daß die Tränen eines Säufers nicht zählen, kein Gewicht haben – und ich spüre etwas, das ich nicht Gewissensbisse, sondern einfach Schmerz nennen möchte. Ich habe schon vor dem Kriege getrunken, aber das scheint man vergessen zu haben, und mein tiefer moralischer Stand wird mit einer gewissen Milde betrachtet*, weil man von mir sagen kann: Er ist im Kriege gewesen.

Ich säuberte mich, so sorgfältig ich konnte, vor dem Schaufensterspiegel eines Cafés, und der Spiegel warf meine zarte, kleine Gestalt unzählige Male nach hinten wie in eine imaginäre Kegelbahn, in der Sahnetorten und schokoladenüberzogene Florentiner* neben mir her purzelten: So sah ich mich selbst dort, ein winziges Männchen, das verloren dahinrollte zwischen Gebäck, mit wirren Bewegungen die Haare zurechtstreichend, an der Hose zupfend.

Ich schlenderte langsam weiter an Zigarren- und

Blumenläden vorbei, vorbei an Textilgeschäften, in deren
Fenstern mich die Puppen mit ihrem falschen Optimismus
anstarrten. Dann zweigte rechts eine Straße ab, die fast nur
aus Holzbuden zu bestehen schien. An der Straßenecke hing
ein großes weißes Transparent mit der Aufschrift: Wir
heißen euch willkommen, Drogisten!*

Die Buden waren in die Trümmer hineingebaut, hockten
unten zwischen ausgebrannten und eingestürzten Fassaden
– aber auch die Buden waren Zigarren- und Textilgeschäfte,
Zeitungsstände, und als ich endlich an eine Imbißstube
kam, war sie geschlossen. Ich rappelte an der Klinke, wandte
mich um und sah endlich Licht. Ich ging über die Straße auf
das Licht zu und sah, daß es in einer Kirche leuchtete. Das
hohe, gotische Fenster war notdürftig mit rohen Steinen
ausgeflickt, und mitten in dem häßlichen Mauerwerk war
ein kleiner, gelblich gestrichener Fensterflügel einge-
klemmt, der von einem Badezimmer stammen mußte. In den
vier kleinen Scheiben stand ein schwaches, gelbliches Licht.
Ich blieb stehen und dachte einen Augenblick nach: Es war
nicht wahrscheinlich, aber vielleicht war es drinnen warm.
Ich stieg defekte Stufen hinauf. Die Tür schien heil geblieben zu sein; sie war mit Leder gepolstert. In der Kirche war
es nicht warm. Ich nahm die Mütze ab, schlich langsam nach
vorne zwischen den Bänken hindurch und sah endlich in dem
zurechtgeflickten Seitenschiff Kerzen brennen. Ich ging
weiter, obwohl ich festgestellt hatte, daß es drinnen noch
kälter war als draußen: Es zog.* Es zog aus allen Ecken.
Die Wände waren zum Teil nicht einmal mit Steinen ausgeflickt, sie bestanden aus Kunststoffplatten, die man einfach
aneinandergestellt hatte, die Klebemasse quoll aus ihnen
heraus, die Platten begannen sich in einzelne Schichten
aufzulösen und zu werfen. Schmutzige Schwellungen troffen
von Feuchtigkeit, und ich blieb zögernd an einer Säule
stehen.

Zwischen zwei Fenstern an einem Steintisch stand der
Priester in weißem Gewand zwischen den beiden Kerzen. Er
betete mit erhobenen Händen, und obwohl ich nur den

Rücken des Priesters sah, merkte ich, daß ihn fror. Einen Augenblick lang schien es, als sei der Priester allein mit dem aufgeschlagenen Meßbuch, seinen blassen, erhobenen Händen und dem frierenden Rücken. Aber in der matten Dunkelheit unterhalb der flackernden Kerze erkannte ich jetzt den blonden Kopf eines Mädchens, das sich innig nach vorne geneigt hatte, so weit nach vorne, daß ihr loses, hängendes Haar sich auf dem Rücken in zwei gleichmäßige Strähnen teilte. Neben ihr kniete ein Junge, der sich dauernd hin und her wandte, und am Profil, obwohl es dämmrig war, erkannte ich die geschwollenen Lider, den offenen Mund des Blöden*, die rötlichen, entzündeten Lider, die dicken Backen, den seltsam nach oben verschobenen Mund: Und in den kurzen Augenblicken, in denen die Augen geschlossen waren, lag ein überraschender und aufreizender Zug von Verachtung über diesem blöden Kindergesicht.

Der Priester wandte sich jetzt, ein eckiger und blasser Bauer, seine Augen bewegten sich zu der Säule hin, an der ich stand, bevor er die erhobenen Hände zusammenlegte, sie wieder auseinanderfaltete und etwas murmelte. Dann wandte er sich um, beugte sich über den Steintisch, drehte sich mit einer plötzlichen Wendung und erteilte mit einer fast lächerlichen Feierlichkeit den Segen über das Mädchen und den blöden Jungen. Merkwürdig, obwohl ich in der Kirche war, fühlte ich mich nicht eingeschlossen. Der Priester wandte sich wieder zum Altar, setzte seine Mütze auf, nahm jetzt den Kelch und pustete die rechte der beiden Kerzen aus. Er ging langsam zum Hauptaltar hinunter, beugte dort die Knie und verschwand in der tiefen Dunkelheit der Kirche. Ich sah ihn nicht mehr, hörte nur die Angeln einer Tür kreischen. Dann sah ich das Mädchen für einen Augenblick im Licht: ein sehr sanftes Profil und eine einfache Innigkeit, als sie aufstand, niederkniete* und die Stufen emporstieg, um die linke Kerze auszublasen. Sie stand in diesem sanften, gelben Licht, und ich sah, daß sie wirklich schön war; schmal und groß mit einem klaren Gesicht, und es war nichts Törichtes daran, wie sie den Mund spitzte und blies. Dann fiel

Dunkelheit über sie und den Jungen, und ich sah sie erst wieder, als sie in das graue Licht trat, das aus dem eingemauerten kleinen Fenster oben fiel. Und wieder berührte mich die Haltung ihres Kopfes, die Bewegung ihres Nackens, als sie an mir vorbeiging, mich mit einem kurzen Blick prüfend und sehr ruhig ansah und hinausging. Sie war schön, und ich ging ihr nach. An der Tür beugte sie noch einmal die Knie, puffte die Tür auf und zog den Blöden hinter sich her.

Ich ging ihr nach. Sie ging in entgegengesetzter Richtung zum Bahnhof in die öde Straße hinein, die nur aus Buden und Trümmern bestand, und ich sah, daß sie sich ein paarmal umblickte. Sie war schlank, fast mager, schien kaum mehr als achtzehn oder neunzehn zu sein und schleppte mit einer stetigen und festen Geduld den Blöden hinter sich her.

Jetzt kamen mehr Häuser, nur hin und wieder eine Bude, mehrere Straßenbahnschienen lagen dort nebeneinander, und ich erkannte den Stadtteil, den ich nur selten betrete. Hier mußte das Depot liegen: Ich hörte das Kreischen der Bahnen hinter einer rötlichen, schlecht ausgeflickten Mauer, sah im Dämmer grelle Blitze von Schweißapparaten und hörte das Zischen der Sauerstoff-Flaschen.

Ich hatte so lange auf die Mauer gestarrt, daß ich nicht bemerkte, wie das Mädchen stehenblieb. Ich war ihr jetzt sehr nahe gekommen, sah, daß sie vor einer Bude stand und in einem Schlüsselbund herumsuchte. Der Blöde blickte in die regelmäßig graue Fläche des Himmels hinauf. Wieder warf das Mädchen einen Blick zu mir zurück, und ich zögerte einen Augenblick, als ich an ihr vorbeiging, bis ich sah, daß die Bude, die sie zu öffnen begonnen hatte, eine Imbißstube war.

Sie hatte die Tür schon aufgeschlossen, und drinnen sah ich im grauen Dunkel Stühle, eine Theke, das matte Silber einer Kaffeemaschine: Ein muffiger Geruch von kalten Reibekuchen* kam heraus, und ich sah im Dämmer hinter einer verschmierten Scheibe Frikadellen auf zwei Tellern aufgetürmt, kalte Koteletts und ein großes, grünliches Glas, in dem Gurken in Essig schwammen.

Das Mädchen sah mich an, als ich stehenblieb. Sie hatte die blechernen Läden abgenommen – und auch ich sah ihr ins Gesicht.

»Verzeihung«, sagte ich, »öffnen Sie jetzt?«

»Ja«, sagte sie, und sie ging an mir vorbei, trug den letzten Laden nach drinnen, und ich hörte, wie sie ihn aufsetzte. Obwohl die Läden entfernt waren, kam sie noch einmal zurück, sah mich an, und ich fragte:

»Kann man hereinkommen?«

»Gewiß«, sagte sie, »aber es ist noch kalt.«

»Oh, das macht nichts«, sagte ich und trat ein.

Drinnen roch es abscheulich, und ich zog die Zigaretten aus meiner Tasche und zündete eine an. Sie hatte Licht angeknipst, und ich wunderte mich, wie sauber alles im Hellen aussah.

»Merkwürdiges Wetter«, sagte sie, »für September. Heute mittag wird es wieder heiß sein, aber jetzt friert man.«

»Ja«, sagte ich, »merkwürdig, morgens ist es kalt.«

»Ich werde gleich etwas Feuer machen«, sagte sie.

Ihre Stimme war hell, ein wenig spröde, und ich merkte, daß sie verlegen war.

Ich nickte nur, stellte mich an die Wand neben der Theke und sah mich um; die Wände bestanden aus nackten Holzbrettern, die mit bunten Zigarettenplakaten tapeziert waren: elegante Männer mit graumeliertem Haar, die tiefausgeschnittenen Damen* ihr Etui hinhielten, einladend dazu grinsten, während sie mit der anderen Hand den Hals einer Sektpulle umschlossen hielten – oder reitende Cowboys mit einer teuflischen Heiterkeit auf ihren Gesichtern, den Lasso in der einen, in der anderen Hand die Zigarette, so schleppten sie eine unwahrscheinlich große und ebenso unwahrscheinlich blaue Wolke von Tabaksqualm hinter sich her, die wie eine seidige Fahne bis an den Horizont der Prärie reichte.

Der Blöde hockte nahe beim Ofen und bibberte leise vor Kälte. Er hatte einen Lutscher im Mund, hielt das Holzstäbchen in der Hand und zullte mit einer aufreizenden

Stetigkeit an dem knallrot gefärbten Stück Zucker herum, während zwei schmale, kaum sichtbare Bäche von Zuckerschmier sich zu beiden Seiten seines Mundes langsam nach unten bewegten.

»Bernhard«, sagte das Mädchen milde, und sie beugte sich zu ihm und wischte ihm sorgfältig mit ihrem Taschentuch die Mundwinkel aus. Sie hob die Platte vom Ofen, knüllte Zeitungen zusammen, warf das Papier hinein, legte Holz und Brikettstücke auf und hielt ein brennendes Streichholz an die rostige Schnauze des Ofens.

»Nehmen Sie doch Platz, bitte«, sagte sie zu mir.

»O danke«, sagte ich, aber ich setzte mich nicht.

Es war mir kalt, und ich wollte nahe beim Ofen stehen, und trotz des leisen Ekels, den ich angesichts des Blöden empfand, bei den kalten Gerüchen billiger Speisen, fühlte ich eine wohlige Vorfreude beim Gedanken an den Kaffee, an Brot und Butter – und ich blickte in den schneeweißen Nacken des Mädchens, sah die dürftig zurechtgeflickten Strümpfe an ihren Beinen und beobachtete diese sanften Bewegungen ihres Kopfes, wenn sie sich tief nach unten bückte, um zu sehen, wie das Feuer sich entwickelte.

Zunächst kam nur etwas Qualm, bis ich endlich hörte, daß es zu knistern begann; die Flamme fauchte leise, und der Qualm ließ nach. Die ganze Zeit hockte sie da zu meinen Füßen, rüttelte mit schmutzigen Fingern an der Schnauze des Ofens und beugte sich manchmal tiefer nach unten, um zu pusten, und wenn sie sich beugte, sah ich weit in ihren Nacken hinein, sah den weißen, kindlichen Rücken.

Plötzlich stand sie auf, lächelte mir zu und ging hinter die Theke. Sie ließ den Hahn laufen, wusch sich die Hände und stöpselte die Kaffeemaschine ein. Ich ging zum Ofen, nahm die Platte mit einem Haken hoch und sah, daß die Flamme das Holz erfaßt hatte und schon anfing, die Briketts zu entzünden. Es fing wirklich an, warm zu werden. Es puffte schon in der Kaffeemaschine, und ich spürte, wie mein Appetit wuchs. Immer, wenn ich getrunken habe, ist mein Appetit auf Kaffee und Frühstück groß – aber ich blickte voll leisen

Ekels auf die kalten Würstchen mit ihrer faltigen Haut und auf die Schüsseln mit Salaten. Das Mädchen nahm einen Blechkasten voll leerer Flaschen und ging hinaus. Mit dem Blöden allein zu sein, erfüllte mich mit einer merkwürdigen Gereiztheit. Das Kind nahm keinerlei Notiz von mir, es machte mich wild, wie es in seiner Selbstgefälligkeit dort hockte, an der widerlichen Zuckerstange herumlutschte.

Ich warf die Zigarette weg und erschrak, als sich die Tür öffnete und statt des Mädchens der Priester erschien, der eben die Messe gelesen hatte. Sein rundes, blasses Bauerngesicht stand jetzt unter einem schwarzen, sehr sauberen Hut. Er sagte: »Guten Morgen«, und es fiel Enttäuschung wie Schatten über sein Gesicht, als er den Platz hinter der Theke leer sah. »Guten Morgen«, sagte ich und dachte: armes Schwein. Jetzt erst war mir eingefallen, daß die Kirche, in der ich gewesen war, die Pfarrkirche zu den Sieben Schmerzen war, und ich kannte die Personalakte des Pfarrers genau: Seine Zeugnisse waren mäßig, seine Predigten gefielen nicht, zu wenig Pathos erfüllte sie, und seine Stimme war zu heiser. Im Krieg hatte er keine Heldentaten vollbracht, er war weder ein Held noch ein Widerständler gewesen, keine Orden hatten seine Brust geziert, und ebensowenig war er mit der unsichtbaren Krone des Martyriums gekrönt; sogar eine ganz gewöhnliche Disziplinarstrafe wegen Überschreitung des Zapfenstreiches* hatte seine Papiere verunziert. Aber das war alles nicht einmal so schlimm wie eine merkwürdige Weibergeschichte, von der sich zwar herausgestellt hatte, daß sie platonisch gewesen, die aber einen Grad geistiger Zärtlichkeit erreicht hatte, der bei der Behörde Unbehagen hervorrief. Der Pfarrer von den Sieben Schmerzen Mariä war einer von denen, die der Herr Prälat als typische Dreiminuspriester mit einer Neigung zu vier plus* bezeichnete. Die verlegene Enttäuschung des Pfarrers war so offenbar, daß es mir peinlich war. Ich zündete eine zweite Zigarette an, sagte noch einmal guten Morgen und versuchte, an diesem Durchschnittsgesicht vorbeizusehen. Immer, wenn ich sie sehe, mit ihren schwarzen Röcken*, eine unschuldige Sicherheit und zugleich eine unschuldige Unsicherheit auf dem Gesicht, fühle ich jenes merkwürdige, aus Wut und Mitleid gemischte Gefühl, das mich auch meinen Kindern gegenüber erfüllt.

Der Pfarrer klimperte nervös mit einem Zweimarkstück auf der gläsernen Platte herum, die die Theke abschloß. Eine helle Röte stieg vom Hals her in sein Gesicht, als die Tür sich öffnete und das Mädchen hereinkam.

»Oh«, sagte er hastig, »ich wollte nur Zigaretten.«

Ich beobachtete ihn genau, wie er mit seinen kurzen, weißen Fingern an den Koteletts vorbei vorsichtig nach den Zigaretten angelte, sich eine rote Packung herausnahm, das Geldstück auf die Theke warf und hastig mit einem schlecht hörbaren Guten Morgen die Bude wieder verließ.

Das Mädchen sah ihm nach, setzte den Korb ab, den es im Arm getragen hatte, und ich spürte, wie mir das Wasser in den Mund schoß beim Anblick dieser frischen, blonden Brötchen. Ich würgte den lauwarmen Schwall* hinunter, knipste meine Zigarette aus und suchte einen Platz zum Sitzen. Der Blechofen strahlte jetzt heftige Wärme aus, leicht noch mit Brikettqualm durchsetzt, und ich spürte eine leise Übelkeit, die sauer aus dem Magen hochstieg.

Draußen kreischten und kurvten die Bahnen, die das Depot verließen, schmutzigweiße Züge fuhren auf der Straße vorbei, Schlangen, die sich stockend entfernten*, deren Kreischen sich von gewissen Zentren aus in verschiedene Richtungen verlor wie in weitere Kanäle weißen Knirschens, Fadenbündeln gleich.

Leise brodelte das Wasser in der Kaffeemaschine, der Blöde lutschte an seinem Holzstäbchen herum, an dem nur noch eine dünne, durchsichtige Schicht rötlichen Zuckers hing.

»Kaffee?« fragte das Mädchen mich von der Theke her–: »Wünschen Sie Kaffee?«

»Ja, bitte«, sagte ich schnell, und sie wandte mir, als habe der Ton meiner Stimme sie berührt, ihr ruhiges und schönes Gesicht zu und nickte lächelnd, während sie die Tasse mit

dem Unterteller unter den Hahn der Maschine schob.
Vorsichtig öffnete sie die Blechdose mit dem Kaffeepulver,
und als sie den Löffel nahm, drang der wunderbare Geruch
des gemahlenen Kaffees bis zu mir, und sie zögerte einen
Augenblick und fragte:

»Wieviel, wieviel Kaffee wünschen Sie?«

Ich nahm hastig mein Geld aus der Tasche, glättete die
Scheine, häufte die Münzen schnell aufeinander, suchte noch
einmal in meinen Taschen, dann zählte ich alles und sagte:

»Drei – oh, drei muß ich haben, drei Tassen.«

»Drei«, sagte sie, und sie lächelte wieder und setzte hinzu:
»Dann gebe ich Ihnen ein Kännchen, es ist billiger.«

Ich beobachtete, wie sie vier gehäufte Teelöffel Pulver in
den Nickelschieber tat, ihn einschob, die Tasse wegnahm und
eine Kanne untersetzte. Ruhig bediente sie die Hähne, es
puffte und brodelte. Wasserdampf zischte an ihrem Gesicht
vorbei, und ich sah, wie die dunkelbraune Flüssigkeit in
die Kanne zu tröpfeln begann; mein Herz fing leise an zu
klopfen.

Manchmal denke ich an den Tod und an den Augenblick
des Wechsels von diesem in das andere Leben, und ich stelle
mir vor, was mir übrig bleiben wird in dieser Sekunde: das
blasse Gesicht meiner Frau, das helle Ohr eines Priesters im
Beichtstuhl, ein paar ruhige Messen in dämmrigen Kirchen,
erfüllt vom Wohlklang der Liturgie, und die Haut meiner
Kinder, rosig und warm, der Schnaps, wie er in meinen
Adern kreist, und die Frühstücke, ein paar Frühstücke
– und in diesem Augenblick, als ich dem Mädchen zusah, wie
es die Hähne der Kaffeemaschine bediente, wußte ich, daß
auch sie dabei sein würde. Ich knöpfte meinen Mantel auf,
warf die Mütze auf einen leeren Stuhl.

»Kann ich auch Brötchen haben?« fragte ich, »sind sie
frisch?«

»Natürlich«, sagte sie, »wieviel wollen Sie? Sie sind ganz
frisch.«

»Vier«, sagte ich, »auch Butter!«

»Ja, wieviel?«

»Oh, fünfzig Gramm.«

Sie nahm die Brötchen aus dem Korb, legte sie auf einen
Teller und fing an, ein Halbpfundpaket Butter mit dem
Messer abzuteilen.

»Ich habe keine Waage, darf es mehr sein? Ein Achtel?
Dann kann ich es mit dem Messer machen.«

»Ja«, sagte ich, »sicher«, und ich sah genau, daß es mehr als
ein Achtel war, was sie neben die Brötchen legte, es war
das größte der vier Viertel, die sie aus dem Paket geschnit-
ten hatte.

Sie löste vorsichtig das Papier von der Butter und kam mit
dem Tablett auf mich zu.

Sie hantierte nahe vor meinem Gesicht mit dem Tablett,
weil sie mit der freien Hand eine Serviette ausbreiten wollte,
und ich half ihr, indem ich die Serviette auseinanderfaltete,
und roch für einen Augenblick ihre Hände: Ihre Hände
rochen gut.

»So, bitte«, sagte sie.

»Vielen Dank«, sagte ich.

Ich goß mir ein, tat Zucker in den Kaffee, rührte um und
trank. Der Kaffee war heiß und war sehr gut. Nur meine Frau
kann solchen Kaffee kochen, aber ich trinke nur selten zu
Hause Kaffee und überlegte, wie lange ich keinen solch guten
Kaffee mehr getrunken habe. Ich trank mehrere Schlucke
hintereinander und spürte sofort, wie mein Wohlbefinden
sich hob. »Wunderbar«, rief ich dem Mädchen zu,
»wunderbar, Ihr Kaffee.« Sie lächelte mir zu, nickte, und ich
wußte plötzlich, wie gerne ich sie sah. Ihre Anwesenheit
erfüllte mich mit Wohlbefinden und Ruhe.

»Hat mir noch keiner gesagt, daß mein Kaffee so gut ist.«

»Er ist es aber«, sagte ich.

Später hörte ich das Klirren der leeren Flaschen in dem
blechernen Behälter draußen, der Milchmann kam herein,
brachte gefüllte Flaschen, und sie zählte ruhig mit ihren
weißen Fingern durch: Milch, Kakao, Joghurt und Sahne. Es
wurde warm in der Bude, und der Blöde saß immer noch da,
hielt die abgelutschte Holzstange im Mund und stieß hin und
wieder Laute aus, abgerissene Sprachfetzen, die alle mit Z

anfingen und eine Melodie zu enthalten schienen – zu zu-za za-zozu, ein wilder, geheimer Rhythmus erfüllte dieses zischende Lallen, und ein Grinsen zeigte sich auf dem Gesicht des Blöden, wenn das Mädchen sich ihm zuwandte.

Straßenbahnmechaniker kamen herein, nahmen die Schutzbrillen von ihren Augen, setzten sich, tranken Milch mit Strohhälmchen aus den Flaschen, und ich sah das Stadtwappen auf ihren Overalls aufgenäht. Draußen wurde es lebhafter, die langen Ketten von Straßenbahnen hatten aufgehört zu fahren, in regelmäßiger Folge kreischten die schmutzigweißen Züge vorbei.

Ich dachte an Käte, meine Frau, daß ich abends mit ihr zusammen sein würde. Aber vorher mußte ich noch Geld auftreiben, ein Zimmer besorgen. Es ist schwer, Geld aufzutreiben, und ich wünschte, daß es jemand gäbe, der mir das Geld sofort geben würde. Aber in einer Stadt wie der unseren, einer Stadt mit dreihunderttausend Einwohnern, ist es schwer, jemanden zu finden, der einem sofort Geld gibt, wenn man ihn fragt. Ein paar kannte ich, die zu fragen mir leichter fiel, und ich wollte zu ihnen gehen; vielleicht konnte ich zugleich an den Hotels vorbeigehen, um zu sehen, ob ich ein Zimmer bekam.

Ich hatte den Kaffee ausgetrunken, es mußte auf sieben gehen. Tabaksqualm erfüllte die Bude, und ein müder, unrasierter Invalide, der lächelnd hereingehumpelt war, saß vorne am Ofen, trank Kaffee und fütterte den Blöden mit Käsebroten, die er Zeitungspapier entnahm.

Ruhig, den Wischlappen in der Hand, Geld einnehmend, herausgebend, lächelnd und grüßend stand das Mädchen vorne, bediente den Hebel der Kaffeemaschine, trocknete die Flaschen mit einem Tuch ab, wenn sie sie aus dem heißen Wasser nahm. Alles schien mühelos bei ihr zu gehen, schien keine Anstrengung zu bedeuten, obwohl sich für Minuten oft ein Knäuel ungeduldiger Menschen an der Theke bildete. Sie gab heiße Milch aus, kalten Kakao, warmen Kakao, ließ den Wasserdampf der Kaffeemaschine an ihrem Gesicht vorbeizischen, angelte Gurken mit einer hölzernen Zange aus

dem trübe erscheinenden Glas – und plötzlich war die Bude
leer. Nur ein fetter junger Bursche mit gelblicher Gesichtshaut stand noch vorne an der Theke, hielt eine Gurke in der
einen, ein kaltes Kotelett in der anderen Hand. Schnell ver-
zehrte er beides, steckte eine Zigarette an und suchte langsam
Geld zusammen, das er offenbar lose in der Tasche trug, und
an seinem nagelneuen Anzug, der nur etwas zerknittert war,
an seiner Krawatte erkannte ich plötzlich, daß draußen
Feiertag war, daß in der Stadt der Sonntag begann, und mir
fiel ein, wie schwer es ist, sonntags Geld aufzutreiben.

Auch der junge Bursche ging, und es blieb nur der
unrasierte Invalide, der dem Blöden mit beharrlicher Geduld
Brocken des Käsebrotes in den Mund schob, dabei seine
Laute leise nachahmte, zu zu-za za-zozo; sein Lallen aber
war nicht erfüllt von diesem wilden, faszinierenden
Rhythmus. Ich blickte den Blöden nachdenklich an, der
langsam die Brocken in sich hineinkaute. An die Wand der
Bude gelehnt, sah das Mädchen den beiden zu. Sie trank
heiße Milch aus einem Krug und aß langsam, sich Brocken
herausbeißend, ein trockenes Brötchen dazu. Es war still und
friedlich geworden, und ich spürte, wie eine scharfe Gereiztheit in mir hochstieg. »Zahlen«, rief ich hastig und stand auf.

Ich spürte etwas wie Scham, als der Invalide mir einen
kühlen, prüfenden Blick zuwarf. Auch der Blöde wandte sich
mir zu, sein verschwimmender, hellblauer Blick aber irrte an
mir vorbei, und in die Stille hinein sagte das Mädchen leise:

»Laß ihn, Vater, ich glaube, Bernhard hat genug.«

Sie nahm den Schein aus meiner Hand, warf ihn in eine
Zigarrenkiste unter dem Tisch und zählte mir langsam die
Münzen auf die Glasscheibe, und als ich ihr Trinkgeld über
die Platte zuschob, nahm sie es, sagte leise: »Danke« und
nahm den Krug an den Mund, um Milch zu trinken. Auch im
vollen Tageslicht sah sie schön aus, und ich zögerte einen
Augenblick, bevor ich hinausging. Ich hätte dort bleiben
mögen, stundenlang, sitzen und warten: Ich wandte den drei-
en den Rücken zu und blieb stehen, gab mir dann einen Ruck,
sagte leise Guten Morgen und ging sehr plötzlich hinaus.

Vor der Tür waren zwei junge Burschen in weißen Hemden beschäftigt, ein Transparent aufzurollen und es an zwei Holzstangen zu befestigen. Blumen waren über die Straße gestreut, und ich wartete einen Augenblick, bis das Transparent ganz entrollt war und las, rot auf weiß, die Inschrift: Heil unserem Seelenhirten.*

Ich zündete eine Zigarette an und wandte mich langsam der Stadt zu, um Geld aufzutreiben und ein Zimmer für den Abend zu besorgen.

4

Wenn ich zum Wasserhahn gehe, um den Eimer vollaufen zu lassen, sehe ich, ohne es zu wollen, mein Gesicht im Spiegel: eine magere Frau, die sich der Bitternis des Lebens bewußt geworden ist. Mein Haar ist noch voll, und die winzigen grauen Strähnen an meinen Schläfen, die dem Blond einen silbrigen Schimmer geben – das ist nur das geringste Zeichen meines Schmerzes um die beiden Kleinen, von denen mir mein Beichtvater sagt, daß ich zu ihnen beten soll. Sie waren so alt, wie jetzt Franz ist, begannen eben, sich aufzurichten im Bett, versuchten mich anzusprechen. Sie haben nie auf blumigen Wiesen gespielt, aber ich sehe sie manchmal auf blumigen Wiesen, und der Schmerz, den ich empfinde, ist untermischt mit einer gewissen Genugtuung, Genugtuung darüber, daß diese beiden Kinder vom Leben verschont geblieben sind. Und doch sehe ich zwei andere imaginäre Wesen heranwachsen, Jahr um Jahr, fast Monat um Monat sich verändernd. Sie sehen so aus, wie die Kleinen hätten werden können. In den Augen dieser beiden anderen Kinder, die im Spiegel hinter meinem Gesicht stehen, mir zuwinken, ist eine Weisheit, die ich erkenne, ohne mich ihrer zu bedienen. Denn in den schmerzlich lächelnden Augen dieser beiden Kinder, die im tiefsten Hintergrund des Spiegels stehen, in einem silbrigen Dämmer, in ihren Augen sehe ich Geduld, unendliche Geduld, und ich, ich bin nicht geduldig, ich gebe den Kampf nicht auf, den zu beginnen sie mir abraten.

Nur langsam füllt sich mein Eimer, und sobald das Glucksen heller wird, immer heller, bedrohlich dünn, sobald ich höre, wie das blecherne Gerät meines alltäglichen Kampfes sich füllt, wenden sich meine Augen aus dem Hintergrund des Spiegels zurück, verweilen eine Sekunde noch auf meinem Gesicht: Die Wangenknochen sind ein wenig hoch, weil ich mager zu werden beginne, die Blässe meines Gesichts wird gelblich, und ich überlege, ob ich für heute abend die Farbe meines Lippenstifts wechseln, vielleicht ein helleres Rot nehmen soll.

Wie viele tausendmal mag ich schon diesen Griff getan haben, den ich nun wieder tue. Ohne hinzusehen, höre ich, daß der Eimer voll ist, drehe das Wasser ab, meine Hände packen plötzlich zu, ich spüre, wie meine Armmuskeln sich straffen, und mit einem Schwung setze ich den schweren Eimer auf den Boden.

Ich horche an der Tür jenes kabinenartigen Nebenraumes, den wir mit Sperrholz abgetrennt haben, um mich zu vergewissern, daß Franz schläft.

Dann beginne ich meinen Kampf, den Kampf gegen den Schmutz. Woher ich die Hoffnung nehme, jemals seiner Herr zu werden*, weiß ich nicht. Ich zögere den Beginn noch ein wenig hinaus, kämme mich, ohne in den Spiegel zu sehen, räume das Frühstücksgeschirr weg und zünde mir die halbe Zigarette an, die im Schrank zwischen meinem Gebetbuch und der Kaffeebüchse liegt.

Nebenan sind sie aufgewacht. Durch die dünne Wand höre ich das Fauchen der Gasflamme genau, das morgendliche Gekicher, und diese verhaßten Stimmen beginnen ihr Gespräch. Er scheint noch im Bett zu liegen, sein Gemurmel bleibt unverständlich, und ihre Worte verstehe ich nur, wenn sie sich nicht gerade abwendet.

. . . vorigen Sonntag acht richtige . . . neuen Gummi holen . . . wann gibt es Geld . . .

Er scheint ihr das Kinoprogramm vorzulesen, denn plötzlich höre ich sie sagen: Da gehen wir hin.

Sie werden also ausgehen, ins Kino, werden in die Kneipe
gehen, und ich beginne leise zu bereuen, daß ich mit Fred
verabredet bin, denn heute abend wird es still sein, wenigstens neben uns still. Aber Fred ist schon unterwegs,
wahrscheinlich ein Zimmer besorgen und Geld, und unser
Rendezvous läßt sich nicht rückgängig machen. Und meine
Zigarette ist zu Ende.

Schon wenn ich den Schrank abrücke, kommen mir die
Putzstücke entgegengebröckelt*, die sich inzwischen von der
Wand gelöst haben – es klatscht zwischen den Schrank-
beinen heraus*, verteilt sich schnell über den Boden, kalkiges
Geröll, pulvrig und trocken, und beginnt sich auf seiner
kurzen Bahn aufzulösen. Manchmal auch rutscht ein großer
Placken herab, dessen Risse sich geschwind verbreitern, und
die Stauung hinter der Rückseite des Schrankes löst sich,
wenn ich ihn abrücke, es rollt wie sanfter Donner ab, und
eine kalkige Wolke zeigt mir an, daß ein Tag besonderen
Kampfes gekommen ist. Staub legt sich über alle Gegenstände des Zimmers, feiner, kalkiger Puder, der mich zwingt,
ein zweites Mal mit dem Staubtuch alles abzureiben. Es knir-
scht unter meinen Füßen, und durch die dünne Wand der
Kabine höre ich das Husten des Kleinen, dem dieser widerwärtige Staub in die Kehle geraten ist. Ich fühle die Verzweiflung wie einen körperlichen Schmerz, im Halse einen Wulst
von Angst, den ich herunterzuschlucken versuche. Ich würge
heftig, ein Gemisch von Staub, Tränen und Verzweiflung
gleitet in meinen Magen, und ich nehme nun wirklich den
Kampf auf. Mit zuckendem Gesicht fege ich die Brocken
zusammen, nachdem ich das Fenster geöffnet habe, nehme
dann den Staublappen, reibe alles sorgfältig ab und tauche
endgültig den Putzlappen ins Wasser. Sobald ich einen
Quadratmeter zu säubern versucht habe, bin ich gezwungen,
den Lappen auszuspülen, und sofort breitet sich im klaren
Wasser eine milchige Wolke aus. Nach dem dritten Quadratmeter wird das Wasser dickflüssig, und wenn ich den Eimer

ausgieße, bleibt ein widerliches, kalkiges Sediment, das ich mit den Händen auskratze, ausspüle. Und wieder muß ich den Eimer vollaufen lassen.

An meinem Gesicht vorbei fallen meine Augen in den Spiegel, und ich sehe sie, meine beiden Kleinen, Regina und Robert, Zwillinge, die ich gebar, um sie sterben zu sehen. Freds Hände waren es, die die Nabelschnüre zerschnitten, die die Geräte auskochten, auf meiner Stirn lagen, während ich in den Wehen schrie. Er heizte den Ofen, drehte Zigaretten für uns beide und war fahnenflüchtig, und manchmal meine ich, ich liebe ihn erst, seitdem ich begriffen habe, wie sehr er die Gesetze verachtet. Er trug mich auf seinen Armen, brachte mich in den Keller, und er war anwesend, als ich sie zum ersten Male an die Brust legte, unten in der muffigen Kühle des Kellers, beim Schein der sanften Kerze, Clemens saß auf seinem Stühlchen, betrachtete ein Bilderbuch, und die Granaten schlugen über unser Haus hinweg.

Aber das bedrohlich werdende Glucksen des Wassers ruft mich zurück zu meinem Kampf gegen den Schmutz, und wie ich den Eimer mit gewohntem Schwung auf den Boden setze, sehe ich, daß die Stellen, die ich eben gewischt habe, trocken geworden sind und die tödliche Transparenz der weißen Kalkmasse zeigen, widerliche Flecken, von denen ich weiß, daß sie unausrottbar sind. Aber dieses weißliche Nichts tötet meinen guten Willen, zermürbt meine Kraft, und die Stärkung, die vom Anblick des klaren Wassers in meinem Eimer ausgeht, ist gering.

Immer wieder hebe ich das leere Blechgefäß unter den langsam fließenden Hahn, und meine Augen saugen sich fest an der milchig verschwimmenden Ferne hinten im Spiegel – und ich sehe die Körper meiner beiden Kinder mit Schwellungen von Wanzenbissen, sehe sie von Läusen zerstochen, und es ergreift mich der Ekel beim Gedanken an das ungeheure Heer von Ungeziefer, das durch einen Krieg mobilisiert wird. Milliarden von Läusen und Wanzen, von Mücken und Flöhen setzen sich in Bewegung, sobald ein

Krieg ausbricht, sie folgen dem stummen Befehl, der ihnen sagt, daß etwas zu machen sein wird.

Oh, ich weiß, und ich vergesse nicht! Ich weiß, daß meinen Kindern der Tod durch die Läuse gebracht wurde, daß man uns ein völlig nutzloses Mittel verkaufte aus einer Fabrik, die der Vetter des Gesundheitsministers unterhielt, während das gute, das wirksame Mittel zurückgehalten wurde. Oh, ich weiß, und ich vergesse nicht, denn hinten im Spiegel sehe ich sie, meine beiden Kleinen, zerstochen und häßlich, fiebernd und schreiend, ihre kleinen Körper von nutzlosen Injektionen geschwollen. Und ich drehe den Hahn zu, ohne den Eimer zu ergreifen, denn heute ist Sonntag, und ich will mir eine Ruhepause gönnen im Kampf gegen den Schmutz, den der Kreig in Bewegung gesetzt hat.

Und ich sehe Freds Gesicht, unerbittlich alt werdend, leergefressen von einem Leben, das nutzlos wäre und gewesen wäre ohne die Liebe, die es mir einflößt. Das Gesicht eines Mannes, der früh von Gleichgültigkeit erfaßt wurde gegen alles, was ernstzunehmen andere Männer sich entschlossen haben. Ich sehe ihn oft, sehr oft, öfter noch, seitdem er nicht mehr bei uns ist.

Im Spiegel lächele ich, sehe ich erstaunt mein eigenes Lächeln, von dem ich nichts weiß, lausche dem Geräusch des Wasserhahns, dessen Glucksen immer heller wird. Es gelingt mir nicht, meinen Blick aus dem Spiegel zurückzuholen, ihn auf mein Gesicht zu lenken, mein eigentliches, von dem ich weiß, daß es nicht lächelte.

Ich sehe dort hinten Frauen – gelbe Frauen an träge dahinfließenden Strömen Wäsche waschen, höre ihren Gesang –, sehe schwarze Frauen in spröder Erde graben, höre das sinnlose und so reizvolle Getrommel nichtstuender Männer im Hintergrund, braune Frauen sehe ich, wie sie in steinernen Trögen Körner zerstampfen, den Säugling auf dem Rücken, während die Männer stupide um ein Feuer hocken, die Pfeife im Mund – und meine weißen Schwestern in den Mietskasernen von London, New York und Berlin, in den dunklen Schluchten der Pariser Gassen – bittere Gesichter,

die erschreckt auf die Rufe eines Trunkenboldes horchen.
– Und am Spiegel vorbei sehe ich das widerwärtige Heer
heranrücken, die unbekannte, nie besungene Mobilmachung
des Ungeziefers, das meinen Kindern den Tod bringen wird.

Aber der Eimer ist schon längst voll, und wenn auch
Sonntag ist, ich muß putzen, ich muß gegen den Schmutz
kämpfen.

Seit Jahren kämpfe ich gegen den Schmutz dieses einzigen
Zimmers; ich lasse die Eimer vollaufen, schwenke die
Lappen aus, gieße das schmutzige Wasser in den Abfluß, und
ich könnte mir ausrechnen, daß mein Kampf beendet sein
würde, wenn ich soviel kalkiges Sediment herausgekratzt,
ausgespült habe, wie vor sechzig Jahren die Maurer, muntere
Burschen, in diesem Zimmer verarbeitet haben.

Oft fällt mein Blick in den Spiegel, so oft, wie ich Eimer
füllen muß, und wenn meine Augen zurückkommen, von
dort hinten, legen sie sich vorne auf mein eigenes Gesicht, das
tot und unbeteiligt dem unsichtbaren Spiel zusah, und dann
sehe ich manchmal ein Lächeln darauf, ein Lächeln, das von
den Gesichtern der Kleinen darauf gefallen und haftengeblie-
ben sein muß. – Oder ich sehe den Ausdruck wilder Entsch-
lossenheit, des Hasses und einer Härte, die mich nicht
erschreckt, sondern stolz macht, die Härte eines Gesichts,
das nicht vergessen wird.

Aber heute ist Sonntag, und ich werde mit Fred zusammen
sein. Der Kleine schläft, Clemens ist mit Carla zur
Prozession*, und auf dem Hof höre ich den Widerhall dreier
Gottesdienste, zweier Unterhaltungskonzerte, eines Vortra-
ges und den heiseren Sang eines Niggers*, der alles durch-
dringt und als einziges mein Herz berührt.

. . . and he never said a mumbaling word . . .

. . . und er sagte kein einziges Wort . . .

Vielleicht wird Fred Geld bekommen, und wir werden
zusammen tanzen gehen. Ich werde mir einen neuen Lippenstift kaufen, ihn auf Pump kaufen bei der Hauswirtin unten.
Und es wäre schön, wenn Fred mit mir tanzen ginge. Immer
noch höre ich den sanften und so heiseren Schrei des Niggers,

höre ihn durch zwei wässerige Predigten hindurch, und ich spüre, wie mein Haß hochsteigt, Haß gegen diese Stimmen, deren Gewäsch in mich eindringt wie Fäulnis.

. . . they nailed him to the cross, nailed him to the cross.

. . . sie schlugen ihn ans Kreuz, schlugen ihn ans Kreuz.

Ja, heute ist Sonntag, und unser Zimmer ist erfüllt vom Geruch des Bratens, und dieser Geruch könnte ausreichen, mich zum Weinen zu bringen, weinen über die Freude der Kinder, die so selten Fleisch bekommen.

. . . and he never said a mumbaling word – singt der Nigger.

. . . und er sagte kein einziges Wort.

5

Ich ging zum Bahnhof zurück, ließ mir Geld wechseln an einer Würstchenbude und beschloß, es mir leicht zu machen, weil Sonntag war. Ich war zu müde und zu verzweifelt, zu allen denen zu gehen, die ich um Geld fragen konnte, und ich wollte sie anrufen, soweit sie Telefon hatten. Manchmal gelingt es mir, meiner Stimme am Telefon jenen beiläufigen Klang zu geben, der den Kredit stärkt, denn es ist ein Geheimnis, daß wirkliche Not, die man an der Stimme hört, vom Gesicht ablesen kann, die Börsen verschließt.

Eine Telefonzelle am Bahnhof war frei, und ich ging hinein, schrieb mir die Nummern von ein paar Hotels auf einen Zettel und suchte mein Notizbuch aus der Tasche, um die Nummern derer zu suchen, die ich um Geld fragen konnte. Ich hatte sehr viele Groschen in der Tasche und zögerte noch einige Augenblicke, sah mir die uralten, dreckigen Tarife an, die an den Wänden der Zelle hingen, die völlig übermalte Gebrauchsanweisung, und ließ zögernd die ersten beiden Groschen in den Schlitz fallen. Sosehr ich mich auch bemühe, sosehr das ständige Fragen um Geld mich bedrückt, mir allmählich zum Alpdruck wird, ich kann nicht bereuen, wenn ich betrunken gewesen bin. Ich wählte die Nummer dessen, von dem ich am ersten erwarten konnte, daß er mir etwas geben würde, aber seine Absage würde auch alles viel schlimmer machen, weil ich alle anderen viel weniger gern fragte. Und ich ließ die beiden Groschen unten in der Tiefe des Automaten ruhen, drückte den Hebel noch etwas herunter und wartete etwas. Der Schweiß sammelte sich auf meiner Stirn, er klebte mir das Hemd im Nacken fest, und ich spürte, wieviel für mich davon abhing, ob ich Geld bekommen würde.

Draußen vor der Zellentür sah ich den Schatten eines Mannes, der zu warten schien, und ich wollte schon den anderen Knopf drücken, um mein Geld wieder herausrollen zu lassen, da wurde die Nebenzelle frei, der Schatten verschwand vor meiner Tür. Ich zögerte immer noch. Oben rollten die Züge dumpf aus und ein, ich hörte die Stimme des Ansagers sehr fern. Ich wischte mir den Schweiß ab und dachte, daß ich niemals in so kurzer Zeit soviel Geld auftreiben würde, wie nötig war, um mit Käte zusammenzukommen.

Ich schämte mich, darum zu beten, daß der, den ich anrief, mir sofort Geld geben sollte, und plötzlich gab ich mir einen Ruck, wählte die Nummer wieder und nahm meine linke Hand vom Hebel, damit ich ihn nicht wieder herunterdrücken könnte, und als ich die letzte Ziffer gewählt hatte, war es einen Augenblick still, und dann kam das tutende Zeichen, und ich sah Serges Bibliothek, in der nun das Klingelzeichen ertönte. Ich sah seine vielen Bücher, die geschmackvollen Stiche an den Wänden und das bunte Glasfenster mit dem heiligen Cassius.* Mir fiel das Transparent ein, das ich eben gesehen hatte: Heil unserem Seelenhirten, und ich dachte daran, daß ja Prozessionstag* war und Serge wahrscheinlich gar nicht zu Hause war. Ich schwitzte jetzt heftiger, hatte Serges Stimme beim ersten Male wahrscheinlich überhört, denn er sagte sehr ungeduldig:

»Hallo, wer ist da?«

Der Tonfall seiner Stimme nahm mir allen Mut, und es ging viel in einer einzigen Sekunde durch meinen Kopf: Ob er, wenn ich ihn um Geld fragte, wohl mich, seinen Angestellten, von mir, dem Geldleiher, würde trennen können, und ich sagte so laut ich konnte »Bogner«, wischte mir den kalten Schweiß mit der linken Hand ab, horchte aber genau auf Serges Stimme, und ich werde nie vergessen, wie erleichtert ich war, als ich hörte, daß seine Stimme jetzt freundlicher klang.

»Ach, Sie«, sagte er, »warum melden Sie sich nicht?«

»Ich hatte Angst«, sagte ich.

Er schwieg, und ich hörte das Rollen der Züge, die Stimme des Ansagers oben und sah vor meiner Tür den Schatten einer Frau. Ich besah mein Taschentuch. Es war schmutzig und feucht. Serges Stimme traf mich wie ein Schlag, als er sagte:

»Wieviel brauchen Sie denn.«

Durchs Telefon hörte ich jetzt die dunklen schönen Glocken der Dreikönigenkirche,* sie riefen ein wildes Rauschen im Hörer hervor, und ich sagte leise: »Fünfzig.«

»Wieviel?«

»Fünfzig«, sagte ich und zuckte noch unter dem Schlag, den er gar nicht beabsichtigt hatte. Aber so ist es: Wenn jemand mich hört, mich sieht, weiß er sofort, daß ich Geld von ihm will.

»Wie spät ist es?« fragte er.

Ich öffnete die Tür meiner Zelle, sah zuerst in das mürrische Gesicht einer älteren Frau, die kopfschüttelnd davor stand, sah dann über dem Transparent des Drogistenverbandes die Uhr in der Bahnhofshalle und sagte in den Hörer hinein:

»Halb acht.«

Serge schwieg wieder, ich hörte das dunkle, lockende Rauschen der Kirchenglocken im Hörer, hörte auch von draußen, durch den Bahnhof dringend, die Glocken der Kathedrale, und Serge sagte:

»Kommen Sie um zehn.«

Ich fürchtete, daß er schnell einhängen würde, und sagte hastig:

»Hallo, hallo, Herr . . .«

»Ja, was ist denn?«

»Kann ich damit rechnen?«

»Können Sie*«, sagte er. »Wiedersehn.«

Und ich hörte, wie er den Hörer auflegte, legte meinen auf und öffnete die Zellentür.

Ich beschloß, das Geld fürs Telefon zu sparen, und ging langsam in die Stadt, um ein Zimmer zu suchen. Aber es war sehr schwer, ein Zimmer zu bekommen. Wegen der großen Prozession waren Fremde in die Stadt gekommen, auch der allgemeine Fremdenverkehr hatte noch nicht nachgelassen, und Tagungen brachten in der letzten Zeit inländische Intellektuelle aller Art in die Stadt. Den Chirurgen, den Briefmarkensammlern und der Caritas* war es zur lieben Gewohnheit geworden, sich alljährlich im Schatten der Kathedrale zu versammeln. Sie bevölkerten die Hotels, trieben die Preise in die Höhe, verbrauchten ihre Spesen. Jetzt waren die Drogisten da, und es schien sehr viele Drogisten zu geben.

Überall sah ich sie auftauchen, im Knopfloch ein rötliches Fähnchen, das Abzeichen ihres Verbandes. Die frühe Kälte schien ihrer guten Laune nichts anzuhaben,* fröhlich fachsimpelten sie in Bussen und Straßenbahnen, rasten zu Ausschußsitzungen und Vorstandswahlen und schienen beschlossen zu haben, für mindestens eine Woche alle Hotels mittlerer Preislage besetzt zu halten. Es gab wirklich sehr viele Drogisten, und manche von ihnen hatten übers Wochenende ihre Frauen kommen lassen, und so war es mit Doppelzimmern besonders schwer. Es gab auch eine Ausstellung des Verbandes, und Transparente luden zum Besuch dieser repräsentativen Schau hygienischer Erzeugnisse ein. Hin und wieder tauchten in der Innenstadt Gruppen von Gläubigen auf, die sich zur Sammelstelle der Prozession begaben: ein Pfarrer inmitten von vergoldeten, großen Barocklampen* und rotgekleideten Chorknaben, Männer und Frauen in Sonntagskleidern.

Eine Zahnpastenfirma hatte ein Luftschiff gemietet, das über der Stadt winzige, weiße Fallschirme abwarf, die eine

Packung Zahnpasta langsam nach unten segeln ließen, und am Kai stand eine große Kanone, die Luftballons mit dem Namen der Konkurrenz in die Luft schoß. Weitere Überraschungen waren angekündigt, und man munkelte, daß* die scherzhafte Reklame einer großen Gummifirma von kirchlicher Seite sabotiert* worden sei.

Als ich um zehn zu Serge ging, hatte ich noch immer kein Zimmer, und mir schwirrten die Antworten blasser Wirtinnen durch den Kopf,* das unfreundliche Gemurmel übernächtigter Portiers. Das Luftschiff war plötzlich weg, und das Bumsen der Kanone unten am Kai war nicht mehr zu hören, und als ich aus dem Süden der Stadt die Melodien kirchlicher Lieder erkannte, wußte ich, daß die Prozession ihren Weg begonnen hatte.

Serges Haushälterin führte mich in die Bibliothek, und ehe ich mich gesetzt hatte, kam er aus der Tür seines Schlafzimmers, und ich sah sofort, daß er Geld in der Hand hatte. Ich sah einen grünen Schein, einen blauen, und in der anderen Hand, die er etwas hohl hielt, waren Münzen. Ich blickte zu Boden, wartete, bis sein Schatten über mich fiel, sah dann auf, und der Anblick meines Gesichts veranlaßte ihn zu sagen:

»Mein Gott, so schlimm ist es doch nicht.«

Ich widersprach ihm nicht.

»Kommen Sie«, sagte er. Ich hielt die Hände auf, er legte die beiden Scheine in meine Rechte, häufte die Nickelmünzen darauf und sagte:

»Fünfunddreißig, mehr kann ich wirklich nicht.«

»O danke«, sagte ich.

Ich sah ihn an und versuchte zu lächeln, aber ein wildes Schlucken kam wie ein Rülpser hoch. Wahrscheinlich war ihm alles peinlich. Seine sauber gebürstete Soutane, seine gepflegten Hände, die präzise Rasur seiner Wangen, das brachte mir die Schäbigkeit unserer Wohnung zum Bewußtsein, die Armut, die wir seit zehn Jahren einatmen wie weißen Staub, den man nicht schmeckt, nicht spürt – diesen unsichtbaren, undefinierbaren, aber wirklichen Staub der Armut, der in meinen Lungen sitzt, in meinem Herzen, in meinem Gehirn, der den Kreislauf meines Körpers beherrscht und der mich nun in Atemnot brachte: Ich mußte husten und atmete schwer.

»Also dann«, sagte ich mühsam, »auf Wiedersehen und vielen Dank.«

»Grüßen Sie Ihre Frau.«

»Danke«, sagte ich. Wir gaben uns die Hand, und ich ging zur Tür. Als ich mich unwandte, sah ich, daß er hinter mir her eine segnende Geste machte, und so sah ich ihn dort stehen, ehe ich die Tür schloß: mit hilflos herabhängenden Armen und knallrotem Kopf. Draußen war es kühl, und ich klappte den Kragen meines Mantels hoch. Ich ging langsam in die Stadt und hörte schon von weitem die Klänge kirchlicher Lieder, die langgezogenen Stöße der Posaunen, Stimmen singender Frauen, die plötzlich vom kräftig einsetzenden Gesang eines Männerchores übertönt wurden. Windstöße brachten den Gesang nahe, diese durchgeknetete Musikalität,* vermischt mit dem Staub, den der Wind in den Trümmern aufwirbelte. Jedesmal, wenn der Staub mir ins Gesicht schlug, traf mich das Pathos des Gesanges. Aber dieser Gesang brach plötzlich ab, und als ich zwanzig Schritte weitergegangen war, stand ich an der Straße, die die Prozession eben beschritt. Es waren nicht viele Menschen an den Straßenrändern, und ich blieb stehen und wartete.

Mit dem Rot der Märtyrer* bekleidet, schritt der Bischof ganz allein zwischen der Sakramentsgruppe* und dem Chor des Gesangvereins dahin. Die erhitzten Gesichter der Sänger sahen ratlos drein, fast töricht, als lauschten sie dem sanften Gebrüll nach, das sie eben abgebrochen hatten.

Der Bischof war sehr groß und schlank, und sein dichtes weißes Haar quoll unter dem knappen Käppi* heraus. Der Bischof ging gerade, hatte die Hände gefaltet, und ich konnte sehen, daß er nicht betete, obwohl er die Hände gefaltet hatte und die Augen geradeaus gerichtet hielt. Das goldene Kreuz auf seiner Brust baumelte leicht hin und her im Rhythmus seiner Schritte. Der Bischof hatte einen fürstlichen Schritt, weit holten seine Beine aus,* und bei jedem Schritt hob er die Füße in den roten Saffianpantöffelchen ein wenig hoch, und es sah wie eine sanfte Veränderung des Stechschrittes aus. Der Bischof war Offizier gewesen. Sein Asketengesicht* war photogen. Es eignete sich gut als Titelblatt für religiöse Illustrierte.

In kleinem Abstand folgten die Domherren. Von den Domherren hatten nur zwei das Glück, ein Asketengesicht zu haben, alle anderen waren dick, entweder sehr bleich oder sehr rot im Gesicht, und ihre Gesichter hatten den Ausdruck einer Empörung, deren Ursache nicht zu erkennen war.

Den kostbar bestickten barocken Baldachin trugen vier Männer im Smoking, und unter dem Baldachin ging der Weihbischof mit der Monstranz. Die Hostie,* obwohl sie sehr groß war, konnte ich nur schlecht sehen, und ich kniete nieder, bekreuzigte mich, und ich hatte einen Augenblick lang das Gefühl, ein Heuchler zu sein, bis mir einfiel, daß Gott unschuldig war und daß es keine Heuchelei war, vor ihm niederzuknien. Fast alle Leute an den Straßenrändern knieten nieder, nur ein sehr junger Mann in einer grünen Manchesterjacke und mit einer Baskenmütze auf dem Kopf blieb stehen, ohne die Mütze abzusetzen und die Hände aus den Taschen zu nehmen. Ich war froh, daß er wenigstens nicht rauchte. Ein Mann mit weißem Haar ging von hinten an den jungen Mann heran, flüsterte ihm etwas zu, und der junge Mann, die Schultern zuckend, nahm die Mütze ab, hielt sie vorne vor den Bauch, aber er kniete nicht nieder.

Ich war plötzlich wieder sehr traurig, sah der Sakramentsgruppe nach, wie sie in die breite Straße hineinging, wo das Niederknien, Wiederaufstehen, Sich-den-Staub-von-der-Hose-Klopfen nun wie eine Wellenbewegung weiterging.

Hinter der Sakramentsgruppe kam ein Trupp von etwa zwanzig Männern im Smoking. Die Anzüge waren alle sauber, saßen gut, nur bei zweien von den Männern saßen sie nicht so gut, und ich sah sofort, daß es Arbeiter waren. Es mußte schrecklich für sie sein, zwischen den anderen zu gehen, denen die Anzüge saßen, weil es ihre eigenen waren. Den Arbeitern aber hatte man die dunklen Anzüge offenbar geliehen. Es ist ja bekannt, daß der Bischof ein sehr starkes soziales Empfinden hat, und bestimmt hatte der Bischof darauf gedrungen, daß auch Arbeiter den Baldachin tragen sollten.

Eine Gruppe von Mönchen kam vorbei. Sie sahen sehr gut aus. Ihre schwarzen Überhänge über den gelblichweißen Habits, die sauber ausrasierten Tonsuren* auf den nach unten gebeugten Köpfen, das sah sehr gut aus. Und die Mönche brauchten die Hände nicht zu falten, sondern konnten sie in ihren weiten Ärmeln verbergen. Die Gruppe schritt dahin, die Köpfe tiefsinnig gebeugt, ganz still, nicht zu schnell, nicht zu langsam, im wohlabgemessenen Tempo der Innerlichkeit. Der weite Kragen, die langen Gewänder und das schöne Zusammenwirken von Schwarz und Weiß, das gab ihnen etwas zugleich Jugendliches und Intelligentes, und der Anblick hätte mich veranlassen können zu wünschen, in ihrem Orden zu sein. Aber ich kenne ein paar von ihnen und weiß, daß sie in der Uniform der Weltpriester nicht besser aussehen als diese.

Die Akademiker* – es waren fast hundert – sahen zum Teil sehr intelligent aus. Bei manchen hatten die Gesichter den Ausdruck einer etwas schmerzlichen Intelligenz. Die meisten waren im Smoking, aber manche hatten ganz normale dunkelgraue Anzüge an.

Dann kamen die einzelnen Pfarrer der Stadt, von großen barocken Tragelampen flankiert, und ich sah, wie schwierig es ist, im barocken Ornat des Weltpriesters eine gute Figur zu machen. Die meisten Pfarrer hatten nicht das Glück, wie Asketen auszusehen, manche waren sehr dick und sahen sehr gesund aus. Und die meisten Leute an den Straßenrändern sahen schlecht aus, abgehetzt und ein wenig befremdet.

Die farbentragenden Studenten* trugen alle sehr bunte Mützen, sehr bunte Schärpen, und die in der Mitte gingen, trugen jeweils eine sehr bunte Fahne, die seidig und schwer nach unten hing. Es waren sieben- oder achtmal je drei hintereinander, und die Gruppe insgesamt war das bunteste, was ich je gesehen hatte. Die Gesichter der Studenten waren sehr ernst, und sie sahen alle genau geradeaus, ohne mit der Wimper zu zucken, offenbar auf ein sehr fernes und sehr faszinierendes Ziel, und keiner von ihnen schien zu merken, daß es lächerlich war. Einem von ihnen – er trug ein blau-rot-grünes Käppi-lief der Schweiß in Strömen übers Gesicht, obwohl es nicht sehr warm war. Aber er rührte sich nicht, um den Schweiß abzutrocknen, und sah nicht lächerlich, son-dern sehr unglücklich aus. Ich dachte daran, daß es wahr-scheinlich irgend etwas wie ein Ehrengericht geben würde und daß sie ihn wegen unbotmäßigen Schwitzens in der Pro-zession verstoßen würden und daß es mit seiner Karriere vielleicht aus war. Und er machte wirklich den Eindruck eines Menschen, der keine Chance mehr hat, und alle anderen, die nicht schwitzten, sahen so aus, als ob sie ihm wirklich keine Chance je geben würden.

Eine große Gruppe von Schulkindern kam vorbei, sie sangen viel zu schnell, etwas abgehackt, und es klang fast wie ein Wechselgesang,* weil vom Ende her immer sehr laut und deutlich der Vers, den sie am Anfang gesungen, genau drei Sekunden später herüberkam. Ein paar junge Lehrer in ganz neuen Smokings und zwei junge Kleriker in Spitzenüber-hängen liefen hin und her und versuchten, Gleichmaß im Gesang herzustellen, indem sie durch Armbewegungen das Tempo zu regulieren, die Gesetze der Harmonie nach hin-ten zu signalisieren versuchten. Aber das war ganz zwecklos.

Plötzlich wurde mir schwindelig, und ich sah nichts mehr von all den Menschen in der Prozession und den Leuten, die zuschauten. Der Sektor, den meine Augen beherrschten, war eingeschränkt, wie zusammengeschraubt, und umgeben von flimmerndem Grau, sah ich sie allein, meine beiden Kinder, Clemens und Carla, den Jungen sehr blaß, etwas aufgeschos-sen in seinem blauen Anzug, den grünen Zweig des Erstkommunikanten* im Knopfloch, die Kerze in der Hand; sein ernstes und liebenswertes Kindergesicht war blaß und gesammelt, und die Kleine, die mein dunkles Haar hat, mein rundes Geischt und die zierliche Gestalt, lächelte ein wenig. Ich schien sehr weit von ihnen entfernt, sah sie aber genau, sah in diesen Teil meines Lebens hinein wie in ein fremdes Leben, das mir aufgebürdet war. Und an diesen meinen Kindern, die langsam und feierlich, die Kerzen haltend, durch mein winziges Blickfeld schritten, an ihnen sah ich es, was ich immer begriffen zu haben glaubte, aber jetzt erst begriff: daß wir arm sind.

Ich geriet in den Strudel der Menge, die nun heftig nachströmte, um dem Schlußgottesdienst in der Kathedrale beizuwohnen. Ich versuchte eine Zeitlang vergebens, nach rechts oder links auszubrechen. Ich war zu müde, um mir Raum zu schaffen. Ich ließ mich treiben, schob mich langsam nach außen. Die Menschen waren ekelhaft, und ich begann sie zu hassen. Solange ich mich erinnern kann, habe ich immer eine Abneigung gegen körperliche Züchtigung gehabt. Es hat mir immer weh getan, wenn jemand in meiner Gegenwart geschlagen wurde, und sooft ich Zeuge war, habe ich es zu verhindern versucht. Auch bei den Gefangenen. Es hat mir viel Scherereien und Gefahr eingebracht, daß ich auch die Züchtigung der Gefangenen nicht sehen konnte, aber ich konnte nichts gegen meinen Widerwillen, selbst, wenn ich es gewollt hätte. Ich konnte nicht sehen, wenn ein Mensch geschlagen oder mißhandelt wurde, und ich griff nicht ein, weil ich Mitleid oder gar Liebe empfand, sondern einfach, weil es mir unerträglich war.

Aber seit ein paar Monaten fühle ich oft den Wunsch, jemand ins Gesicht zu schlagen, und manchmal habe ich auch meine Kinder geschlagen, weil ihr Lärm mich reizte, wenn ich müde von der Arbeit kam. Ich schlug sie heftig, sehr heftig, wissend, daß es ungerecht war, was ihnen durch mich geschah, und es erschreckte mich, weil ich die Herrschaft über mich verlor.

Sehr plötzlich überkommt mich oft das wilde Verlangen, jemand ins Gesicht zu schlagen: die magere Frau, die jetzt neben mir in der Menge ging, so nah, daß ich ihren Geruch spürte, säuerlich, muffig, und ihr Gesicht war wie eine Grimasse des Hasses, und sie schrie ihren Mann, der vor uns ging, einen ruhig aussehenden schmalen Menschen mit grünem Filzhut, an: Voran, los, mach doch schneller, wir versäumen die Messe.

Es gelang mir, mich ganz nach rechts durchzuschieben. Ich konnte aus dem Strom aussteigen, blieb vor dem Fenster eines Schuhgeschäfts stehen und ließ die Menge an mir vorüberziehen. Ich fühlte nach dem Geld in meiner Tasche, zählte die Scheine und Münzen durch, ohne sie herauszunehmen, und stellte fest, daß nichts fehlte.

Ich hatte Lust auf einen Kaffee, aber ich mußte vorsichtig mit dem Geld sein.

Sehr plötzlich war die Straße leer, und ich sah nur noch den Schmutz, die zertretenen Blumen, den fein zermahlenen Mörtelstaub und die schief hängenden Transparente, die zwischen alten Straßenbahnmasten aufgehängt waren. Sie zeigten schwarz auf weiß die Anfänge von Kirchenliedern: Lobt froh den Herrn. Segne Mutter unsern Bund.

Und manche Transparente trugen Symbole: Lämmer und Kelche, Palmenzweige, Herzen und Anker.

Ich zündete eine Zigarette an und schlenderte langsam den nördlichen Stadtbezirken zu. Von ferne waren noch die Lieder der Prozession zu hören, aber nach ein paar Minuten war es still, und ich wußte, daß die Prozession an der Kathedrale angekommen war. Ein Morgenkino leerte sich, und ich geriet in eine Gruppe jugendlicher Intellektueller, die schon über den Film zu diskutieren begonnen hatten. Sie trugen Trenchcoats und Baskenmützen und hatten sich um ein sehr hübsches Mädchen gruppiert, das einen sehr grünen Pullover und eine abgeschnittene amerikanische Drillichhose trug.

. . . Großartige Banalität . . .

. . . aber die Mittel . . .

. . . Kafka . . .*

Ich konnte die Kinder nicht vergessen. Es war mir, als sähe ich sie mit geschlossenen Augen: meine Kinder, der Junge

schon dreizehn, das Mädchen elf; blasse Geschöpfe beide,
für die Tretmühle bestimmt. Die beiden Großen sangen gern,
aber ich hatte ihnen verboten zu singen, wenn ich zu Hause
war. Ihre Heiterkeit reizte mich, ihr Lärm, und ich hatte sie
geschlagen, ich, der ich den Anblick körperlicher Züchtigung
nie hatte ertragen können. Ins Gesicht, auf den Hintern hatte
ich sie geschlagen, weil ich Ruhe haben wollte, Ruhe, abends,
wenn ich von der Arbeit kam.

Von der Kathedrale her kam Gesang, der Wind trug die
Wellen religiöser Musikalität über mich, und ich ging links
am Bahnhof vorbei. Ich sah eine Gruppe weißgekleideter
Männer, die die Transparente mit den kirchlichen Symbolen
von den Fahnenstangen nahmen und andere aufhängten, die
die Worte trugen: Deutscher Drogistenverband. Besucht die
Fachausstellung. Zahlreiche Gratisproben.

Was bist du ohne deinen Drogisten?

Langsam, ohne daß ich es wußte, schlenderte ich auf die
Kirche zu den Sieben Schmerzen Mariä zu, ging am Portal
vorbei und, ohne aufzublicken, bis zu der Imbißstube, in der
ich am Morgen gefrühstückt hatte. Es war fast, als hätte ich
am Morgen meine Schritte gezählt, und ein geheimnisvoller
Rhythmus, der meine Beinmuskeln beherrschte, zwänge
mich, einzuhalten, aufzublicken – und ich sah nach rechts,
sah durch einen Spalt des Vorhangs den Teller mit den
Koteletts, die großen bunten Zigarettenplakate, und ich ging
auf die Tür zu, öffnete sie und trat ein; drinnen war es still,
und ich spürte sofort, daß sie nicht da war. Auch der Blöde
war nicht da. In der Ecke saß ein Straßenbahner, der Suppe
in sich hineinlöffelte, am Tisch daneben ein Ehepaar mit
offenen Butterbrotpaketen und Kaffeetassen, und hinter der
Theke erhob sich nun der Invalide, sah mich an und schien
mich zu erkennen: Es zuckte leise um seinen Mund. Auch der
Straßenbahner und das Ehepaar sahen zu mir hin.

»Sie wünschen, bitte«, sagte der Invalide.

»Zigaretten, fünf«, sagte ich leise, »die roten.«*

Ich suchte müde eine Münze aus meiner Tasche, legte sie
leise auf den gläsernen Bord, steckte die Zigaretten ein, die

der Invalide mir reichte, sagte danke und wartete.

Ich blickte langsam rund. Immer noch starrten sie mich an: der Straßenbahner, der den Löffel in halber Höhe zwischen Mund und Teller hielt – ich sah, wie die gelbe Suppe heruntertropfte –, und das Ehepaar hielt im Kauen inne,* der Mann mit offenem, die Frau mit geschlossenem Mund. Dann sah ich den Invaliden an: er lächelte; durch seine dunkle, rauhe, unrasierte Gesichtshaut hindurch erkannte ich ihr Gesicht.

Es war sehr still, und in die Stille hinein fragte er: »Suchen Sie jemand?«

Ich schüttelte den Kopf, wandte mich zur Tür, blieb noch einen Augenblick stehen und spürte in meinem Rücken die Augen der anderen, ehe ich ging. Immer noch war die Straße leer, als ich hinauskam.

Aus der dunklen Unterführung, die hinter den Bahnhof führt, taumelte ein Betrunkener. Sein plumper Zickzackgang lief genau auf mich zu, und als er mir nahe war, erkannte ich das Fähnchen der Drogisten in seinem Knopfloch. Er blieb vor mir stehen, faßte mich am Mantelknopf und rülpste mir sauren Biergeruch ins Gesicht:

»Was bist du ohne deinen Drogisten?« murmelte er.

»Nichts«, sagte ich leise, »ohne meinen Drogisten bin ich nichts.«*

»Na, siehst du«, sagte er verächtlich, ließ mich los und taumelte weiter.

Ich ging langsam in die dunkle Unterführung hinein.

Hinter dem Bahnhof war es ganz still. Über dem ganzen Stadtteil lag der süßlich bittere Geruch der gemahlenen Kakaonuß, vermischt mit Karameldunst. Eine große Schokoladenfabrik überquert mit Gebäuden, Übergängen drei Straßenzüge und gibt dem Stadtteil einen Anstrich von Finsternis, der ihren appetitlichen Erzeugnissen widerspricht. Hier wohnen die Armen, die wenigen Hotels, die es hier gibt, sind billig, und der Verkehrsverein vermeidet es, Fremde dorthin zu schicken, weil das Ausmaß der Armut sie abstoßen könnte. Die schmalen Straßen waren erfüllt von

Kochdunst, dem Geruch gedünsteten Kohls und den wilden Gerüchen großer Braten. Kinder mit Lutschstangen im Mund standen herum, kartenspielende, hemdärmelige Männer sah ich durch offene Fenster, und an der verbrannten Mauer eines zerstörten Hauses* sah ich ein großes, schmutziges Schild, dem eine schwarze Hand aufgemalt war, und unter der schwarzen Hand war zu lesen: Holländischer Hof, Fremdenzimmer, bürgerliches Essen*, sonntags Tanz.

Ich ging in die Richtung, die die schwarze Hand wies, fand an der Straßenecke eine andere schwarze Hand, die die Aufschrift trug: Holl. Hof, gleich gegenüber, und als ich aufblickte und das Haus gegenüber betrachtete, rötlicher Backstein, schwarz überkrustet vom Qualm der Schokoladenfabrik, wußte ich, daß die Drogisten bis hierher nicht vorgedrungen waren.

6

Immer wieder wundere ich mich über die Erregung, die mich
ergreift, wenn ich Freds Stimme am Telefon höre: Seine
Stimme ist heiser, etwas müde und hat einen Beiklang von
amtlicher Gültigkeit, die ihn mir fremd erscheinen läßt und
meine Erregung erhöht. So hörte ich ihn sprechen aus
Odessa, aus Sebastopol,* hörte ihn aus unzähligen Gast-
häusern, wenn er anfing betrunken zu werden, und wie oft
zitterte mein Herz, wenn ich den Hörer abnahm und im
Automaten hörte, wie er den Zahlknopf drückte und die
fallenden Groschen den Kontakt herstellten. Das Summen
der amtlichen Stille, bevor er sprach, sein Husten, die
Zärtlichkeit, die seine Stimme am Telefon ausdrücken
kann. Die Hauswirtin saß, als ich herunterkam, in ihrer Ecke
auf dem Sofa, umgeben von schäbigen Möbeln, den Schreibtisch vollgestapelt mit Seifenkartons, Schachteln voller
Verhütungsmittel und Holzkistchen, in denen sie besonders
kostbare Kosmetika aufbewahrt. Der Raum war erfüllt vom
Geruch erhitzter Frauenhaare, der aus den Kabinen nach
hinten gedrungen war, dieser wilde, schreckliche Geruch
erhitzter Haare eines ganzen Samstags. Frau Baluhn aber
war schlampig, unfrisiert, hatte den Roman aus der
Leihbibliothek aufgeschlagen, ohne ihn zu lesen, denn sie

beobachtete mich, während ich den Hörer ans Ohr nahm. Dann langte sie, ohne hinzusehen, in die Ecke hinter dem Sofa, angelte die Schnapsflasche heraus, schenkte sich das Glas voll, ohne ihre müden Augen von mir zu Wenden.

»Hallo, Fred«, sagte ich.

»Käte«, sagte er, »ich habe ein Zimmer und habe Geld.«

»Ach, schön.«

»Wann kommst du?«

»Um fünf. Ich will den Kindern noch Kuchen backen. Gehen wir tanzen?«

»Gern, wenn du willst. Es ist Tanz hier im Haus.«

»Wo bist du?«

»Im Holländischen Hof.«

»Wo ist das?«

»Es ist nördlich vom Bahnhof, geh die Bahnhofstraße lang, dann siehst du an der Ecke eine schwarze Hand auf einem Schild. Geh nur dem ausgestreckten Zeigefinger nach. Wie geht es den Kindern?«

»Gut.«

»Ich habe Schokolade für sie, und wir kaufen ihnen Luftballons, auch ein Eis will ich ihnen zahlen. Ich gebe dir Geld für sie mit, und sage ihnen, daß es mir leid tut, weil ich – ich habe sie geschlagen. Ich war im Unrecht.«

»Ich kann es ihnen nicht sagen, Fred«, sagte ich.

»Warum nicht?«

»Weil sie weinen werden.«

»Laß sie weinen, aber sie müssen wissen, daß es mir leid tut. Es ist mir sehr wichtig. Denke bitte daran.«

Ich wußte nicht, was ich ihm sagen sollte, ich sah der Hauswirtin zu, die mit erfahrener Geste das zweite Glas vollschenkte, es an den Mund hob, den Schnaps langsam im Munde herumrollen ließ, und ich sah den Ausdruck leichten Ekels auf ihrem Gesicht, als der Schnaps in ihren Hals floß.

»Käte«, sagte Fred.

»Ja?«

»Sag alles den Kindern, vergiß es bitte nicht, und erzähle

ihnen von der Schokolade, den Luftballons und dem Eis. Versprich es mir.«

»Ich kann nicht«, sagte ich, »sie sind heute so froh, weil sie mit der Prozession gehen durften. Ich will sie nicht an die Schläge erinnern. Später sage ich es ihnen, wenn wir einmal von dir sprechen.«

»Sprecht ihr von mir?«

»Ja, sie fragen mich, wo du bist, und ich sage, daß du krank bist.«

»Bin ich krank?«

»Ja, du bist krank.«

Er schwieg, und ich hörte seinen Atem in der Muschel. Die Hauswirtin zwinkerte mir zu und nickte eifrig mit dem Kopf.

»Vielleicht hast du recht, vielleicht bin ich wirklich krank. Also bis fünf. Das Schild mit der schwarzen Hand an der Ecke Bahnhofstraße. Ich habe Geld genug, wir werden tanzen gehen, auf Wiedersehen, Liebste.«

»Auf Wiedersehen.« Ich legte langsam den Hörer auf und sah, wie die Hauswirtin ein zweites Glas auf den Tisch stellte.

»Kommen Sie, Mädchen«, sagte sie leise, »trinken Sie ein Glas.«

Früher packte mich manchmal der Trotz, und ich ging 'runter zu ihr, um mich über den Zustand unseres Zimmers zu beschweren. Aber sie besiegte mich jedesmal durch ihre tödliche Lethargie, schenkte mir Schnaps ein und ließ die Weisheit ihrer müden Augen auf mich wirken. Außerdem wußte sie mir klarzumachen, daß die Renovierung des Zimmers mehr kosten würde als die Miete von drei Jahren. Bei ihr habe ich Schnaps trinken gelernt. Zuerst tat mir der Kognak weh, und ich bat sie um Likör. »Likör«, sagte sie, »wer trinkt schon Likör?« Inzwischen bin ich längst überzeugt, daß sie recht hat: Dieser Kognak ist gut.

»Nun kommen Sie, Mädchen, trinken Sie einen.«

Ich setzte mich ihr gegenüber, sie blickte mich mit den starren Augen der Trunkenen an, und mein Blick fiel an ihrem Gesicht vorbei auf einen Stapel buntgestreifter Kartons, die die Aufschrift trugen: »Gummi Griss.*

Qualitätsware. Nur echt mit dem Klapperstorch.«*

»Prost«, sagte sie, und ich hob mein Glas, sagte: »Prost«, ließ den wohltuend brennenden Kognak in mich hineinlaufen und begriff in diesem Augenblick, begriff die Männer, die Säufer sind, begriff Fred und alle, die je getrunken haben. »Ach, Kind«, sagte sie und schenkte mir mit einer Schnelligkeit ein, die mich überraschte. »Kommen Sie nie mehr und beschweren sich. Es gibt keine Medizin gegen die Armut. Schicken Sie mir die Kinder heute nachmittag, sie können hier spielen. Gehen Sie aus?«

»Ja«, sagte ich, »ich gehe aus, aber ich habe einen jungen Mann bestellt, der bei den Kindern bleibt.«

»Über Nacht?«

»Ja, über Nacht.«

Ein fahles Grinsen blähte für eine Sekunde ihr Gesicht auf wie einen gelben Schwamm, dann fiel es wieder zusammen.

»Ach so, dann nehmen Sie ihnen leere Schachteln mit.«

»Oh, danke«, sagte ich.

Ihr Mann war Makler, er hinterließ ihr drei Häuser, den Frisiersalon und eine Schachtelsammlung.

»Trinken wir noch einen?«

»Oh, nein, danke«, sagte ich.

Ihre zittrigen Hände werden ruhig, sobald sie die Flasche berühren, und diese Bewegungen haben eine Zärtlichkeit, die mich erschreckt. Sie schenkte auch mein Glas wieder voll.

»Bitte«, sagte ich, »mir nicht mehr.«

»Dann trinke ich ihn«, sagte sie, und plötzlich sah sie mich sehr scharf an, kniff die Augen zusammen und fragte:

»Sind Sie schwanger, liebes Kind?«

Ich erschrak. Manchmal denke ich, ich bin es wirklich, aber ich weiß es noch nicht sicher. Ich schüttelte den Kopf.

»Armes Kind«, sagte sie, »das wird schwer für Sie werden. Noch ein Kleines dazu.«

»Ich weiß nicht«, sagte ich unsicher.

»Sie müssen die Farbe des Lippenstiftes wechseln, Kind.« Sie sah mich wieder scharf an, stand auf und wälzte ihren schweren Leib in dem bunten Kittel zwischen Stuhl, Sofa and

Schreibtisch heraus. »Kommen Sie.«

Ich folgte ihr in den Laden: Der Geruch erhitzter Haare, verspritzter Parfüms stand dicht wie eine Wolke, und im Düster des verhängten Raumes sah ich die Dauerwellen- apparate, die Trockenhauben, ein blasses Geflimmer von Nickel im tödlichen Licht des Sonntagnachmittags.

»Oh, kommen Sie nur.«

Sie wühlte in einer Schublade, in der Papilloten, lose Lippenstifte und bunte Puderdosen herumlagen. Sie ergriff einen Stift, hielt ihn mir hin und sagte: »Versuchen Sie mal den.« Ich schraubte die Messinghülle auf, sah den dunkelroten Stift sich wie einen starren Wurm herauswinden.

»So dunkel?« fragte ich.

»Ja, so dunkel. Tragen Sie mal auf.«

Diese Spiegel unten sind ganz anders. Sie verhindern, daß der Blick nach hinten fällt, halten einem sein Gesicht vorne hin, flach und sehr nah, schöner als es ist – und ich öffnete meine Lippen, beugte mich vor und bestrich sie vorsichtig mit dem dunklen Rot. Aber meine Augen sind diese Spiegel nicht gewohnt, sie scheinen mir geweitet von einem anderen Blick, der auszuweichen versucht, vorbei an meinem Gesicht, und in diesem Spiegel immer wieder ausgleitet, zurückgeworfen wird auf mich selbst, mein Gesicht. Schwindel ergriff mich, und ich schauderte ein wenig, als sich die Hand der Hauswirtin auf meine Schulter legte und ich ihr trunkenes Gesicht mit dem wirren Haar hinter mir im Spiegel sah.

»Schmücke dich, Täubchen«, sagte sie leise, »schmücke dich für die Liebe, aber laß dir nicht dauernd Kinder machen. Das ist der richtige, Kind, nicht wahr, dieser Stift?« Ich trat vom Spiegel zurück, schraubte den Stift in die Hülle zurück und sagte: »Ja, das ist der richtige. Aber Geld habe ich nicht.«

»Ach, lassen Sie nur, das hat Zeit – später.«

»Ja, später«, sagte ich. Ich blickte immer noch in den Spiegel, taumelte darin herum wie auf Glatteis, hielt mir die Hand vor die Augen und trat endgültig zurück.

Sie stapelte mir leere Seifenkartons auf meinen ausgestreckten Arm, steckte mir den Lippenstift in die Schürzentasche und öffnete mir die Tür.

»Vielen Dank«, sagte ich, »auf Wiedersehen.«

»Auf Wiedersehen«, sagte sie.

Ich begreife nicht, wie Fred über den Lärm der Kinder in solche Wut geraten kann. Sie sind so still. Wenn ich am Herd stehe oder am Tisch, sind sie oft so still, daß ich mich plötzlich erschreckt umwende, um mich ihrer Gegenwart zu vergewissern. Sie bauen sich Häuser aus Schachteln, flüstern miteinander, und wenn ich mich umwende, veranlaßt die Angst in meinen Augen sie, aufzufahren und zu fragen: »Was ist Mutter? Was ist?«

»Nichts«, sage ich dann, »nichts.« Und ich wende mich, um Teig zu rollen. Ich habe Angst, sie allein zu lassen. Früher war ich nur Nachmittage weg, mit Fred zusammen, nur einmal erst eine ganze Nacht. Der Kleine schläft, und ich will versuchen wegzukommen, bevor er aufwacht.

Nebenan ist das furchtbare Stöhnen verstummt, dieses Gurren und erschreckende Fauchen, mit dem sie ihre Umarmungen begleiten. Nun schlafen sie, bevor sie ins Kino gehen. Ich fange an zu begreifen, daß wir einen Radioapparat kaufen müssen, um dieses Stöhnen zu übertönen, denn die künstlich lauten Unterhaltungen, die ich beginne, sobald sich das Schreckliche vollzieht, das mir keine Verachtung, nur Schrecken einflößt – diese künstlichen Unterhaltungen stocken so schnell, und ich frage mich, ob die Kinder zu begreifen beginnen. Jedenfalls hören sie es, und ihr Gesichtsausdruck gleicht dem zitternder Tiere, die den Tod riechen. Wenn es eben geht, versuche ich, sie auf die Straße zu schicken, aber diese frühen Sonntagnachmittagsstunden sind erfüllt von einer Schwermut, die selbst die Kinder erschreckt. Ich werde glühend rot, sobald drüben diese seltsame Stummheit ausbricht, die mich lähmt, und ich versuche zu singen, wenn die ersten Geräusche anzeigen, daß der Kampf begonnen hat: das dumpfe, unrhythmische Holpern des Bettes und die Laute, die jenen gleichen, die

Artisten einander zurufen, wenn sie in der Spitze des Zirkus-
zeltes schweben und in der Luft die Trapeze wechseln.

Aber meine Stimme ist brüchig und unsicher, und ich
suche vergebens die Melodien, die ich im Ohr habe, aber
nicht bilden kann. Es sind Minuten, unendliche Minuten in
der tödlichen Schwermut des Sonntagnachmittags, und ich
höre die Atemzüge der Erschöpfung, höre, wie sie sich
Zigaretten anzünden, und die Stummheit, die dann herrscht,
ist von Haß erfüllt. Ich knalle den Teig auf den Tisch, rolle
ihn mit möglichst vielen Geräuschen hin und her, klopfe ihn
wieder und denke an die Millionen Geschlechter von Armen,
die gelebt haben und alle keinen Raum hatten, die Liebe zu
vollziehen – und ich rolle den Teig aus, knete den Rand hoch
und drücke die Früchte in den Kuchen hinein.

7

Das Zimmer war dunkel, lag am Ende eines langen Flures, und als ich aus dem Fenster sah, fiel mein Blick auf eine düstere Backsteinmauer, die einmal rot gewesen sein mochte, verziert durch ein ehemals gelbes, nun bräunliches Ziegelmuster, das in Streifen regelmäßigen Mäanders verlief,* und an der Mauer vorbei, die schräg zu meinem Blickfeld stand, fiel mein Blick auf die beiden Bahnsteige, die jetzt leer waren. Eine Frau saß dort mit einem Kind auf der Bank, und das Mädchen von der Limonadenbude stand vor der Tür und rollte seine weiße Schürze immer wieder mit unruhigen Bewegungen in den Schoß hinauf, wieder herunter, und hinter dem Bahnhof war die Kathedrale, mit Flaggen geschmückt, und es war beklemmend, hinter dem leeren Bahnhof die Menschen zu sehen, dichtgedrängt, um den Altar versammelt. Beklemmend war das Schweigen in der Menge an der Kathedrale. Da sah ich den Bischof in seinem roten Gewand in der Nähe des Altars stehen, und in dem Augenblick, wo ich ihn sah, hörte ich seine Stimme, hörte sie laut und deutlich aus den Lautsprechern über den leeren Bahnhof hinüber.

Ich habe den Bischof schon oft gehört, mich immer bei seinen Predigten gelangweilt – und ich kenne nichts

Schlimmeres als Langeweile, aber jetzt, als ich die Stimme des Bischofs aus dem Lautsprecher höre, fiel mir plötzlich das Adjektiv ein, nach dem ich immer gesucht hatte. Ich hatte gewußt, daß es ein einfaches Adjektiv war, es hatte mir auf der Zunge geschwebt, war weggerutscht.* Der Bischof liebt es, seiner Stimme jenen Beiklang von Dialekt zu geben, der eine Stimme populär macht, aber der Bischof ist nicht populär. Das Vokabularium seiner Predigten scheint theologischen Stichwortverzeichnissen entnommen, die seit vierzig Jahren unmerklich, aber stetig an Überzeugungskraft verloren haben. Stichworte, die Phrasen geworden sind, halbe Wahrheiten. Die Wahrheit ist nicht langweilig, nur hat der Bischof offenbar die Gabe, sie langweilig erscheinen zu lassen.

. . . den Herrgott mit in unseren Alltag nehmen – ihm einen Turm in unseren Herzen bauen . . .*

Ein paar Minuten hörte ich über den öden Bahnsteig hinweg dieser Stimme zu, sah zugleich den rotgekleideten Mann dort hinten am Lautsprecher stehen, mit einer Stimme sprechend, die den Dialekt um eine kaum spürbare Quantität übertrieb, und ich wußte plötzlich das Wort, das ich jahrelang gesucht hatte, das aber zu einfach war, um mir einzufallen: Der Bischof war dumm. Mein Blick wanderte über den Bahnhof zurück, wo das Mädchen seine weiße Schürze immer noch mit unruhigen Bewegungen den Schoß herauf – und hinunterrollte und die Frau auf der Bank nun dem Kind die Flasche gab. Mein Blick wanderte über die bräunlichen Mäandermuster an der Backsteinwand, kam über die schmutzige Fensterbank in mein Zimmer, und ich schloß das Fenster, legte mich aufs Bett und rauchte.

Ich hörte jetzt nichts mehr, und im Hause war es still. Die Wände meines Zimmers waren rötlich tapeziert, aber das grüne Muster in Form eines Herzens war verblaßt und bedeckte das Papier nur wie fahles Bleistiftgekritzel, dessen Regelmäßigkeit überrascht. Die Lampe war häßlich wie alle Lampen, ein eiförmiger Glasbeutel, der bläulich marmoriert war und wahrscheinlich eine fünfzehner Birne* enthielt.

Dem schmalen Kleiderschrank, der dunkelbraun gebeizt war, sah ich an, daß er nie gebraucht wird und auch nicht für den Gebrauch bestimmt ist. Die Leute, die dieses Zimmer benutzen, gehören nicht zu denen, die Gepäck, wenn sie überhaupt welches haben, auspacken. – Sie haben keine Röcke, die sie auf Bügel hängen, keine Hemden, die sie aufschichten müssen, und die beiden Kleiderbügel, die ich im offenen Schrank hängen sah, waren so schwach, daß allein das Gewicht meines Rockes sie zerbrochen hätte. Hier hängt man den Rock über den Stuhl, wirft die Hose darüber, ohne darauf zu achten, daß sie gefaltet ist – wenn man sie überhaupt auszieht –, und betrachtet das blasse oder zufällig rotwangige weibliche Wesen, dessen Kleider den zweiten Stuhl bedecken. Der Kleiderschrank ist überflüssig, er existiert nur offiziell, wie die Bügel, die noch niemand benutzt hat. Die Waschkommode war nichts weiter als ein einfacher Küchentisch, in den man eine versenkbare Waschschüssel eingebaut hatte. Aber die Waschschüssel war nicht versenkt. Sie war aus Emaille, ein wenig angeschlagen, und die Seifenschale aus Steingut, Reklamestück einer Schwammfabrik. Das Zahnglas schien zerbrochen und nicht ersetzt worden zu sein. Jedenfalls war keins da. Offenbar hatte man sich verpflichtet gefühlt, auch für Wandschmuck zu sorgen, und was gibt es da geeigneteres als einen Druck von Mona Lisa,* der anscheinend einst die Beilage zu einer populären Kunstzeitschrift bildete. Die Betten waren noch neu, sie rochen noch säuerlich nach frisch verarbeitetem Holz, waren niedrig und dunkel. Die Bettwäsche interessierte mich nicht. Vorläufig lag ich angekleidet darauf, wartete auf meine Frau, die wahrscheinlich Wäsche mitbringen würde. Die Decken waren aus Wolle, grünlich, ein wenig verschlissen, und das eingewebte Muster – ballspielende Bären – hatte sich in ballspielende Menschen verwandelt, denn die Gesichter der Bären waren nicht mehr zu erkennen, und sie glichen nun den Karikaturen stiernackiger Athleten, die Seifenblasen einander zuwerfen. Die Glocken läuteten zwölf.

Ich stand auf, um mir die Seifenschale vom Tisch zu holen, und fing an zu rauchen. Es war mir schrecklich, daß ich mit niemand darüber hatte reden, es niemand hatte erklären können, wie es wirklich war, aber ich brauchte das Geld, brauchte das Zimmer nur, um mit meiner Frau zusammen zu schlafen. Seit zwei Monaten, obwohl wir in der gleichen Stadt wohnen, vollzogen wir unsere Ehe nur noch in Hotelzimmern. Wenn es wirklich warm war, manchmal draußen in Parks oder in den Fluren zerstörter Häuser, tief im Zentrum der Stadt, wo wir sicher sein konnten, nicht überrascht zu werden. Unsere Wohnung ist zu klein, das ist alles. Außerdem ist die Wand, die uns von unseren Nachbarn trennt, zu dünn. Für eine größere Wohnung braucht man Geld, braucht man das, was sie Energie nennen, aber wir haben weder Geld noch Energie. Auch meine Frau hat keine Energie.

Zuletzt waren wir in einem Park zusammen, der draußen in der Vorstadt liegt. Es war am Abend – von den Feldern kam der Geruch des abgeernteten Lauchs, und am Horizont qualmten die Kamine schwarz in den rötlichen Himmel hinein. Schnell fiel die Dunkelheit herunter, das Rot des Himmels wurde violett, schwarz, und den kräftigen breiten Pinselstrich der qualmenden Kamine konnten wir nicht mehr sehen. Heftiger wurde der Lauchgeruch, untermischt mit zwiebeliger Bitternis. Sehr weit hinter der Mulde einer Sandgrube brannten Lichter, und vorne, wo der Weg verlief, fuhr ein Mann auf einem Fahrrad vorbei: Der Lichtkegel taumelte über den holprigen Weg und schnitt ein kleines dunkles Dreieck aus dem Himmel heraus, dessen eine Seite offen war. Es klirrte von lockeren Schrauben, und das Rappeln des Schutzbleches entfernte sich langsam und fast feierlich. Wenn ich länger hinsah, sah ich oben am Weg auch eine Mauer, die dunkler war als die Nacht, und hinter der Mauer hörte ich das Schnattern von Gänsen und die murmelnde Stimme einer Frau, die das Vieh zum Füttern lockte.

Von Käte sah ich auf der dunklen Erde nur das weiße

Gesicht und den merkwürdig bläulichen Schimmer ihrer
Augen, wenn sie sie aufschlug. Auch ihre Arme waren weiß
und bloß, und sie weinte sehr heftig, und wenn ich sie küßte,
schmeckte ich ihre Tränen. Mir war schwindelig, die Kuppel
des Himmels schwankte leise hin und her, und Käte weinte
heftiger.

Wir klopften uns den Schmutz von den Kleidern und
gingen langsam zur Endstation der Neun.* Von weitem
hörten wir, wie die Bahn ums Rondell* kurvte, sahen die
Funken der Oberleitung sprühen.

»Es wird kühl«, sagte Käte.

»Ja«, sagte ich.

»Wo schläfst du diese Nacht?«

»Bei Blocks.«

Wir gingen die zerschossene Allee hinunter, die zur
Straßenbahn führt.

Wir setzten uns in die Kneipe, die an der Endstation der
Neun liegt; ich bestellte Kognak für uns beide, warf einen
Groschen in den Automaten, ließ die Nickelkugeln in den
hölzernen Kanal schnellen und schoß sie einzeln hoch; sie
umkreisten stählerne Federn, schlugen gegen nickelne
Kontakte und lösten ein sanftes Klingeln aus, und oben auf
einer gläsernen Skala* erschienen rote, grüne, blaue Zahlen.
Die Wirtin und Käte sahen mir zu, und ich legte, während ich
weiterspielte, meine Hände auf Kätes Scheitel. Die Wirtin
hatte die Arme verschränkt, und ihr großes Gesicht war
durch ein Lächeln bewegt. Ich spielte weiter, und Käte sah
mir zu. Ein Mann kam in die Kneipe, rutschte auf den
Barhocker, legte seine Tasche hinter sich auf einen Tisch und
bestellte Schnaps. Der Mann war schmutzig im Gesicht, seine
Hände waren bräunlich, und das helle Blau seiner Augen sah
noch heller aus, als es war. Er blickte auf meine Hand, die
immer noch auf Kätes Haar lag, sah mich an und spielte an
dem zweiten Automaten, der unscheinbar aussah, fast wie
eine Kasse: eine Kurbel* mit einem Schlitz und eine große
rötliche Skala, auf der drei große, schwarze Zahlen
nebeneinanderstanden. Der Mann warf einen Groschen ein,

drehte die Kurbel, die Zahlen oben drehten sich, verwischten sich, dann kam dreimal – in Abständen – ein knackendes Geräusch, oben standen die Zahlen 1 4 6.

»Nichts«, sagte der Mann und warf noch einen Groschen ein. Rasend ging die Scheibe mit den Zahlen rund, klopf, machte es, klopf und noch einmal klopf – einen Augenblick war es still, und plötzlich purzelten aus der stählernen Schnauze des Automaten Groschen heraus.

»Vier«, sagte der Mann, und er lächelte mir zu und sagte: »Das ist besser.«

Käte nahm meine Hand von ihrem Haar und sagte:

»Ich muß gehen.«

Draußen kurvte die Bahn, zog kreischend ihre Schleife, und ich zahlte die beiden Kognaks und brachte Käte zur Haltestelle. Ich küßte sie, als sie einstieg, und sie legte mir die Hand auf die Wange und winkte, solange ich sie sehen konnte.

Als ich in die Kneipe zurückkam, stand der Mann mit dem schwarzen Gesicht immer noch an der Kurbel. Ich bestellte Kognak, zündete mir eine Zigarette an und sah ihm zu. Ich glaubte den Rhythmus zu erkennen, wenn die Zahlenskala anfing zu rotieren, spürte Schrecken, wenn das klopfende Stop früher zu hören war, als mir richtig erschien, und ich hörte den Mann murmeln: »Nichts – nichts – zwei – nichts – nichts – nichts.«

Das blasse Gesicht der Wirtin war nun ohne Lächeln, als der Mann fluchend die Kneipe verließ und ich mir Geld wechselte, um die Kurbel in Gang zu setzen. Ich vergesse den Augenblick nicht, als ich zum erstenmal den Hebel nach unten drückte und die heftige, mir unendlich schnell erscheinende Rotation der Scheiben verursachte – und wie es dreimal in verschiedenen Abständen knackte, und ich lauschte, ob das klirrende Geräusch der fallenden Groschen würde zu hören sein: Nichts kam heraus.

Ich blieb fast eine halbe Stunde noch dort, trank Schnaps und setzte die Kurbel in Bewegung, lauschte dem wilden Schleifen der Scheiben und dem spröden Knacken, und als ich die Kneipe verließ, besaß ich keinen Pfennig mehr und mußte zu Fuß gehen, fast eine dreiviertel Stunde bis in die Escherstraße, wo Blocks wohnen.

Seitdem gehe ich nur noch in Kneipen, wo ein solcher Automat steht, ich lausche dem faszinierenden Rhythmus der Scheiben, warte auf das Knacken und erschrecke jedesmal, wenn die Skala stehenbleibt und nichts herauskommt.

Unsere Rendezvous sind einem Rhythmus unterworfen, den wir noch nicht erschlossen haben. Plötzlichkeit beherrscht das Tempo, und es kommt vor, daß ich abends, oft bevor ich irgendwo unterkrieche, unser Haus aufsuche und Käte herunterrufe durch ein Klingelzeichen, das wir vereinbart haben, damit die Kinder nicht merken, daß ich in der Nähe bin. Denn das Merkwürdige ist, daß sie mich zu lieben scheinen, nach mir verlangen, von mir sprechen, obwohl ich sie schlug in den letzten Wochen, in denen ich bei ihnen war: Ich schlug sie so heftig, daß ich erschrak über den Ausdruck meines Gesichts, als ich mich plötzlich mit wirren Haaren im Spiegel sah, blaß und doch schweißbedeckt, wie ich mir die Ohren zuhielt, um das Geschrei des Jungen nicht zu hören, den ich geschlagen hatte, weil er sang. Einmal erwischten sie mich, Clemens und Carla, an einem Samstagnachmittag, als ich unten in der Tür auf Käte wartete. Ich erschrak, als ich bemerkte, daß ihre Gesichter plötzlich Freude zeigten über meinen Anblick. Sie stürzten auf mich zu, umarmten mich, fragten, ob ich gesund sei, und ich ging mit ihnen die Treppe hinauf. Aber schon als ich unser Zimmer betrat, fiel wieder Schrecken über mich, der furchtbare Atem der Armut – selbst das Lächeln unseres Kleinsten, der mich zu erkennen schien, und die Freude meiner Frau – nichts war stark genug, die gehässige Gereiztheit zu unterdrücken, die sofort in mir aufstieg, als die Kinder anfingen zu tanzen, zu singen. Ich verließ sie wieder, bevor meine Gereiztheit ausbrach.

Aber oft, wenn ich in den Kneipen hocke, tauchen plötzlich ihre Gesichter zwischen Biergläsern und Flaschen vor mir auf, und ich vergesse den Schrecken nicht, den ich empfand, als ich meine Kinder heute morgen in der Prozession sah.

Ich sprang vom Bett auf, als an der Kathedrale der Schlußgesang einsetzte, öffnete das Fenster und sah, wie die rote Gestalt des Bischofs durch die Menge schritt.

Unter mir im Fenster sah ich das schwarze Haar einer Frau, deren Kleid mit Schuppen bedeckt war. Ihr Kopf schien auf der Fensterbank zu liegen. Sie drehte sich plötzlich zu mir: Es war das schmale, talgig glänzende Gesicht der Wirtin. »Wenn Sie essen wollen«, rief sie, »wird es Zeit.«

»Ja«, sagte ich, »ich komme.«

Als ich die Treppe hinunterging, setzte unten am Kai die Kanonade der Zahnpastafirma* wieder ein.

8

Der Kuchen war wohlgeraten. Als ich ihn aus dem Ofen zog,
strömte der warme und süße Backgeruch in unser Zimmer.
Die Kinder strahlten. Ich schickte Clemens nach Sahne,
füllte sie in eine Spritze und malte den Kindern Ranken und
Kreise, kleine Profile auf den pflaumenblauen Grund. Ich
sah ihnen zu, wie sie den Rest der Sahne aus der Schüssel
schleckten, und erfreute mich an der Genauigkeit, mit der
Clemens ihn verteilte. Als zuletzt ein Löffelchen voll
übrigblieb, gab er ihn dem Kleinen, der in seinem Stühlchen
saß und mir zulächelte, während ich mir die Hände wusch,
den neuen Lippenstift auftrug.

»Bleibst du lange weg?«

»Ja, bis morgen früh.«

»Kommt Vater bald zurück?«

»Ja.«

Bluse und Rock hingen am Küchenschrank. Ich zog mich
in der Nebenkabine an und hörte, wie der junge Mann hereinkam, der die Kinder beaufsichtigen wird: Er nimmt nur
eine Mark für die Stunde, aber von nachmittags vier bis
morgens sieben, das sind fünfzehn Stunden, fünfzehn Mark,
und es gehört dazu, daß er zu essen bekommt und abends,
wenn die eigentliche Wache beginnt, Zigaretten neben dem

Radioapparat findet. Den Radioapparat haben die Hopfs mir geliehen.

Bellermann scheint die Kinder gern zu haben, jedenfalls lieben sie ihn, und jedesmal, wenn ich fort war, erzählen sie mir die Spiele, die er mit ihnen spielte, die Geschichten, die er ihnen erzählte. Er ist mir vom Kaplan empfohlen, ist offenbar eingeweiht in die Gründe, um deretwillen ich die Kinder verlasse,* und runzelt jedesmal ein wenig die Stirn, wenn er meine geschminkten Lippen betrachtet.

Ich zog meine Bluse über, ordnete mein Haar und ging ins Zimmer. Bellermann hatte ein junges Mädchen mitgebracht, eine sanfte Blondine, die bereits den Kleinen auf den Armen hielt, seine Rassel um ihren Zeigefinger herumrollen ließ, was ihm Spaß zu bereiten schien. Bellermann stellte mir das Mädchen vor, aber ich verstand ihren Namen nicht. Ihr Lächeln, ihre außerordentliche Zärtlichkeit dem Kleinen gegenüber hatte etwas Professionelles, und ihr Blick sagte mir, daß sie mich für eine Rabenmutter hält.

Bellermann hat sehr krauses schwarzes Haar, eine talgige Haut, und seine Nase ist immer gekräuselt.

»Dürfen wir mit den Kindern ausgehen?« fragte mich das Mädchen, und ich sah Clemens' bittenden Blick, sah Carlas Nicken und stimmte zu. Ich suchte Geld für Schokolade aus meiner Schublade, aber das Mädchen wies es zurück.

»Bitte«, sagte sie, »seien Sie nicht böse, aber wenn ich darf, möchte ich die Schokolade bezahlen.«

»Sie dürfen«, sagte ich, steckte mein Geld zurück und fühlte mich elend angesichts dieses blühenden jungen Wesens.

»Lassen Sie Gulli nur«, sagte Bellermann, »sie ist ganz närrisch auf Kinder.«

Ich blickte meine Kinder der Reihe nach an: Clemens, Carla, den Kleinen, und ich spürte, daß mir die Tränen hochkamen. Clemens nickte mir zu und sagte: »Geh nur Mutter, es wird schon gutgehen. Wir gehen nicht ans Wasser.«

»Bitte«, sagte ich zu dem Mädchen, »gehen Sie nicht ans Wasser.«

»Nein, nein«, sagte Bellermann, und beide lachten.

Bellermann half mir in den Mantel, ich nahm meine Tasche, küßte die Kinder und segnete sie. Ich fühlte, daß ich überflüssig war.

Draußen blieb ich einen Augenblick vor der Tür stehen, hörte sie drinnen lachen und ging langsam die Treppe hinab.

Es war erst halb vier, und die Straßen waren noch leer. Einige Kinder spielten Hüpfen. Sie blickten auf, als meine Schritte sich näherten. Nichts war zu hören in dieser Straße, die von vielen hundert Menschen bewohnt ist, als meine Schritte. Aus der Tiefe der Straße kam das fade Klimpern eines Klaviers, und hinter einem Vorhang, der sich sanft bewegte, sah ich eine alte Frau mit gelblichem Gesicht, die einen fetten Köter auf den Armen hielt. Immer noch, obwohl wir schon acht Jahre dort wohnen, ergreift mich Schwindel, wenn ich aufblicke: Die grauen Mauern, schmutzig ausgeflickt, scheinen sich zu neigen, und die schmale, graue Straße des Himmels hinab, hinauf lief das dünne Klimpern des Klaviers, gefangen schienen mir die Töne, zerbrochen die Melodie, die ein blasser Mädchenfinger suchte und nicht fand. Ich ging schneller, rasch an den Kindern vorbei, deren Blick mir eine Drohung zu enthalten schien.

Fred sollte mich nicht allein lassen. Obwohl ich mich freue, ihn zu treffen, erschreckt mich die Tatsache, daß ich die Kinder verlassen muß, um bei ihm zu sein. Sooft ich ihn frage, wo er wohnt, weicht er mir aus, und diese Blocks, bei denen er angeblich seit einem Monat haust, sind mir unbekannt, und er verrät mir die Adresse nicht. Manchmal treffen wir uns abends schnell in einem Café für eine halbe Stunde, während die Hauswirtin die Kinder beaufsichtigt. Wir umarmen uns dann flüchtig an einer Straßenbahnstation, und wenn ich in die Bahn steige, steht Fred dort und winkt. Es gibt Nächte, in denen ich auf unserer Couch liege und weine, während rings um mich Stille herrscht. Ich höre den Atem der Kinder, die Bewegung des Kleinen, der unruhig zu werden beginnt, weil er zahnt, und ich bete weinend, während ich höre, wie um mich herum mit einem dumpfen Mahlen die Zeit verrinnt. Dreiundzwanzig war ich, als wir

heirateten – seitdem sind fünfzehn Jahre vergangen,
dahingerollt, ohne daß ich es bemerkte, aber ich brauche
nur die Gesichter meiner Kinder zu sehen, um zu wissen:
Jedes Jahr, das ihrem Leben hinzugefügt wird, wird meinem
genommen.

Ich nahm am Tuckhoffplatz den Bus, blickte in die stillen
Straßen, in denen nur hin und wieder an einer Zigaret-
tenbude ein paar Menschen standen, stieg an der Bene-
kamstraße aus und ging in das Portal der Kirche zu den
Sieben Schmerzen hinein, um nachzusehen, wann eine
Abendmesse war.

Es war dunkel im Portal, ich suchte nach Zündhölzern in
meiner Tasche, wühlte zwischen losen Zigaretten, Lippenstift, Taschentuch und dem Waschzeug, fand endlich die
Schachtel und strich ein Holz an; ich erschrak: Rechts in
der dunklen Nische stand jemand, jemand, der sich nicht
bewegte; ich versuchte etwas zu rufen, das wie hallo klang.
Aber meine Stimme war klein vor Angst, und das heftige
Herzklopfen behinderte mich. Die Gestalt im Dunkel rührte
sich nicht, sie hielt etwas in den Händen, das wie ein Stock
aussah. Ich warf das abgebrannte Holz weg, strich ein neues
an, und auch als ich erkannte, daß es eine Statue war, ließ
das Klopfen meines Herzens nicht nach. Ich ging noch einen
Schritt näher, erkannte im schwachen Licht einen steinernen
Engel mit wallenden Locken, der eine Lilie in der Hand hielt.
Ich beugte mich vor, bis mein Kinn fast die Brust der Figur
berührte, und blickte lange in das Antlitz des Engels. Gesicht
und Haar waren mit dichtem Staub bedeckt, auch in den
blinden Augenhöhlen hingen schwärzliche Flocken. Ich blies
sie vorsichtig weg, befreite das ganz milde Oval von Staub,
und plötzlich sah ich, daß das Lächeln aus Gips war und mit
dem Schmutz auch der Zauber des Lächelns weggeblasen
wurde, aber ich blies weiter, reinigte die Lockenpracht, die
Brust, das wallende Gewand, säuberte mit vorsichtigen,
spitzen Atemstößen die Lilie – meine Freude erlosch, je
mehr die grellen Farben sichtbar wurden, der grausame Lack
der Frömmigkeitsindustrie, und ich wandte mich langsam

ab, ging tiefer ins Portal hinein, um die Anschläge zu suchen. Wieder strich ich ein Holz an, sah im Hintergrund die milde Röte des Ewigen Lichtes* und erschrak, als ich vor der schwarzen Tafel stand: Diesmal kam wirklich jemand von hinten auf mich zu. Ich wandte mich um und seufzte vor Erleichterung, als ich das blasse, runde Bauerngesicht eines Priesters erkannte. Er blieb vor mir stehen, seine Augen sahen traurig aus. Mein Hölzchen erlosch, und er fragte mich im Dunkeln: »Suchen Sie etwas?«

»Eine Messe«, sagte ich, »wo ist abends noch eine Messe?«

»Eine heilige Messe«, sagte er, »in der Kathedrale um fünf.« Ich sah nur sein Haar, blond, fast stumpf, seine Augen, die matt schimmerten, hörte die Straßenbahn draußen kurven, Autos hupen, und plötzlich sagte ich ins Dunkel hinein:

»Ich möchte beichten« Ich erschrak sehr, spürte auch Erleichterung, und der Priester sagte, als habe er darauf gewartet: »Kommen Sie mit.«

»Nein, hier bitte«, sagte ich.

»Es geht nicht«, sagte er milde, »in einer Viertelstunde beginnt die Andacht, es könnten Leute kommen. Der Beichtstuhl ist drinnen.« Es hatte mich gelockt, in diesem dunklen, zugigen Portal, nahe bei dem gipsernen Engel, das ferne Ewige Licht im Auge, dem Priester alles zu sagen, es in der Dunkelheit in ihn hineinzuflüstern und die Absolution zugeflüstert zu bekommen.

Ich folgte ihm nun gehorsam in den Hof, und die wilde Begeisterung, die mich für einen Augenblick erfaßt hatte, fiel von mir ab, als wir zwischen lose herumliegenden Steinen und Sandsteinbrocken aus dem Gemäuer der Kirche auf das kleine, graue Haus zugingen, das nahe an der Mauer des Straßenbahndepots liegt; in den Sonntagnachmittag hinein erklang von dort das Hämmern von Metall. Als sich die Tür öffnete, sah ich in das grobe, erstaunte Gesicht der Haushälterin, die mich mißtrauisch musterte.

Im Flur war es dunkel, und der Priester sagte zu mir:

»Warten Sie bitte einen Augenblick.«

Von irgendwoher, um die Ecke herum, die ich nicht sehen

konnte, erreichte mich das Klappern von Geschirr, und plötzlich erkannte ich den widerwärtigen, süßlichen Geruch, der
im Flur hing, offenbar festgefressen auch in dem feuchten
Rupfen an der Wand: Der warme Dunst von Rübenkraut
quoll aus der Ecke, hinter der die Küche sein mußte. Endlich
kam Licht aus einer Tür im Flur, und ich erkannte den
Schatten des Priesters in diesem weißlichen Lichtstrahl.

»Kommen Sie«, rief er.

Ich trat zögernd näher. Das Zimmer sah scheußlich aus:
Hinter einem rötlichen Vorhang in der Ecke schien ein Bett
zu stehen, ich glaubte es zu riechen. Bücherbretter
verschiedener Größe waren an die Wand gestellt, einige
standen schief, um einen riesigen Tisch planlos gruppiert ein
paar kostbare alte Stühle mit schwarzen Samtlehnen. Auf
dem Tisch lagen Bücher, ein Paket Tabak, Zigarettenpapier,
eine Tüte Mohrrüben und verschiedene Zeitungen. Der
Priester stand hinter dem Tisch, winkte mich heran und
schob gleichzeitig einen Stuhl näher, an dessen Lehne ein
Gitter genagelt war,* quer zum Tisch. Sein Gesicht gefiel
mir, als ich ihn jetzt ganz im Licht sah.

»Sie müssen verzeihen«, sagte er mit einem Blick auf die Tür
und einem leichten Neigen des Kopfes, »wir sind vom Lande,
und ich kann ihr nicht ausreden, daß sie Rübenkraut kocht.
Es ist viel teurer, als wenn ich es fertig kaufe, wenn ich die
Kohlen, den Schmutz, den Geruch, die Arbeit rechne – aber
ich kann es ihr nicht ausreden –, kommen Sie.« Er rückte den
Stuhl mit dem Gitter nahe an den Tisch, setzte sich darauf
und winkte mir. Ich ging um den Tisch herum und setzte
mich neben ihn.

Der Priester legte die Stola* um, stützte seine Arme
auf den Tisch, und die Art, wie er sein Profil mit der
aufgestützten Hand verdeckte, hatte etwas Gewerbsmäßiges
und Einstudiertes. In dem Gitter waren einige Quadrate
zerstört, und als ich zu flüstern anfing: »Im Namen des Vaters,
des Sohnes und des Heiligen Geistes . . .«, blickte er auf die
Uhr an seinem Arm, ich folgte seinem Blick und sah, daß es
drei Minuten nach vier war. Ich begann zu sprechen, ich

flüsterte meine ganze Angst, meinen ganzen Schmerz, mein
ganzes Leben in sein Ohr, meine Angst vor der Lust, Angst
vor dem Empfang der heiligen Kommunion, die Unruhe
unserer Ehe. Ich sagte ihm, daß mein Mann mich verlassen
habe, ich ihn nur hin und wieder träfe, um mit ihm
zusammen zu sein – und wenn ich für Augenblicke stockte,
sah er schnell auf die Uhr, und ich folgte jedesmal seinem
Blick und sah, daß der Zeiger nur langsam vorrückte. Dann
hob er die Lider, ich sah seine Augen, das Gelb vom Nikotin
in seinen Fingern, und er senkte die Augen wieder und sagte:
»Weiter.« Er sagte es sanft, und doch schmerzte es mich, so
wie es schmerzt, wenn eine geschickte Hand den Eiter aus
einer Wunde drückt.

Und ich flüsterte weiter in sein Ohr hinein, erzählte ihm
alles von der Zeit vor zwei Jahren, als wir beide getrunken
haben, Fred und ich – von dem Tod meiner Kinder, von den
lebenden Kindern, von dem, was wir hören müssen aus
Hopfs Zimmer nebenan und was Hopfs von uns gehört
haben. Und ich stockte wieder. Und wieder sah er auf die
Uhr, wieder sah auch ich dorthin, und ich sah, daß es erst
sechs Minuten nach vier war. Und wieder hob er die Lider,
sagte sanft: »Weiter«, und ich flüsterte schneller, erzählte
ihm von meinem Haß auf die Priester, die in großen Häusern
wohnen und Gesichter haben wie Reklamebilder für
Hautcreme – von Frau Franke, unserer Machtlosigkeit, von
unserem Schmutz, und zum Schluß sagte ich ihm, daß ich
wahrscheinlich wieder schwanger bin.

Und als ich wieder stockte, sah er nicht auf die Uhr, hob
die Lider eine halbe Sekunde länger, fragte mich: »Ist das
alles?« und ich sagte: »Ja«, sah auf seine Uhr, die genau vor
meinen Augen war, denn er hatte die Hände vom Gesicht
genommen, sie gefaltet auf dem Rand des Tisches liegen: Es
war elf Minuten nach vier, und ich blickte unwillkürlich weit
in seinen schlapphängenden Ärmel hinein, sah seinen
behaarten muskulösen Bauernarm, das zusammengerollte
Hemd oben und dachte: Warum rollt er die Ärmel nicht
herunter?

Er seufzte, nahm die Hände wieder vors Gesicht und fragte mich leise: »Beten Sie denn?«, und ich sagte: »Ja«, erzählte ihm, daß ich nächtelang dort liege auf meiner schäbigen Couch und alle Gebete bete, die mir einfallen, daß ich oft eine Kerze anzünde, um die Kinder nicht zu wecken, und aus dem Gebetbuch die Gebete lese, die ich nicht auswendig kenne.

Er fragte mich nichts mehr, auch ich schwieg, blickte auf die Uhr an seinem Arm: Es war vierzehn Minuten nach vier, und ich hörte draußen das Hämmern im Straßenbahndepot, Trällern der Haushälterin in der Küche, das dumpfe Stampfen eines Zuges im Bahnhof.

Endlich nahm er die Hände vom Gesicht, faltete sie über seine Knie und sagte, ohne mich anzusehen: »In der Welt habt Ihr Angst, aber seid getrost, ich habe die Welt überwunden.* Können Sie das verstehen?« Und ohne meine Antwort abzuwarten, fuhr er fort: »Gehet ein durch die enge Pforte, denn weit ist das Tor und breit der Weg, der zum Verderben führt, und viele sind, die da hineingehen. Wie eng ist die Pforte und wie schmal der Weg, der zum Leben führt, und nur wenige sind es, die ihn finden.«*

Er schwieg wieder, nahm die Hände wieder vors Gesicht und murmelte zwischen seinen Fingern heraus: »Schmal – der schmalste Weg, den wir kennen, ist der auf der Schneide eines Messers, und mir scheint, Sie gehen ihn . . .«, und plötzlich nahm er die Hände weg, blickte mich durch die Lücke im Gitter an, kaum für eine Sekunde, und ich erschrak vor der Strenge seiner Augen, die mir so gütig erschienen waren. »Ich befehle Ihnen«, sagte er, »ich befehle Ihnen, die heilige Messe Ihres Pfarrers zu hören, den Sie so sehr hassen, aus seinen Händen die heilige Kommunion zu empfangen – wenn«, er sah mich wieder an –, »wenn Sie absolviert sind.«*

Er schwieg wieder, schien vor sich hin zu grübeln, und während ich alle Gebete, alle Seufzer, die ich kenne, in meinem Innern zu sprechen versuchte, hörte ich das Zischen der Schweißapparate draußen im Depot und plötzlich das Bimmeln der Glocken seiner Kirche. Es war Viertel nach vier.

»Ich weiß nicht, ob ich Sie lossprechen kann, wir müssen warten. Mein Gott«, sagte er heftiger, und sein Blick war nun ohne Strenge –»wie können Sie so hassen«, er machte eine Geste der Ratlosigkeit, wandte sich mir zu: »Ich kann Sie segnen – aber Sie müssen mir verzeihen, ich muß darüber nachdenken, vielleicht mich beraten mit einem Confrater. Können Sie heute abend – ach, Sie treffen Ihren Mann. Sie müssen sehen, daß Ihr Mann zu Ihnen zurückkommt.«

Ich war sehr traurig, weil er mich nicht absolvieren wollte, und ich sagte zu ihm: »Bitte, absolvieren Sie mich.« Er lächelte, nahm die Hand halb in die Höhe und sagte: »Ich wünsche, ich könnte es, weil Sie so sehr danach verlangen, aber ich habe wirklich Zweifel. Fühlen Sie keinen Haß mehr?« – »Nein, nein«, sagte ich hastig, »es macht mich nur traurig.« Er schien zu zögern, und ich wußte nicht, was ich tun sollte. Wenn ich weiter auf ihn eingeredet hätte, hätte er es vielleicht getan, aber ich wollte wirklich absolviert sein und nicht auf Grund meiner Überredung.

»Bedingungsweise«, sagte er und lächelte wieder, »ich kann Sie bedingungsweise lossprechen – ich bin so unsicher –, aber unter der Bedingung, daß ich überhaupt Gewalt habe, könnte ich . . .«, seine Hände fuchtelten ungeduldig vor meinem Gesicht herum – »mit Ihrem Haß richten Sie – wir können doch nicht richten, nicht hassen. Nein.« Er schüttelte heftig den Kopf, legte ihn dann auf die Tischkante in die geöffneten Hände hinein, betete, erhob sich plötzlich und absolvierte mich. Ich bekreuzigte mich und stand auf.

Er stand am Tisch, sah mich an, und ich hatte plötzlich Mitleid mit ihm, noch ehe er zu sprechen anfing.

»Ich kann Ihnen nur«, er wischte die Worte mit einer Handbewegung wieder weg, »meinen Sie, ich spüre ihn nicht, diesen Haß, ich, ein Priester? Ich fühle ihn hier« – er klopfte auf seinen schwarzen Kittel etwas unterhalb des Herzens –, »den Haß auf meine Oberen, manchmal. Hier«, sagte er und deutete zum Fenster, »in meiner Kirche werden die Messen der durchreisenden Priester gelesen, sie kommen aus den umliegenden Hotels, gepflegte Männer, die zu Tagungen fahren, von Tagungen kommen, schimpfen über den Schmutz, den Mangel an Meßdienern – die Zehn-, die Dreizehn-, die Zwanzig – und die normalen Fünfundzwanzigminutenmessen* werden hier gelesen. Fünf, zehn, oft fünfzehn am Tag. – Sie glauben nicht, wie viele Priester auf Reisen sind, sie kommen von der Kur,* fahren hin – und Tagungen gibt es genug. Fünfzehn Messen, an denen insgesamt keine fünf Gläubigen teilnehmen. Hier«, sagte er, »werden die wahren Rekorde geschlagen, fünfzehn zu fünf steht der Toto – ach, warum soll ich sie hassen, die armen Priester, die den Geruch exquisiter Hotelbadezimmer in meiner zerfallenen Sakristei hinterlassen.« Er wandte sich vom Fenster ab mir wieder zu, reichte mir Block und Bleistift vom Tisch herüber, ich schrieb meine Adresse auf und zog meinen Hut gerade, der verrutscht war.

Es klopfte mehrere Male heftig gegen die Tür.

»Ja, ja, ich weiß«, rief er, »die Andacht, ich komme.«

Er gab mir zum Abschied die Hand, blickte mich seufzend an und geleitete mich zur Tür.

Ich ging langsam am Portal der Kirche vorbei auf die Unterführung zu. Zwei Frauen und ein Mann gingen zur Andacht in die Kirche, der Kirche gegenüber hing ein großes weißes Transparent mit der roten Aufschrift. Was bist du ohne deinen Drogisten?

Der Rand einer dunklen Wolke rutschte oben am Himmel an der Sonne vorbei, legte sie frei, und die Sonne hing nun ganz in dem großen O von Drogisten, sie füllte es mit gelbem Licht. Ich ging weiter. Ein kleiner Junge mit einem Gebetbuch unter dem Arm kam an mir vorbei, dann blieb die Straße leer. Buden und Trümmer umsäumten sie, und hinter den ausgebrannten Fassaden hörte ich die Geräusche aus dem Depot.

Ich blieb stehen, als mich der warme Geruch frischen Gebäcks traf, blickte nach rechts, sah in die offene Tür einer Holzbude, aus der weißlicher Dampf in Schwaden abzog: Auf der Türschwelle saß ein Kind in der Sonne, es blinzelte in den Himmel hinauf, der sanfte Ausdruck der Blödigkeit,*

die rötlichen Lider, die mir im Sonnenlicht durchsichtig
erschienen – ich spürte eine schmerzliche Zärtlichkeit: Das
Kind hatte einen frischen Berliner Pfannkuchen* in der
Hand, rund um seinen Mund war Zucker verschmiert, und
als es jetzt in den Kuchen biß, quoll bräunliche Marmelade
heraus und tropfte auf seinen Pullover. Drinnen, über einen
Kessel gebeugt, sah ich ein junges Mädchen: Ihr Gesicht war
schön, ihre Haut von zwiebeliger Zartheit, und obwohl ihr
Haar von einem Kopftuch verdeckt war, sah ich, daß sie
blond sein mußte. Sie angelte frische Kuchen aus dem dampfenden Schmalz, legte sie auf einen Rost, und plötzlich hob
sie den Blick, unsere Augen trafen sich, und sie lächelte mir
zu. Ihr Lächeln fiel wie ein Zauber über mich, ich lächelte
zurück, und so blieben wir einige Sekunden stehen, ohne uns
zu bewegen, und während ich wirklich nur sie sah, – sah ich,
wie aus weiter Entfernung, auch mich, sah uns beide dort
stehen, einander zulächelnd wie Schwestern, und ich senkte
den Blick, als mir einfiel, daß ich kein Geld hatte, um einen
ihrer Kuchen zu kaufen, deren Geruch Erregung in meinem
Magen hervorrief. Ich sah auf den weißlichen Schopf des
Blöden, bereute es, kein Geld eingesteckt zu haben. Ich
nehme nie welches mit, wenn ich Fred treffe, weil er dem
Anblick des Geldes nicht widerstehen kann und mich
meistens zum Trinken verführt. Ich sah den fetten Hals des
Blöden, Zuckerkrümel über sein Gesicht verteilt, und etwas
wie Neid kam in mir hoch, als ich die sanft geöffneten Lippen
betrachtete.

Als ich den Blick wieder hob, hatte das Mädchen den
Kessel beiseite geschoben, sie knüpfte gerade das Kopftuch
auf, nahm es ab, und ihr Haar fiel ins Sonnenlicht: Und
wieder sah ich nicht nur sie, sah auch mich wie von einer
Höhe herab, die Straße, schmutzig, von Trümmern
umsäumt, das Portal der Kirche, das Transparent, und mich
am Eingang der Bude stehend: mager und traurig, aber
lächelnd.

Vorsichtig ging ich an dem Blöden vorbei in die Bude. In
der Ecke saßen zwei Kinder an einem Tisch und neben dem

Herd ein alter, unrasierter Mann, der in der Zeitung las, nun die Blätter senkte und mich ansah.

Das Mädchen stand neben der Kaffeemaschine, blickte in den Spiegel und ordnete ihr Haar; ich beobachtete ihre weißen, sehr kleinen, kindlichen Hände und sah nun im Spiegel neben ihrem frischen Gesicht, das mir zulächelte, mein eigenes: mager, ein wenig gelblich, mit der seitlich schmal auszüngelnden Flamme des dunkelrot gefärbten Mundes: Das Lächeln auf meinem Gesicht. Obwohl es von innen heraus kam, fast gegen meinen Willen, kam mir falsch vor, und nun schienen unsere Köpfe schnell die Plätze zu wechseln, sie hatte meinen, ich ihren Kopf – und ich sah mich als junges Mädchen vor dem Spiegel stehen, mein Haar ordnend – sah sie, die Kleine, nachts einem Mann geöffnet, den sie lieben, der das Leben und den Tod in sie hinein- schicken würde, die Spuren dessen, was er Liebe nannte, in ihrem Gesicht hinterlassend, bis es meinem gleichen würde: mager und gelblich gefärbt von der Bitternis dieses Lebens.

Aber sie wandte sich jetzt um, verdeckte mein Gesicht im Spiegel, und ich trat nach rechts, überließ mich ihrem Zauber.

»Guten Tag«, sagte ich.

»Guten Tag«, sagte sie, »möchten Sie Kuchen?«

»Nein, danke«, sagte ich.

»Oh, warum, riecht er nicht gut?«

»Er riecht gut«, sagte ich, und ich zitterte beim Gedanken an den Unbekannten, dem sie gehören würde. »Wirklich gut – aber ich habe kein Geld mit.«

Als ich »Geld« sagte, stand der alte Mann am Ofen auf, kam hinter die Theke, blieb neben dem Mädchen stehen und sagte: »Geld – aber Sie können ja später zahlen. Sie möchten Kuchen – nicht wahr?«

»Ja«, sagte ich.

»Oh, setzen Sie sich bitte«, sagte das Mädchen.

Ich ging ein paar Schritte rückwärts und setzte mich an den Tisch neben die Kinder.

»Auch Kaffee?« rief das Mädchen.

»Ja, bitte«, sagte ich.

Der alte Mann häufte drei Kuchen auf einen Teller und brachte sie mir. Er blieb neben mir stehen.

»Vielen Dank«, sagte ich, »aber Sie kennen mich doch nicht.«

Er lächelte mir zu, nahm die Hände vom Rücken, hielt sie ungeschickt auf den Bauch und murmelte: »Oh, keine Sorge.« Ich nickte zu dem Blöden hin, der immer noch auf der Türschwelle saß: »Ist er Ihr Sohn?«

»Mein Sohn«, sagte er leise, »und sie ist meine Tochter.« Er warf einen Blick auf das Mädchen hinter der Theke, das die Hebel der Kaffeemaschine bediente.

»Er versteht die Sprache der Menschen nicht, mein Sohn«, sagte der alte Mann, »auch nicht die der Tiere, kein einziges Wort kann er sprechen, nur dsu-dsa-dse, und wir«, seine Zunge, die er aufgeworfen hatte, um diese Laute zu bilden, fiel wieder flach in den Mund zurück, »wir machen es nach, unfähig und hart, sagen zu-za-ze. Wir sind unfähig«, sagte er leise, und er hob plötzlich seine Stimme ein wenig, rief »Bernhard«, und der Blöde wandte schwerfällig den Kopf, ließ ihn sofort wieder nach vorne fallen. Noch einmal rief der Alte: »Bernhard«, wieder wandte sich das Kind um, sein Kopf plumpste nach vorne zurück wie ein Pendel, und der alte Mann stand auf, nahm das Kind vorsichtig bei der Hand und führte es an den Tisch. Er setzte sich neben mich auf den Stuhl, nahm den Jungen auf den Schoß und fragte mich leise: »Oder ekeln Sie sich. Sagen Sie es nur.«

»Nein«, sagte ich, »ich ekele mich nicht.« Seine Tochter brachte den Kaffee, setzte die Tasse vor mich hin und blieb neben ihrem Vater stehen.

»Sie müssen sagen, wenn es Sie ekelt, wir sind nicht böse, die meisten ekeln sich.«

Das Kind war fett, beschmiert, blickte dumpf vor sich hin, lallte sein dsu-dsa-dse, ich sah es genau an, hob den Kopf wieder und sagte: »Nein, ich ekele mich nicht – es ist wie ein Säugling.« Ich nahm die Tasse an den Mund, trank den Kaffee, biß in den Kuchen und sagte: »Oh, ist Ihr Kaffee gut.«

»Wirklich?« rief das Mädchen, »wirklich? Das hat mir heute morgen ein Mann gesagt* – sonst noch nie jemand.«

»Er ist wirklich gut«, sagte ich, und trank wieder, biß in den Kuchen. Das Mädchen stützte sich auf die Stuhllehne ihres Vaters, sah mich an, dann über mich hinweg.

»Manchmal«, sagte sie, »versuche ich mir vorzustellen, was er erlebt, wie er lebt – er ist meistens so friedlich, so glücklich – vielleicht ist die Luft Wasser für ihn, grünes Wasser, weil er sich nur so schwer durch sie hinbewegen kann – grünes Wasser, das sich manchmal bräunlich färbt, durchbrochen von schwärzlichen Striemen wie bei einem alten Film –, manchmal weint er auch, das ist schrecklich, wenn bestimmte Geräusche kommen, das Knirschen der Straßenbahnen, das hohe Pfeifen im Radio – wenn das kommt, dann weint er.«

»Oh«, sagte ich, »er weint?«

»Oh, ja«, sagte sie, und ihr Blick kam zurück, sie sah mich an, ohne zu lächeln, »er weint oft und immer, wenn diese hellen Geräusche kommen. Er weint dann heftig, und die Tränen rinnen in den Schmier um seinen Mund. Es ist das einzige, was er essen mag: Süßes, Milch und Brot – alles, was nicht süß ist, nicht Milch oder Brot – alles bricht er wieder aus. Oh, Verzeihung«, sagte sie, »Sie ekeln sich jetzt?«

»Nein«, sagte ich, »erzählen Sie doch von ihm.«

Sie blickte wieder über mich hinweg, legte ihre Hand auf den Kopf des Blöden. »So schwer es für ihn ist, sein Gesicht, seinen Körper gegen das Fließen der Luft zu bewegen – so schrecklich muß es für ihn sein, diese Geräusche zu hören. Vielleicht hat er immer das sanfte Brausen von Orgeln im Ohr, eine braune Melodie, die er allein hört – vielleicht hört er einen Sturm, der unsichtbare Bäume zum Rauschen bringt. Saiten so dick wie Arme kommen zum Klingen – ein Summen, das ihn ruft, das zerstört wird.« Der alte Mann hörte ihr wie verzückt zu, hielt seine Hände um den Leib des Blöden geschlungen und achtete nicht darauf, daß Marmelade und Zucker auf seine Rockärmel fielen. Ich trank noch einmal Kaffee, biß in den zweiten Kuchen und

fragte leise das Mädchen: »Woher wissen Sie es?« Sie sah mich
an, lächelte und sagte: »Oh, ich weiß nichts – aber
vielleicht –, es muß etwas in ihm sein, was wir nicht kennen,
ich versuche es mir vorzustellen – manchmal auch schreit er
plötzlich auf, ganz plötzlich, kommt zu mir gerannt, und ich
lasse seine Tränen in meine Schürze fließen – ganz plötzlich,
wenn er an der Tür sitzt –, und ich denke mir, daß er dann
mit einem Male alles so sieht, wie wir es sehen – plötzlich –,
nur für eine halbe Sekunde, daß es wie Schrecken in ihn
eindringt: Menschen, wie wir sie sehen, Autos, Bahnen – alle
Geräusche. Dann weint er lange.« Die Kinder, die in der Ecke
gesessen hatten, standen auf, schoben ihre Teller von sich
weg, gingen an uns vorbei, und ein keckes kleines Mädchen
mit grüner Mütze rief: »Anschreiben bitte – hat die Mutter
gesagt.«

»Ja, ist gut«, sagte der alte Mann und lächelte ihnen nach.

»Ihre Frau«, fragte ich leise, »seine Mutter ist tot?«

»Ja«, sagte der Mann, »sie ist tot – eine Bombe zerriß sie
auf der Straße, riß ihr den Kleinen vom Arm, der auf
einen Strohballen fiel und schreiend gefunden wurde.«

»War er von Geburt . . .?« fragte ich stockend.

»Von Geburt«, sagte das Mädchen, »er war immer so, es
rinnt, rinnt alles an ihm vorbei – nur unsere Stimmen errei-
chen ihn, die Orgeln in der Kirche, das schrille Knirschen
der Straßenbahn und das Chorgebet* der Mönche. Aber
essen Sie doch, oh, Sie ekeln sich doch.«

Ich nahm den letzten Kuchen, schüttelte den Kopf und
fragte: »Die Mönche hört er, sagen Sie?«

»Ja«, sagte sie milde in mein Gesicht hinein, »er muß sie
hören. Wenn ich zu den Mönchen gehe, am Bildonerplatz,
Sie wissen – wenn sie dort ihr Chorgebet singen –, dann
verändert sich sein Gesicht, wird schmal, sieht fast streng
aus – jedesmal erschrecke ich –, und er lauscht, ich weiß, er
hört sie, er lauscht, ganz anders ist er dann, er hört die
Melodie der Gebete und weint, wenn die Mönche aufhören.
Oh, Sie staunen!« sagte sie lächelnd, »essen Sie doch.«

Ich nahm den Kuchen wieder in meine Hand, biß hinein,

spürte, wie die warme Marmelade in meinem Mund zerging.

»Sie müssen oft mit ihm hingehen«, sagte ich, »zum Bildonerplatz.«

»Oh, ja«, sagte sie, »ich gehe oft mit ihm dorthin, obwohl es mich so erschreckt. Mögen Sie noch Kaffee?«

»Nein, danke«, sagte ich, »ich muß gehen.« Ich blickte sie zögernd an, auch den Blöden, und sagte leise: »Ich möchte es einmal sehen.«

»In der Kirche«, fragte sie, »bei den Mönchen?«

»Ja«, sagte ich.

»Oh, dann kommen Sie doch – schade, daß Sie gehen –, Sie kommen zurück, nicht wahr?«

»Ich komme wieder«, sagte ich, »ich muß ja noch zahlen.«

»Nicht deswegen, bitte – kommen Sie wieder.« Der Alte nickte zu ihren Worten. Ich trank den letzten Schluck Kaffee aus, stand auf und klopfte die Kuchenkrümel von meinem Mantel.

»Ich komme wieder«, sagte ich, »es ist so schön bei Ihnen.«

»Heute noch?« fragte das Mädchen.

»Heute nicht«, sagte ich, »aber bald, vielleicht morgen früh – und oft –, zu den Mönchen gehe ich mit.«

»Ja«, sagte sie. Sie reichte mir ihre Hand, ich hielt sie einen Augenblick fest, diese sehr leichte weiße Hand, ich blickte in ihr blühendes Gesicht, lächelte und nickte dem alten Manne zu. »Bernhard«, sagte ich leise zu dem Blöden, der den Kuchen zwischen seinen Fingern zerkrümelte, aber er hörte mich nicht, schien mich nicht einmal zu sehen – er hatte die Lider fast ganz geschlossen, rötlich entzündete Lider.

Ich wandte mich ab und ging auf die dunkle Unterführung zu, die in die Bahnhofsstraße führt.

9

Als ich hinunterkam, wurden Teller in Stößen von den Tischen genommen, es roch nach kaltem Gulasch, nach Salat und künstlich gesüßtem Pudding. Ich setzte mich in eine Ecke und sah zwei Burschen zu, die an den Automaten standen und spielten. Das helle Klingeln, wenn die Nickelkugeln die Kontakte berührten, das Rasen der Scheiben in dem Kurbelkasten und das klopfende Stoppen riefen Erregung in mir wach. Der Kellner klopfte die Tische mit einer Serviette ab, und die magere Wirtin nagelte ein großes gelbes Pappschild über der Theke fest: »Heute abend Tanz. Eintritt frei.«

Am Tisch neben mir saß ein alter Mann in Lodenmantel und Jägerhut, dessen Pfeife im Aschenbecher qualmte. Der Mann hatte den grünen Hut auf dem Kopf und stocherte in rötlichem Gulasch herum.

»Sie wünschen bitte?« fragte der Kellner. Ich blickte zu ihm auf, und sein Gesicht kam mir bekannt vor.

»Was gibt es?«

»Gulasch«, sagte er, »Schweinekoteletts, Kartoffeln, Salat, Nachspeise – auch Suppe vorher, wenn Sie wünschen.«

»Geben Sie mir Gulasch«, sagte ich, »und Suppe vorher, auch einen Korn.«

»Wird gemacht«, sagte der Kellner.

Das Essen war kräftig und heiß, ich spürte, daß ich Hunger hatte, ließ mir Brot geben und tupfte die scharfgewürzte Soße auf.

Dann ließ ich mir noch einen Schnaps bringen. Die jungen Burschen spielten immer noch. Einem von ihnen standen die Haare am Scheitel in die Höhe.

Ich zahlte, wartete noch ein paar Minuten, aber die Automaten wurden nicht frei. Ich blickte dem Kellner noch einmal aufmerksam ins Gesicht: Dieses blasse Gesicht, das weißliche Haar mußte ich schon einmal gesehen haben.

An der Theke ließ ich mir Zigaretten geben, die Wirtin sah mich an und fragte: »Bleiben Sie die ganze Nacht?«

»Ja«, sagte ich.

»Würden Sie bitte im voraus zahlen, es ist«, sie grinste mich an, »wir gehen sicherer dabei – so nahe am Bahnhof, und Sie haben kein Gepäck.«

»Natürlich«, sagte ich und nahm mein Geld aus der Tasche.

»Acht Mark, bitte«, sagte sie, und sie beleckte den Tintenstift, um mir eine Quittung zu schreiben. »Sie erwarten noch jemand?« fragte sie, als sie mir den Zettel gab.

»Ja, meine Frau«, sagte ich.

»Schon gut«, sagte sie, reichte mir die Zigaretten, und ich legte eine Mark hin und ging nach oben.

Ich lag lange auf dem Bett, grübelte und rauchte, wußte nicht, woran ich dachte, bis mir einfiel, daß ich nach dem Gesicht des Kellners suchte. Ich kann kein Gesicht vergessen, sie folgen mir alle, und ich erkenne sie, sobald sie wieder auftauchen. In meinem Unterbewußtsein paddeln sie dahin, besonders die, die ich nur flüchtig einmal gesehen habe, sie schwimmen herum wie undeutliche, graue Fische zwischen Algen in einem trüben Tümpel. Manchmal schieben sie ihre Köpfe bis hart an die Oberfläche, aber endgültig tauchen sie auf, wenn ich sie wirklich wiedersehe. Unruhig suchte ich das Gewimmel in diesem Teich ab, schnappte die Angel hoch, und da war er, der Kellner: ein Soldat, der auf einer Krankensammelstelle einmal für eine Minute neben mir

gelegen hatte; aus seinem Kopfverband waren damals die
Läuse herausgekrochen, hatten sich im geronnenen wie im
frischen Blut gewälzt, Läuse, die friedlich über seinen
Nacken krochen in das weißlich dünne Harr hinein, über das
Gesicht des Ohnmächtigen, waghalsige Tiere, die an den
Ohren heraufkletterten, abrutschten, sich an der Schulter
wieder fingen und in die schmutzige Kragenbinde hinein
verschwanden – ein schmales, leidendes Gesicht, das ich
dreitausend Kilometer von hier entfernt gesehen hatte – das
mir nun gleichgültig Gulasch verkaufte.

Ich war froh, als ich wußte, wohin ich den Kellner tun
mußte;* ich wälzte mich auf die Seite, zog mein Geld aus der
Tasche und zählte es auf dem Kopfkissen: Ich hatte noch
sechzehn Mark und achtzig Pfennig.

Dann ging ich noch einmal in die Kneipe hinunter, aber die
beiden jungen Burschen standen immer noch an den
Automaten. Der eine von ihnen schien die ganze Rocktasche
voller Groschen zu haben, sie hing schwer nach unten, und er
wühlte mit seiner rechten Hand im Geld herum. Sonst war
nur der Mann mit dem Jägerhut noch da, trank Bier und las
Zeitung. Ich trank einen Schnaps, blickte in das porenlose
Gesicht der Wirtin, die auf einem Hocker saß und in einer
Illustrierten blätterte.

Wieder ging ich hinauf, legte mich aufs Bett, rauchte und
dachte an Käte und die Kinder, an den Krieg und an die
beiden Kleinen, von denen die Priester uns versichern, daß
sie im Himmel sind. Ich denke jeden Tag an diese Kinder,
aber heute dachte ich sehr lange an sie, und niemand, der
mich kennt, selbst Käte kaum, würde glauben, wie oft ich an
sie denke. Sie halten mich für einen unsteten Menschen, der
alle drei Jahre den Beruf wechselt, seitdem das Geld, das sein
Vater ihm hinterließ, draufgegangen ist, der auch mit
zunehmendem Alter keine Stabilität gewinnt, gleichgültig
gegen seine Familie ist und säuft, sooft er Geld dazu hat.

In Wirklichkeit aber saufe ich selten, nicht einmal jeden
Monat, und richtig betrunken bin ich kaum alle drei Monate,
und ich frage mich manchmal: Was, glauben wohl alle, tue

ich an den Tagen, an denen ich nicht trinke – und das sind
neunundzwanzig von dreißig. Ich gehe viel spazieren,
versuche nebenher etwas Geld zu verdienen, indem ich alte
Schulkenntnisse auskrame und sie an gequälte Quintaner*
weiterverkaufe. Ich schlendere durch die Stadt, meist weit in
die Vorstädte hinein und besuche die Friedhöfe, wenn sie
noch geöffnet sind. Ich gehe zwischen den gepflegten
Büschen einher, den sauberen Beeten, lese die Schilder, die
Namen, nehme den Geruch des Friedhofs in mich auf und
spüre, wie mein Herz zittert in der Gewißheit, daß auch ich
dort liegen werde. Früher sind wir viel gereist, als wir noch
Geld hatten – aber in fremden Städten schon tat ich
dasselbe, was ich jetzt hier tue, wo ich zu bleiben gedenke:
Ich lag auf den Betten der Hotels herum, rauchte oder ging
planlos spazieren – betrat hin und wieder eine Kirche, ging
weit hinaus bis in die Vorstädte, wo die Friedhöfe sind. Ich
trank in schäbigen Kneipen, verbrüderte mich nachts mit
Unbekannten, von denen ich wußte, daß ich sie nie
wiedersehen würde.

Schon als Kind bin ich gerne auf die Friedhöfe gegangen,
frönte dieser Leidenschaft, von der man glaubte, sie passe
für einen jungen Menschen nicht. Aber all diese Namen,
diese Beete, jeder Buchstabe, der Geruch – alles sagt mir,
daß auch ich sterben werde: die einzige Wahrheit, an der mir
nie Zweifel kommt. Und manchmal, in diesen endlosen
Reihen, an denen ich langsam vorbeispaziere, entdecke ich
Namen von Leuten, die ich gekannt habe.

Als Kind schon, früh, erlebte ich, was Tod ist. Meine Mutter starb, als ich sieben war, und ich verfolgte alles genau,
was man mit meiner Mutter tat: Der Pfarrer kam und ölte sie,
segnete sie – sie lag und rührte sich nicht. Blumen wurden
gebracht, ein Sarg, Verwandte kamen, weinten und beteten
an ihrem Sarg – sie lag und rührte sich nicht. Ich verfolgte
alles neugierig. Schläge hielten mich nicht ab, den Männern
vom Beerdigungsinstitut zuzusehen. Sie wuschen meine Mutter, bekleideten sie mit einem weißen Hemd, ordneten die
Blumen rings um ihren Sarg, sie nagelten den Deckel zu,

luden den Sarg auf ein Auto - und die Wohnung war leer,
ohne meine Mutter. - Und ich fuhr ohne Wissen meines
Vaters zum Friedhof, nahm die Linie Zwölf - oh, ich
vergesse es nicht -, stieg am Tuckhoffplatz in die Zehn und
fuhr bis Endstation.

Ich betrat zum ersten Male einen Friedhof, fragte den
Mann in der grünen Mütze am Eingang nach meiner Mutter.
Er hatte ein rotes, gedunsenes Gesicht, roch nach Wein,
nahm mich bei der Hand und ging mit mir ins
Verwaltungsgebäude hinüber. Er war sehr freundlich zu mir,
fragte nach meinem Namen, führte mich in ein Zimmer und
sagte, ich solle warten. Ich wartete. Ich ging zwischen den
Stühlen, dem hellbraunen Tisch herum, betrachtete die
Bilder an der Wand und wartete: Ein Bild zeigte eine dunkle,
schmale Frau, die auf einer Insel saß und wartete, ich stellte
mich auf die Zehenspitzen, versuchte zu lesen, was darunter
stand, und konnte es entziffern: NANA stand darunter; ein
anderes Bild zeigte einen bärtigen Mann, der grinste und
einen Bierkrug mit reichverziertem Deckel vor sein Gesicht
hielt. Ich konnte nicht lesen, was darunter stand, ging zur
Tür - aber die Tür war verschlossen. Dann fing ich an zu
weinen, ich saß still auf einem der hellbraunen Stühle und
weinte, bis ich Schritte im Flur hörte: Es war mein Vater, der
kam: ich hatte seinen Schritt so oft durch unseren langen Flur
kommen gehört. Mein Vater war freundlich zu mir, und mit
dem dicken Mann in der grünen Mütze, der nach Wein roch,
gingen wir ins Leichenhaus hinüber, und ich sah sie dort
stehen, Särge mit Namen und Nummern, und der Mann
führte uns an einen Sarg, und mein Vater tippte mit dem
Finger auf das Schild und las mir vor: Elisabeth Bogner.
18.4., 16.00 Uhr, Parzelle VII/L.* Und er fragte mich,
welches Datum wir hätten. Ich wußte es nicht, und er sagte:
»Den sechzehnten. Übermorgen erst wird Mutter begraben.«
Ich ließ mir versichern, daß mit dem Sarg nichts geschehen
würde, was ich nicht sah, und mein Vater weinte, versprach
es mir, und ich folgte ihm in die düstere Wohnung, half ihm
beim Ausräumen der großen, altmodischen Vorratskammer,

und wir beförderten zutage, was meine Mutter in vielen Jahren von ihren Hausierern gekauft* hatte: Stapel verrosteter Rasierklingen, Seife, Insektenpulver, halbvermodertes Gummiband und viele Schachteln voller Sicherheitsnadeln. Mein Vater weinte.

Zwei Tage später sah ich den Sarg wirklich wieder, so wie er gewesen war: Sie luden ihn auf einen Karren, hingen Kränze und Blumen daran, und wir folgten dem Sarg hinter dem Pfarrer, den Meßdienern hergehend, bis an das große, lehmige Loch auf Parzelle VII, und ich sah, wie der Sarg gesegnet, versenkt, mit Weihwasser besprengt und mit Erde beworfen wurde. Und ich lauschte dem Gebet des Pfarrers, der von Staub sprach, von Staub und Auferstehung.

Wir blieben noch lange auf dem Friedhof, mein Vater und ich, weil ich darauf drängte, zuzusehen: Die Totengräber warfen noch mehr Erde darüber, stampften sie fest, klopften mit ihren Spaten einen kleinen Hügel zurecht, legten die Kränze darauf, und einer von ihnen steckte zum Schluß ein kleines, weißes, schwarzbeschriftetes Kreuz in die Erde, auf dem ich lesen konnte: Elisabeth Bogner.

Als Kind schon glaubte ich genau zu wissen, was tot war: Man war weg, in die Erde gescharrt und wartete auf die Auferstehung. Und ich begriff es, achtete genau darauf: Alle Menschen mußten sterben, und sie starben, viele, die ich kannte, an deren Begräbnis teilzunehmen mich niemand abhalten konnte.

Vielleicht denke ich zu oft an den Tod, und es irren sich die, die mich für einen Trinker halten. Alles, was ich beginne, kommt mir gleichgültig, langweilig und belanglos vor, und seitdem ich von Käte und den Kindern weg bin, gehe ich wieder oft auf die Friedhöfe, versuche früh genug zu kommen, um an Begräbnissen teilnehmen zu können: Ich folge den Särgen von Unbekannten, höre die Leichenreden an, antworte auf die Liturgie, die der Priester über das offene Grab murmelt, ich werfe Erde in die Löcher, bete an den Särgen, und wenn ich Geld habe, kaufe ich vorher Blumen und streue sie einzeln in die lockere Erde, die sich über dem

Sarg getürmt hat. Ich gehe an den weinenden Angehörigen
vorbei, und es ist vorgekommen, daß man mich zum Essen
einlud. Ich saß mit fremden Menschen zu Tisch, trank Bier
und aß Kartoffelsalat mit Wurst, ließ mir von weinenden
Frauen riesige Schnittchen auf den Teller häufen, rauchte
Zigaretten, trank Schnaps und hörte mir die Lebens-
geschichte von Menschen an, von denen ich nichts kannte
als ihren Sarg. Sie zeigen mir auch Fotos, und vor einer
Woche bin ich dem Sarge eines jungen Mädchens gefolgt
und saß später im Eckzimmer eines altmodischen Restau-
rants neben ihrem Vater, der mich für einen heimlichen
Liebhaber seiner Tochter hielt. Er zeigte mir Bilder von
ihr. Bilder eines wirklich schönen Geschöpfes: Sie
saß mit wehendem Haar auf einem Motorroller vor dem
Eingang einer Allee. »Sie war noch ein Kind«, sagte der Vater
zu mir, »hat noch nicht die Liebe gekannt.« Ich hatte Blumen
auf ihren Sarg gestreut, sah nun die Tränen in den Augen
ihres Vaters, der seine Zigarre für einen Augenblick in den
Aschenbecher aus grauem Ton legte, um sich die Augen zu
wischen. Gleichgültig war ich gegen die verschiedensten
Berufe, in denen ich mich versuchte. Ich konnte den Ernst
nicht aufbringen, den man zu einem richtigen Beruf braucht.
Vor dem Krieg war ich lange in einer Medikamenten-
handlung, bis die Langeweile mich ergriff und ich über-
wechselte zur Fotografie, deren ich auch bald überdrüssig
war. Dann wollte ich Bibliothekar werden, obwohl ich zum
Lesen nicht neige, und in einer Bibliothek lernte ich Käte
kennen, die die Bücher liebt. Ich blieb dort, weil Käte dort
war, aber wir heirateten bald, und sie mußte ausscheiden,
als sie zum ersten Male schwanger war. Dann kam auch der
Krieg, unser erstes Kind, Clemens, wurde geboren, als ich
einrücken mußte.

Ich dachte nicht gern an den Krieg, stand von meinem Bett
auf und ging noch einmal hinunter in die Kneipe: Es war bald
vier. Ich trank einen Schnaps, ging an die Automaten, die
jetzt frei waren, aber ich warf nur einmal einen Groschen
hinein, drückte auf den Hebel und spürte, daß ich müde war.

Ich ging auf mein Zimmer zurück, legte mich wieder aufs Bett, rauchte, dachte an Käte, bis ich das Bimmeln der Kirche zu den Sieben Schmerzen hörte . . .

10

Ich fand das Schild mit der aufgemalten schwarzen Hand
sofort, ging dem ausgestreckten Zeigefinger nach. Die Straße
war leer und grau, und als ich weiterging, strömten plötzlich
viele Menschen aus einem schmalen Haus, und ich sah,
daß ein Kino sich leerte. An der Ecke war wieder ein Schild
mit einer aufgemalten schwarzen Hand, der Zeigefinger war
gekrümmt: Ich stand dem Holländischen Hof gegenüber. Ich
erschrak, weil das Haus so schmutzig war, überquerte
langsam die Straße, blieb vor dem rötlich angestrichenen
Windfang stehen, drückte sehr plötzlich die Tür auf und ging
ins Restaurant. An der Theke standen drei Männer. Sie
blickten mich an, als ich hereinkam, ihr Gespräch
verstummte, sie sahen auf die Wirtin, und die Wirtin blickte
von der Illustrierten auf und sah mich an. Ihr Blick ging von
meinem Gesicht auf meinen Hut, dann auf die Tasche in
meiner Hand, und sie beugte sich ein wenig vor, um auf
meine Schuhe und Beine zu blicken, dann sah sie mir wieder
ins Gesicht, sah lange auf meine Lippen, als wollte sie die
Marke des Lippenstifts erraten. Wieder beugte sie sich vor,
blickte zweifelnd auf meine Beine und fragte langsam: »Ja?«
Und sie nahm die Hände von den Hüften, legte sie auf die
Nickeltheke, dann gefaltet über den Leib, und ihr weißes

schmales Gesicht wurde ratlos.

»Ich möchte zu meinem Mann«, sagte ich, und die Männer wandten sich ab, fingen wieder an zu sprechen, und die Wirtin sagte, noch ehe ich meinen Namen ausgesprochen hatte: »Zimmer elf, erster Stock.« Sie wies auf die Pendeltür neben der Theke. Einer von den Männern sprang an die Tür und hielt sie mir auf. Er war blaß und schien betrunken zu sein: Seine Lippen zitterten, das Weiße seiner Augen war rötlich. Er senkte den Blick, als ich ihn ansah, ich sagte: »Danke«, ging in die offene Tür hinein, und als ich die Treppe hinaufstieg, hörte ich durch die auspendelnde Tür eine Stimme sagen: »Die ist aber von hier.«

Das Treppenhaus war grün getüncht, hinter den Milchglasscheiben war der Schatten einer schwarzen Mauer zu sehen, und auf dem ersten Stock in einem kleinen Flur brannte eine Glühbirne ohne Lampenschirm.

Ich klopfte an die Tür mit der Nummer 11, und als drinnen niemand antwortete, öffnete ich und trat ein. Fred lag auf dem Bett und schlief. Er sieht sehr zart aus, fast kindlich, wenn er auf dem Bett liegt, man könnte ihn für einen Achtzehnjährigen halten, wenn man das verschlissene Gesicht nicht sieht. Im Schlaf hat er die Lippen leicht geöffnet, sein dunkles Haar hängt ihm in die Stirn, sein Gesicht ist wie das eines Bewußtlosen – er schläft tief. Auf der Treppe war ich böse auf ihn gewesen, weil er mich zwang, mich wie eine Hure mustern zu lassen, aber nun ging ich sehr vorsichtig an sein Bett, zog den Stuhl heran, öffnete meine Handtasche und zog die Zigaretten heraus.

Rauchend saß ich neben seinem Bett, wandte meinen Blick von ihm ab, als er unruhig zu werden begann, sah auf das grüne, herzförmige Muster der Tapete, blickte zu der häßlichen Lampe auf und blies den Rauch meiner Zigarette in den offenen Fensterspalt. Ich fiel zurück in die Zeit und erkannte, daß sich nicht viel geändert hat, seit wir verheiratet sind: Wir haben unsere Ehe damals in einem möblierten Zimmer begonnen, das an Häßlichkeit diesem Hotelzimmer hier nicht nachstand. Als der Krieg ausbrach, hatten wir gerade eine richtige Wohnung, aber ich denke daran wie an etwas, was nie gewesen ist: vier Zimmer, ein Bad und Sauberkeit, Clemens hatte ein Zimmer mit Max-und-Moritz-Tapete,* obwohl er noch zu klein war, um Bilder zu erkennen. Als er groß genug war, um Bilder zu erkennen, stand das Haus nicht mehr, in dem es ein Zimmer mit Max-und-Moritz-Tapete gegeben hatte, und ich sehe Fred noch vor mir, wie er dort stand: die Hände in den Taschen seiner grauen Uniformhose, auf den Trümmerhaufen blickend, aus dem sanfter Rauch stieg. Fred schien nichts zu begreifen, nichts zu fühlen, es schien ihm nicht einzugehen, daß wir keine Wäsche, keine Möbel, nichts mehr besaßen – er sah mich an mit dem Blick eines Mannes, der niemals wirklich etwas besessen hat. Er nahm die brennende Zigarette aus dem Mund, steckte sie in meinen, ich zog daran und stieß mit dem Rauch des ersten Zuges ein heftiges Lachen aus mir hinaus.

Ich öffnete das Fenster ganz und warf den Zigarettenstummel unten in den Hof: Zwischen Abfalleimern stand eine große gelbe, von Brikettasche gefärbte Lache, meine Zigarette zischte darin aus. Ein Zug rollte in den Bahnhof. Ich hörte die Stimme des Ansagers, ohne seine Worte zu verstehen.

Fred wurde wach, als die Glocken der Kathedrale anfingen zu läuten, ihr Klang brachte die Fensterscheiben in Schwingung, sie begannen leise zu zittern, und dieses Zittern teilte sich einer blechernen Gardinenstange mit, die auf der Fensterbank lag und deren Tanz ein schepperndes Geräusch hervorrief.

Fred blickte mich an, ohne sich zu bewegen, ohne etwas zu sagen, er seufzte, und ich wußte, daß er langsam aus dem Schlaf zurückkam.

»Fred«, sagte ich.

»Ja«, sagte er, und er zog mich zu sich herunter und küßte mich. Er zog mich ganz zu sich herunter, wir umarmten uns, blickten uns an, und als er meinen Kopf nahm, ihn prüfend von sich weghielt, mußte ich lächeln.

»Wir müssen zur Messe gehen«, sagte ich, »oder warst du schon.«

»Nein«, sagte er, »nur zwei Minuten. Ich kam zum Segen.«*

»Dann komm.«

Er hatte mit den Schuhen auf dem Bett gelegen, war offenbar eingeschlafen, ohne sich zuzudecken, und ich sah, daß ihn fror. Er goß sich Wasser in die Schüssel, fuhr sich mit nassen Händen durchs Gesicht, trocknete sich und nahm den Mantel vom Stuhl.

Wir gingen Arm in Arm die Treppe hinunter. Die drei Männer standen noch an der Theke, sie unterhielten sich, ohne uns anzusehen. Fred gab der Wirtin den Zimmerschlüssel, sie hing ihn an ein Brett und fragte:

»Bleiben Sie lange weg?«

»Eine Stunde«, sagte Fred.

Als wir in die Kathedrale kamen, war die Andacht eben zu Ende, und wir sahen noch, wie die Domherren langsam in die Sakristei einzogen: Sie sahen aus wie weißliche Karpfen, die langsam durch helles, grünes Wasser schwimmen. Die Messe las ein müder Vikar an einem Nebenaltar, er las sie schnell, hastig und machte eine ungeduldige Schulterbewegung, als er zum Evangelium auf die linke Altarseite ging und der Meßdiener mit dem Missale* noch nicht da war. Vom Hauptaltar her kam Weihrauchgeruch in Wolken, viele Menschen gingen um die Gruppe herum, die die Messe hörte. Es waren meist Männer mit roten Fähnchen im Knopfloch.* Bei der Wandlung* blieben einige von ihnen erschrocken stehen, als die Klingel läutete, aber die meisten gingen weiter, sahen auf die Mosaiken, die Fenster, gingen nahe an die Altäre heran. Ich hatte auf die Uhr gesehen, die oben neben der Orgel hängt und alle Viertelstunden einen sanften, hellen Ton erklingen läßt. Und als wir nach dem Segen zum Ausgang gingen, sah ich, daß die Messe genau neunzehn Minuten gedauert hatte. Fred wartete am Windfang auf mich, ich ging zum Muttergottesaltar* und betete ein Ave.* Ich betete darum, nicht schwanger zu sein, obwohl ich Angst hatte, darum zu beten. Es brannten sehr viele Kerzen vor dem Bild der Muttergottes, und links neben dem großen eisernen Kerzenhalter lag ein ganzes Bündel gelber Kerzen. Daneben

war ein Pappschild angeheftet: Stiftung der Arbeitsgemeinschaft »Die katholische Drogerie« innerhalb des Deutschen
Drogistenverbandes.

Ich ging zu Fred zurück, und wir gingen hinaus. Draußen
schien die Sonne. Es war zwanzig nach fünf, und ich hatte
Hunger. Ich hing mich bei Fred ein, und als wir die
Freitreppe hinuntergingen, hörte ich, daß er mit dem Geld in
seiner Tasche klimperte.

»Willst du in einem Restaurant essen?« fragte er mich.

»Nein«, sagte ich, »an einer Bude, ich esse gern an Buden.«

»Dann komm«, sagte er, und wir schwenkten in die Blü-
chergasse hinein. Die Trümmerhaufen haben sich im Laufe
der Jahre zu runden Hügeln geglättet, sind zusammen-
gesackt, und in dichter Kolonie wächst dort Unkraut, grün-
lichgrau verfilztes Gebüsch mit einem sanften, rötlichen
Schimmer von verblühten Weidenröschen. Eine Zeitlang hat
das Blücherdenkmal* dort in der Gosse gelegen: ein riesiger
energischer Mann aus Bronze, der wütend in den Himmel
starrte, bis man ihn stahl.

Hinter einem schmiedeeisernen Portal staute sich der
Dreck. Es war nur ein schmaler Weg zwischen den Trümmern freigeschaufelt, und als wir auf die Mommsenstraße
kamen, wo einige Häuser noch stehen, hörte ich aus der
Ferne, über die Trümmer hinweg, die Musik eines Rummelplatzes. Ich hielt Fred an, und als wir standen, hörte ich
es deutlicher: das wilde Dröhnen der Orchestrions.*

»Fred«, sagte ich, »ist Rummel in der Stadt?«

»Ja«, sagte er, »ich glaube wegen der Drogisten. Willst du
hin? Sollen wir hingehen?«

»Oh, ja«, sagte ich. Wir gingen schneller als vorhin, tauch-
ten durch die Veledastraße, und als wir noch einmal um die
Ecke bogen, waren wir plötzlich mitten im Geschrei, im
Geruch des Rummelplatzes. Die Klänge der Drehorgeln, der
Geruch heftig gewürzten Gulaschs, gemischt mit dem süßlich
fetten des in Schmalz Gebackenen, das helle Sausen des
Karussells erfüllte mich mit Erregung. Ich spürte, wie mein
Herz heftiger schlug – diese Gerüche, dieser Lärm, der

gemischt ist, verworren, aber doch eine geheime Melodie enthält.

»Fred«, sagte ich, »gib mir Geld.«

Er nahm das lose Geld aus der Tasche, zog die Scheine zwischen den Münzen hervor, faltete sie zusammen und steckte sie in sein zerschlissenes Notizbuch. Er häufte mir das ganze Kleingeld in die Hand, es waren dicke silberne Münzen darunter; ich zählte sie vorsichtig, während Fred mir lächelnd zusah.

»Sechs Mark achtzig«, sagte ich, »das ist zuviel, Fred.«

»Nimm es«, sagte er, »bitte«, und ich sah sein schmales, graues und müdes Gesicht, sah zwischen den blassen Lippen die schneeweiße Zigarette und wußte, daß ich ihn liebte. Ich habe mich schon oft gefragt, warum ich ihn liebe; ich weiß es nicht genau, es sind viele Gründe, aber einen weiß ich: Weil es schön ist, mit ihm auf den Rummelplatz zu gehen.

»Ich lade dich aber zum Essen ein«, sagte ich.

»Wie du willst«, sagte er. Ich nahm seinen Arm, zog ihn hinüber zu der Gulaschbude, deren Front mit tanzenden Ungarinnen bemalt war – Bauernburschen mit runden Hüten, die Hände in den Hüften, sprangen um die Mädchen herum. Wir stützten unsere Arme auf die Theke, und die Frau, die neben dem dampfenden Kessel auf einem Klappstuhl saß, stand auf und kam lächelnd näher.

Sie war dick und dunkelhaarig, und ihre schönen, großen Hände waren mit vielen falschen Ringen geschmückt. Um den bräunlichen Hals trug sie ein Samtband, an dem schwarzen Band baumelte eine Medaille.

»Zwei Gulasch«, sagte ich und schob ihr zwei Mark zu. Wir lächelten uns zu, Fred und ich, während die Frau nach hinten ging und den Deckel vom Topf nahm.

»Ich habe schon Gulasch gegessen«, sagte Fred.

»Oh, verzeih«, sagte ich.

»Es macht nichts, ich mag Gulasch gern.« Er legte mir die Hand auf den Arm.

Die Frau fuhr tief unten im Kessel herum, brachte die Löffel gehäuft hoch, und der Dampf, der aus dem Kessel stieg, beschlug die Spiegel an der Rückwand. Sie gab jedem von uns ein Brötchen in die Hand, dann fuhr sie mit einem Lappen über den Spiegel und sagte zu mir: »Damit Sie sehen, wie schön Sie sind.« Ich blickte in den flachen Spiegel und sah, daß ich wirklich schön aussah: Fern hinter meinem Gesicht sah ich das verschwommene Bild einer Schießbude, hinter der Schießbude das Kettenkarussell.* Ich erschrak, als mein Blick hinten im Spiegel auf Fred fiel: Er kann nichts Heißes essen, es verursacht ihm Schmerzen an seinem Zahnfleisch; das Herumwälzen der Speisen im Mund, bis sie abgekühlt sind, der Ausdruck leichten Mißmutes, der Ungeduld – das gibt seinem Gesicht etwas Mummelndes, Greisenhaftes,* das mich jedesmal mehr erschreckt. Aber der Spiegel beschlug sich wieder, die Frau wühlte langsam mit dem Löffel im Kessel herum, und mir schien, als gäbe sie denen, die nun neben uns standen, weniger als uns.

Wir schoben die leeren Teller weg, bedankten uns und gingen. Ich nahm wieder Freds Arm, wir bummelten langsam durch die Gassen zwischen den Buden. Ich warf mit leeren Blechbüchsen nach starrgrinsenden Puppen, war glücklich, wenn ich sie am Kopf traf, wenn sie nach hinten schlugen gegen braunes Sackleinen, wenn der verborgene Mechanismus sie wieder zurückwarf. Ich ließ mich gerne von der leiernden Stimme eines Ausrufers betrügen, kaufte ein Los, sah, wie das Glücksrad sich drehte, warf immer wieder einen Blick auf den großen gelben Teddybären, den ich zu gewinnen hoffte, den ich seit meiner Kindheit zu gewinnen hoffte. Aber der klappernde Zeiger des Glücksrades zahnte sich nur langsam durch das Spalier von Nägeln, hielt kurz vor meiner Nummer an, und ich gewann den Bären nicht, gewann nichts.

Ich warf mich in den schmalen Sitz des Kettenkarussells, drückte zwei Groschen in eine schmutzige Hand, ließ mich hochdrehen, langsam, immer höher, um das Orchestrion herum, das im Holzbauch des Mittelstücks verborgen war und mir seine wilde Melodie ins Gesicht warf. Ich sah den Turm der Kathedrale über die Trümmer hinweg durch mich hinfliegen, weit hinten das stumpfe, dichte Grün des

Unkrauts, sah die Zeltdächer mit ihren Regenpfützen, und immer im Wirbel des rasenden Karussells, das mich für zwei Groschen rundjagte, warf ich mich mitten in die Sonne hinein, deren Schein mich traf wie ein Schlag, sooft ich ihn berührte. Ich hörte das Surren der Ketten, die Schreie von Frauen, sah den Dampf, den wirbelnden Staub des Platzes, jagte durch diesen fetten und süßlichen Geruch, und als ich die hölzernen Stufen wieder heruntertaumelte, sank ich in Freds Arme und sagte: »Oh, Fred.«

Einmal durften wir tanzen für einen Groschen, auf einem hölzernen Podium. Inmitten von Halbwüchsigen, die heftig ihre Hüften schwenkten, schmiegten wir uns aneinander, und wenn ich mich mit Fred im Rhythmus des Tanzes drehte, sah ich jedesmal in das feiste und geile Gesicht eines Trompeters, dessen schmieriger Kragen nur halb durch sein Instrument verdeckt war – und jedesmal hob er den Kopf, blinzelte mir zu und stieß aus seiner Trompete einen schrillen Ton heraus, der mir zu gelten schien.

Ich sah zu, wie Fred um einen Groschen Roulette spielte, spürte die stumme Erregung der umstehenden Männer, wenn der Bankhalter die Scheibe rotieren ließ und die Kugel anfing zu tanzen. Die Schnelligkeit, mit der sie ihre Einsätze machten, mit der auch Fred seinen Groschen genau an die richtige Stelle warf, schien mir eine Übung, ein Einverständnis vorauszusetzen, von dem ich nichts geahnt hatte. Ich sah, wie der Bankhalter, während die Kugel rollte, seinen Kopf hob, und der Blick seiner kalten Augen verächtlich über den Rummelplatz ging. Sein hartes, kleines, hübsches Gesicht senkte sich erst, wenn das Surren leiser wurde, dann nahm er die Einsätze weg, ließ sie in seine Tasche gleiten, warf den Gewinnern die Groschen hin, wühlte in den Münzen in seiner Tasche, forderte zum Einsatz auf, beobachtete die Finger der umstehenden Männer, gab der Scheibe einen verächtlichen Schwung, hob den Kopf, schürzte die Lippen und blickte gelangweilt umher.

Zweimal türmten sich vor Fred die Groschen, und er nahm das Geld vom Tisch und zwängte sich zu mir durch.

Wir setzten uns auf die schmutzigen Stufen einer Schaubude, die blau verhangen war, sahen dem Trubel zu, schluckten Staub und lauschten dem gemischten Konzert der Orchestrions, wir hörten die heiseren Schreie der Schockfreier,* die das Geld einsammelten. Ich blickte auf den Boden, der mit Schmutz bedeckt war, mit Papier, Zigarettenstummeln, mit zertretenen Blumen, zerrissenen Billets, und als ich langsam meinen Blick hob, sah ich unsere Kinder. Bellermann hielt Clemens, das Mädchen Carla an der Hand, den Kleinen hatten Bellermann und das Mädchen in der Trage neben sich. Die Kinder hatten große, gelbe Lutschstangen im Mund, ich sah sie lachen, um sich blicken, sah, wie sie an der Schießbude stehenblieben. Bellermann ging näher heran, Clemens nahm den Griff der Trage, während Bellermann ein Gewehr ergriff. Clemens blickte ihm über die Schulter ins Visier. Die Kinder schienen glücklich zu sein, sie lachten jetzt, als Bellermann dem Mädchen eine rote Papierblume ins Haar steckte. Sie schwenkten rechts ab, ich sah, wie Bellermann Clemens Geld in die Hand zählte, sah die Lippen meines Sohnes sich bewegen, mitzählen, wie er leise lächelnd sein Gesicht hob und Bellermann dankte.

»Komm«, sagte ich leise zu Fred, stand auf und zog ihn am Kragen seines Mantels hoch, »unsere Kinder sind da.«

»Wo sind sie?« sagte er. Wir blickten uns an, und zwischen uns, in diesen dreißig Zentimetern Luft zwischen unseren Augen, standen die tausend Nächte,in denen wir uns umarmt haben. Fred nahm die Zigarette aus dem Mund und fragte leise: »Was sollen wir denn tun?«

»Ich weiß nicht«, sagte ich. Er zog mich fort in eine Gasse zwischen der Schaubude und einem stilliegenden Karussell, dessen Rundung mit grünem Segeltuch verhangen war. Wir blickten schweigend auf die Zeltpflöcke, an denen die Stricke befestigt waren.

»Komm hier hinein«, sagte Fred, und er hielt einen Spalt zwischen zwei grünen Zeltbahnen auf, zwängte sich durch, half auch mir hinein, und wir hockten uns im Dunkeln hin,

Fred auf einen großen, hölzernen Schwan, ich neben ihn auf ein Schaukelpferd. Freds blasses Gesicht war zerschnitten von einem weißlichen Lichtstreifen, der aus dem Spalt zwischen den Zeltbahnen fiel.

»Vielleicht«, sagte Fred, »hätte ich nicht heiraten sollen.«

»Unsinn«, sagte ich, »verschone mich damit. Das sagen alle Männer.« Ich sah ihn an und setzte hinzu: »Außerdem sehr schmeichelhaft für mich – aber welcher Frau gelingt es schon, eine Ehe erträglich zu machen.«

»Dir ist mehr gelungen, als den meisten Frauen gelingt«, sagte er, und er hob sein Gesicht vom Kopf des Schwans und legte seine Hand auf meinen Arm. »Fünfzehn Jahre sind wir verheiratet, und . . .«

»Eine großartige Ehe«, sagte ich.

»Glänzend«, sagte er, »wirklich glänzend.« Er nahm seine Hand von meinem Arm weg, legte beide Hände auf den Kopf des Schwans, sein Gesicht darüber und sah mich von unten müde an. »Ich bin sicher, daß ihr ohne mich glücklicher seid.«

»Das ist nicht wahr«, sagte ich, »wenn du wüßtest.«

»Wenn ich was wüßte?«

»Fred«, sagte ich, »jeden Tag fragen die Kinder zehnmal nach dir, und ich liege jede Nacht da, fast jede Nacht, und weine.«

»Du weinst?« sagte er, und er hob sein Gesicht wieder, sah mich an, und es tat mir leid, daß ich es ihm gesagt hatte. »Ich sage es dir nicht, um dir zu sagen, daß ich weine, sondern damit du weißt, wie sehr du dich täuschst.«

Die Sonne fiel plötzlich durch den Spalt, saugte sich in den ganzen runden Raum, grünlich gefiltert, und ihr sehr goldenes Licht ließ die Figuren des Karussells sichtbar werden: grinsende Pferde, grüne Drachen, Schwäne, Ponys, und ich sah hinter uns eine mit rotem Samt ausgelegte Hochzeitskutsche, die von zwei Schimmeln gezogen wurde.

»Komm her«, sagte ich zu Fred, »dort sitzen wir bequemer.«

Er kletterte von seinem Schwan herunter, half mir von meinem Schaukelpferd, und wir setzten uns nebeneinander in den weichen Samt der Kutsche. Die Sonne war wieder weg, grau umgaben uns die Schatten der Tiere.

»Du weinst«, sagte Fred, er sah mich an, wollte seinen Arm um mich legen, zog ihn aber wieder zurück. »Weinst du, weil ich weg bin?«

»Auch deswegen«, sagte ich leise, »aber nicht nur deswegen. Du weißt, daß es mir lieber ist, wenn du bei uns bist. Aber ich verstehe auch, daß du es nicht aushältst – und manchmal ist es gut, daß du nicht da bist. Ich hatte Angst vor dir, Angst vor deinem Gesicht, wenn du die Kinder schlugst, ich hatte Angst vor deiner Stimme, und ich möchte nicht, daß du so zurückkommst und alles weitergeht, wie es war, bevor du gingst. Lieber liege ich im Bett und weine, als zu wissen, daß du die Kinder schlägst, einzig und allein, weil wir kein Geld haben. Das ist doch der Grund, nicht wahr, du schlägst die Kinder, weil wir arm sind?«

»Ja«, sagte er, »die Armut hat mich krank gemacht.«

»Ja«, sagte ich, »deshalb ist es besser, du bleibst weg – wenn nicht alles anders wird. Laß mich nur weinen. In einem Jahr bin ich so weit, vielleicht so weit, daß auch ich die Kinder schlage – daß ich bin wie eins von diesen armen Weibern, deren Anblick mich in meiner Jugend erschreckt hat: heiser und arm, hingerissen von der wilden Schrecknis des Lebens, in den Klüften dreckiger Mietskasernen, die Kinder entweder schlagend oder mit Süßigkeiten fütternd, abends sich öffnend der Umarmung eines armseligen Trunkenboldes, der den Geruch von Würstchenbuden mit nach Hause bringt, in seiner Rocktasche zwei zerdrückte Zigaretten mitbringt, die sie rauchen, miteinander rauchen im Dunkeln, wenn die Umarmung vorüber ist. Oh, ich habe sie verachtet, diese Frauen – Gott möge mich dafür strafen –, gib mir noch eine Zigarette, Fred.« Er zog sehr schnell die Packung aus der Tasche, hielt sie mir hin, nahm auch sich eine, und als das Streichholz aufflammte, sah ich im grünlichen Dämmer des Karussells sein armes Gesicht.

»Sprich weiter«, sagte er, »bitte sprich.«

»Vielleicht weine ich auch, weil ich schwanger bin.«

»Du bist schwanger?«

»Vielleicht«, sagte ich, »du weißt, wie ich bin, wenn ich

schwanger bin. Noch glaube ich nicht, daß ich es bin. Sonst
wäre mir schlecht geworden auf dem Karussell. Jeden Tag
bete ich, daß ich nicht schwanger bin. Oder möchtest du noch
ein Kind?«

»Nein, nein«, sagte er hastig.

»Aber wenn es kommt, hast du es gezeugt, ach, Fred«, sagte
ich, »es ist nicht schön, das zu hören.« Es tat mir leid, daß ich
das sagte. Er sagte nichts, sah mich an, lag rauchend
zurückgelehnt in der Kutsche, und sagte nur: »Sprich, bitte
sprich. Sag jetzt alles.«

»Ich weine auch, weil die Kinder so ruhig sind. Sie sind so
still, Fred. Ich habe Angst vor der Selbstverständlichkeit, mit
der sie in die Schule gehen, sie ernst nehmen, und mich
erschreckt die Sorgfalt, mit der sie ihre Schulaufgaben
machen. Das ganze törichte Geschwätz, das Schulkinder
führen über ihre Klassenarbeiten, fast dieselben .Worte, wie
ich sie selbst brauchte, als ich so alt war wie sie. Es ist so
schrecklich, Fred. Die Freude aus ihren Gesichtern, wenn sie
den schmalen Braten riechen, der in meinem Topf schmort,
diese ruhige Art, wie sie morgens ihren Ranzen packen, auf
die Schulter nehmen, die Brote in der Tasche. Sie gehen zur
Schule. Ich schleiche mich oft in den Flur, Fred, bleibe am
Fenster stehen und sehe ihnen nach, solange ich sie sehen
kann: ihre schmalen Rücken, ein wenig hohl von der Last der
Bücher, so ziehn sie dahin, nebeneinander bis zur Ecke, wo
Clemens abschwenkt, und ich sehe Carla noch länger, wie sie
in die graue Mozartstraße hineinbummelt, mit deinem Gang,
Fred, die Hände in den Manteltaschen, nachsinnend wohl
über ein Strickmuster oder das Todesjahr Karls des Großen.*
Es macht mich weinen, weil ihr Eifer mich an den Eifer von
Kindern erinnert, die ich haßte, als ich in der Schule
war – diese Kinder gleichen den Jesuskindern so sehr, die
man auf Bildern der Heiligen Familie neben der Hobelbank
des heiligen Josef spielen sieht, sanfte, lockige Geschöpfe, elf
oder zehn Jahre alt, die gelangweilt langlockige Hobelspäne
durch die Hände gleiten lassen. Hobelspäne, die genau ihren
Locken gleichen.«

»Unsere Kinder«, sagte er leise, »gleichen den Jesuskindern auf den Bildern der Heiligen Familie?«

Ich sah ihn an. »Nein«, sagte ich, »nein – aber wenn ich sie so dahinschlendern sehe, haben sie etwas von dieser verzweifelt sinnlosen Demut, die mir Tränen des Trotzes und der Angst in die Augen treibt.«

»Mein Gott«, sagte er, »aber das ist doch Unsinn – ich glaube, du beneidest sie einfach, weil sie Kinder sind.«

»Nein, nein, Fred«, sagte ich, «ich habe Angst, weil ich sie vor nichts bewahren kann, nicht vor der Hartherzigkeit der Menschen, vor der Hartherzigkeit von Frau Franke, die zwar jeden Morgen den Leib Christi empfängt,* aber jedesmal, wenn eins der Kinder das Klo benutzt hat, aus ihrem Arbeitszimmer gelaufen kommt, die Sauberkeit des Klos kontrolliert und im Flur zu keifen beginnt, wenn ein einziger Wasserspritzer ihre Tapete getroffen hat. Ich habe Angst vor den Wassertropfen – wenn ich die Kinder abziehen höre im Klo, bricht mir der Schweiß aus –, ich kanns nicht genau sagen, vielleicht weißt du, was mich so traurig macht.«

»Es macht dich traurig, daß wir arm sind. Es ist ganz einfach. Und ich kann dir keinen Trost geben: Es gibt kein Entrinnen daraus. Ich kann dir nicht versprechen, daß wir einmal mehr Geld haben werden oder so. Oh, du würdest dich wundern, wie schön es ist, in einem sauberen Haus zu wohnen, überhaupt keine Geldsorgen zu haben . . . du würdest dich wundern.«

»Ich entsinne mich sogar noch«, sagte ich, »bei uns zu Hause war immer alles sauber, immer wurde die Miete pünktlich bezahlt und Geld – nun –, auch wir, Fred, du weißt doch . . .«

»Ich weiß«, sagte er schnell, »aber ich habe nicht viel Gefühl für Vergangenes. Mein Gedächtnis besteht aus Löchern, großen Löchern, die durch ein zartes, sehr zartes Geflecht wie aus dünnem Draht zusammengehalten werden. Ich weiß natürlich – wir hatten einmal eine Wohnung, ein Bad sogar, Geld, alles zu bezahlen –, was war ich damals?«

»Fred«, sagte ich, »du weißt nicht mehr, was du damals warst?«

»Wirklich«, sagte er, »es fällt mir nicht mehr ein . . .« Er legte seinen Arm um mich.

»Du warst in einer Tapetenfabrik.«

»Natürlich«, sagte er, »meine Kleider rochen nach Kleister, und ich brachte Clemens mißglückte Kataloge mit, die er in seinem Bettchen zerriß. Ich weiß jetzt, aber das kann nicht lange gewesen sein.«

»Zwei Jahre«, sagte ich, »bis der Krieg kam.«

»Natürlich«, sagte er, »dann kam der Krieg. Vielleicht hättest du besser doch einen tüchtigen Mann geheiratet, so einen richtig fleißigen Burschen, der auch etwas auf Bildung hielt.«

»Sei still«, sagte ich.

»Ihr hättet abends in schönen Büchern zusammen gelesen, wie du es doch so gerne tust – die Kinder hätten in stilvollen Möbeln geschlafen – eine Nofretete* an der Wand, und den Isenheimer Altar,* auf Holz aufgeklebt, und die Sonnenblumen van Goghs,* ein gepflegter Druck natürlich, über dem Ehebett neben einer Beuroner Madonna,* und eine Blockflöte in einem roten, derben, aber sehr geschmackvollen Futteral, wie? Oh, diese Scheiße – es hat mich immer gelangweilt, geschmackvolle Wohnungen langweilen mich, ohne daß ich weiß, warum. Was willst du eigentlich?« fragte er plötzlich. Ich sah ihn an, und zum erstenmal, seit ich ihn kenne, hatte ich den Eindruck, daß er zornig war. »Ich weiß nicht, was ich will«, sagte ich und knallte die Zigarette auf den Holzboden neben der Kutsche, trat sie aus, »ich weiß nicht, was ich will, aber ich habe nichts von Nofretete gesagt, nichts von Isenheimer Altar, obwohl ich gar nichts dagegen habe, ich habe nichts von tüchtigen Männern gesagt, weil ich tüchtige Männer hasse, ich kann mir nichts Langweiligeres denken als tüchtige Männer, sie stinken meist nach Tüchtigkeit aus dem Hals. Aber ich möchte einmal wissen, was du überhaupt ernst nimmst. Nichts nimmst du ernst, was andere Männer ernst nehmen, und es gibt ein paar Sachen, die nimmst du ernster als alle anderen. Einen Beruf hast du nicht – Medikamentenhändler, Photograph, dann warst du in einer Bibliothek – es war ein Jammer, dich in einer Bibliothek zu sehen, weil du ein Buch nicht einmal richtig anfassen kannst – dann Tapetenfabrik, Expedient, nicht wahr, und das Telefonieren hast du im Krieg gelernt.«

»Oh, hör vom Krieg auf«, sagte er, »es langweilt mich.«

»Gut«, sagte ich, »dein ganzes Leben, unser ganzes Leben, solange ich bei dir bin, hat sich an Würstchenbuden, an Gulaschbuden, in dreckigen Kneipen, fünftklassigen Hotels abgespielt, auf Rummelplätzen, und in dieser schmutzigen Bude, in der wir seit acht Jahren hausen.«

»Und in Kirchen«, sagte er.

»In Kirchen, gut«, sagte ich.

»Vergiß die Friedhöfe nicht.«

»Ich vergesse die Friedhöfe nicht, aber niemals, auch wenn wir auf Reisen waren, hast du dich für Kultur interessiert.«

»Kultur«, sagte er, »wenn du mir sagen kannst, was das ist – nein, ich interessiere mich nicht dafür. Ich interessiere mich für Gott, für Friedhöfe, für dich, für Würstchenbuden, Rummelplätze und fünftklassige Hotels.«

»Vergiß den Schnaps nicht«, sagte ich.

»Nein, ich vergesse den Schnaps nicht, ich tue das Kino dazu, schenke es dir sozusagen, und die Spielautomaten.«

»Und die Kinder«, sagte ich.

»Ja, die Kinder. Ich liebe sie sehr, mehr vielleicht, als du ahnst, wirklich, ich liebe sie sehr. Aber ich bin fast vierundvierzig Jahre alt, und ich kann dir nicht sagen, wie müde ich bin – denk doch einmal nach«, sagte er, blickte mich plötzlich an und fragte:

»Ist dir kalt, sollen wir gehen?«

»Nein, nein«, sagte ich, »sprich, bitte sprich.«

»Ach, laß«, sagte er, »wir wollen aufhören. Wozu alles – wir wollen uns nicht streiten, du kennst mich doch, mußt mich ja kennen und weißt, daß ich ein Reinfall bin, und in meinem Alter ändert sich niemand mehr. Niemand ändert sich je. Das einzige, was für mich spricht, ist, daß ich dich liebe.«

»Ja«, sagte ich, »es ist nichts Besonderes mit dir los.«*

»Sollen wir jetzt gehen?« fragte er.

»Nein«, sagte ich, »laß uns noch etwas hierbleiben. Oder ist dir kalt?«

»Nein«, sagte er, »aber ich möchte mit dir ins Hotel gehen.«

»Gleich«, sagte ich, »erst mußt du mir noch einiges sagen. Oder willst du nicht?«

»Frag nur«, sagte er.

Ich legte meinen Kopf an seine Brust, schwieg, und wir lauschten beide den Klängen der Orchestrions, den Schreien der Karusselfahrer und den heiseren, kurzen Rufen der Schockfreier.

»Fred«, sagte ich, »ißt du eigentlich ordentlich? Mach mal den Mund auf.« Ich drehte meinen Kopf, er öffnete den Mund, ich sah das rote, entzündete Zahnfleisch, faßte seine Zähne an und spürte, wie locker sie waren. »Paradentose«,* sagte ich, »spätestens in einem Jahr hast du ein Gebiß.«

»Glaubst du wirklich?« fragte er ängstlich, er strich mir übers Haar und setzte hinzu: «Wir haben die Kinder vergessen.« Wir schwiegen wieder, lauschten dem Lärm, der von draußen kam, und ich sagte: »Laß sie nur, ich habe keine Angst wegen der Kinder, eben hatte ich Angst – laß sie ruhig mit diesen jungen Leuten spazierengehen. Es wird ihnen nichts geschehen, Fred«, sagte ich leiser, und ich legte meinen Kopf an seiner Brust zurecht, »wo wohnst du eigentlich?«

»Bei den Blocks«, sagte er, »in der Escherstraße.«

»Blocks«, sagte ich, »kenne ich nicht.«

»Du kennst Blocks nicht«, sagte er, »die unten bei Vater im Haus wohnten, die das Papiergeschäft hatten?«

»Die«, sagte ich, »er hatte so komische blonde Locken und rauchte nicht. Bei denen wohnst du?«

»Seit einem Monat. Ich traf ihn in einer Kneipe, und er nahm mich mit, als ich betrunken war. Seitdem wohne ich bei ihnen.«

»Haben sie Platz genug?«

Er schwieg. Die Schaubude neben uns wurde jetzt eröffnet, jemand schlug mehrmals heftig auf ein Triangel, und durch einen Trichter schrie eine heisere Stimme: »Achtung, Achtung, etwas für die Herren.«

»Fred«, sagte ich, »hast du mich nicht gehört?«

»Ich habe dich gehört. Die Blocks haben Platz genug. Sie haben dreizehn Zimmer.«

»Dreizehn Zimmer?«

»Ja«, sagte er, »der alte Block ist Wächter in diesem Haus, das schon seit drei Monaten leer steht, es gehört irgendeinem Engländer, ich glaube, Stripper heißt er, er ist General oder Gangster oder beides, vielleicht ist er auch was anderes, ich weiß es nicht, er ist seit drei Monaten verreist, und die Blocks müssen aufpassen auf das Haus. Sie müssen den Rasen pflegen, damit er auch im Winter schön zünftig ist: Jeden Tag geht der alte Block mit irgendwelchen Rollen und Rasenschneidern durch den großen Garten, und alle drei Tage kommt so ein Ballen Kunstdünger an: Es ist eine herrliche Sache, sage ich dir – eine Menge Badezimmer und so, ich glaube, vier, und manchmal darf ich auch baden. Es gibt eine Bibliothek, in der sogar Bücher sind, eine Menge Bücher, und wenn ich auch von Kultur nichts verstehe, von Büchern verstehe ich was, es sind gute Bücher, herrliche Bücher und sehr viele Bücher – auch ein Damensalon – oder ich weiß nicht, wie man's nennt – dann ein Rauchzimmer, ein Eßzimmer, ein Zimmer für den Hund, oben zwei Schlafzimmer, eins für den Gangster oder was er ist, eins für seine Frau, drei für Fremde. – Natürlich haben sie auch eine Küche, ein, zwei, und . . .«

»Hör auf, Fred«, sagte ich, »bitte hör auf.«

»Oh, nein«, sagte er, »ich höre nicht auf. Ich habe dir nie davon erzählt, Liebste, weil ich dich nicht quälen wollte, ich wollte es nicht, aber es ist besser, du hörst mich jetzt zu Ende an. Ich muß über das Haus sprechen, ich träume davon, ich saufe, um es zu vergessen, aber auch, wenn ich besoffen bin, vergesse ich es nicht: Wieviel Räume habe ich aufgezählt, acht oder neun – ich weiß es nicht. Dreizehn sind es – du müßtest nur das Zimmer für den Hund sehen. Es ist etwas größer als unseres, aber nur ein bißchen, ich will nicht ungerecht sein, es mag zwei Quadratmeter* größer sein, mehr bestimmt nicht, wir wollen gerecht bleiben, es geht

nichts über Gerechtigkeit. Wir wollen das Wort
Gerechtigkeit auf unsere bescheidene Fahne schreiben, nicht
wahr, mein liebes Herz?«

»Oh, Fred«, sagte ich, »du willst mich doch quälen.«

»Ich dich quälen, ach, du verstehst mich nicht. Nicht im
Traum will ich dich quälen, aber ich muß über das Haus
sprechen – wirklich. Die Hundehütte ist eine Pagode, so
groß, wie sonst die Büfetts in diesen kulturell hochstehenden
Wohnungen sind. Außer den vier Bädern gibt es noch ein
paar Brausekabinen, die habe ich nicht mitgezählt: Ich will
gerecht sein, ich will mich an Gerechtigkeit besaufen. Ich
werde niemals eine Badekabine als Raum rechnen, das wäre
unfair, und wir wollen Fairneß neben Gerechtigkeit auf
unsere bescheidene Fahne schreiben. Das ist alles nicht das
Schlimmste, Herz – aber das Haus steht leer –, oh, wie
herrlich sind die großen Rasenplätze hinter den großen
Villen, wenn nur ein Kind darauf spielen darf – oder nur ein
Hund. Wir wollen unseren Hunden große Rasenplätze
anlegen, Liebste. Aber dieses Haus ist leer, dieser Rasen wird
nie benutzt, wenn ich mir erlauben darf, dieses schmutzige
Wort hier anzuwenden. Schlafzimmer: leer. Gästezimmer:
leer – unten alles leer. Unterm Dach sind noch drei Zimmer,
eins für die Wirtschafterin, eins für die Köchin, eins für den
Diener, und die gute Frau hat sich schon beklagt, weil das
Dienstmädchen ja auch ein Zimmer haben muß, und es muß
jetzt im Gästezimmer schlafen. Wir wollen daran denken,
Liebste, wenn wir unser Haus bauen, auf dem wir die Fahne
der Fairneß und der Gerechtigkeit hissen wollen . . .«

»Fred«, sagte ich, »ich kann nicht mehr.«

»Du kannst noch, du hast fünf Kinder geboren, und du
kannst noch. Ich muß jetzt zu Ende sprechen. Ich kann nicht
aufhören, du kannst weggehen, wenn du willst, obwohl ich
gerne mit dir zusammen gewesen wäre, diese Nacht, aber
wenn du mir nicht zuhören willst, kannst du gehen. Ich
wohne seit einem Monat in diesem Haus, und ich muß einmal
mit dir darüber sprechen, gerade mit dir, der ich es so gerne
erspart hätte. Ich wollte dich schonen, mein Herz, aber du

hast mich gefragt und mußt die ganze Antwort jetzt hören. Die gute Frau hat wirklich eine Art Selbstmordversuch gemacht, weil ihr dies Zimmer für das Dienstmädchen fehlt. Du kannst dir denken, eine wie sensible Person das ist und welche Sorgen ihr Herz bedrücken. Aber jetzt sind sie verreist, seit drei Monaten sind sie verreist, sie sind meistens so an die neun Monate im Jahr verreist – der alte Gangster oder was weiß ich, der da wohnt, ist nämlich Danteforscher,* einer der wenigen zünftigen Danteforscher, die es noch gibt. Einer der wenigen ernstzunehmenden, genau wie unser Bischof, was dir als gebildeter Christin hoffentlich bekannt ist. Neun Monate im Jahr ist das Haus leer, während der Zeit bewacht der alte Block den Rasen und pflegt ihn, das muß ja wohl sein, es gibt nichts Herrlicheres als so einen gepflegten Rasen. Das Hundezimmer darf nicht gebohnert werden. Und keine Kinder dürfen ins Haus.«

»Achtung, Achtung«, schrie die heisere Stimme nebenan, »etwas für unsere Herren: Manuela, das süßeste Geschöpf unter der Sonne.«

»Fred«, sagte ich leise, »warum dürfen keine Kinder ins Haus?«

»Es dürfen keine Kinder ins Haus, weil die Frau sie nicht mag. Sie kann Kinder nicht riechen, und sie riecht es, wenn welche da waren, riecht es nach dreiviertel Jahren noch. Blocks Vorgänger war ein Invalide, der einmal seine beiden Enkel dort spielen ließ: im Keller natürlich, wie es sich gehört, nicht etwa auf dem Rasen. Der Mann ließ sie im Keller spielen, und als die Frau wiederkam, bekam sie es heraus, und er flog. Deshalb ist Block vorsichtig geworden. Ich fragte ihn nämlich mal, ob meine Kinder mich mal besuchen könnten: Er wurde kreidebleich. Ich darf da wohnen, weil ich angeblich helfe, den Rasen zu pflegen, weil ich die Heizung in Schuß halte. Ich habe eine kleine Kammer unten in der Diele, es ist eigentlich eine Garderobe: Wenn ich morgens wach werde, blicke ich auf einen alten Niederländer* – sanfte alte Farben: irgendeine Kneipe. Ich wollte schon mal eins klauen, in der Bibliothek hängen noch mehr – aber sie kriegen es ja sofort heraus, es wäre auch nicht fair gegen Block.

»Manuela singt von der Liebe«, rief die Stimme nebenan.

»Block meint sogar, daß die Frau schwul ist.«

»Ach, Fred, willst du nicht aufhören, wollen wir nicht ins Hotel gehen?«

»Nur noch eine Minute«, sagte er, »eine Minute mußt du mir zuhören, dann bin ich am Ende, und du weißt, wo ich wohne, wie ich wohne. Manchmal kommt der Bischof abends herein. Er ist der einzige, der Zutritt zum Haus hat, die ganze Dante-Literatur steht ihm zur Verfügung. Block hat den Auftrag, es ihm gemütlich zu machen, warm, die Vorhänge zuzuziehen, und ich habe ihn schon ein paarmal gesehen, den Bischof: stille Freude auf dem Gesicht, ein Buch in der Hand, die Teekanne neben sich. Notizblock und Bleistift. Sein Fahrer sitzt dann bei uns unten im Keller, raucht die Pfeife, geht hin und wieder nach draußen, um nach dem Wagen zu sehen. Wenn er gehen will, klingelt der Bischof, der Fahrer springt auf, auch Block geht nach draußen, läßt sich mit >Guter Mann< anreden, bekommt sein Trinkgeld. Das ist alles«, sagte Fred, »jetzt können wir gehen, wenn du willst. Willst du gehen?«

Ich schüttelte den Kopf, weil ich nicht sprechen konnte: Die Tränen saßen mir im Hals.* Ich war so müde, und immer noch schien draußen die Sonne, und alles, was Fred gesagt hatte, kam mir so falsch vor, weil ich den Haß in seiner Stimme spürte. Und nebenan rief die Stimme ins Megaphon: »Noch ist es Zeit, meine Herren, Manuela zu sehen, sie zu hören, die Süße, die Ihnen das Herz brechen wird.«

Wir hörten, daß jemand auf der anderen Seite ins Karussell kletterte. Fred blickte mich an: Eine Tür im Mittelstück wurde geöffnet, zugeschlagen, Licht wurde angeknipst, und plötzlich fing das Orchestrion im Bauch des Karussells an zu spielen. Es wurde hell, weil jemand, den wir nicht sehen konnten, angefangen hatte, die Zeltbahn aufzurollen, und im Mittelstück öffnete sich ein Fenster, ein blasser Mann mit sehr langem Gesicht blickte uns an und sagte: »Wollen die Herrschaften mitfahren? Die erste Fahrt ist natürlich umsonst.« Er nahm die Mütze vom Kopf, blondes Haar fiel ihm in die Stirn, er kratzte sich, setzte die Mütze wieder auf und sah mich ruhig an, sein Gesicht war traurig, obwohl er lächelte, dann sah er Fred an und sagte: »Nein, ich glaube, das ist nichts für Ihre Frau.« – »Meinen Sie«, sagte Fred.

»Nein, das ist nichts«, er versuchte, mir zuzulächeln, aber es mißlang ihm, und er zuckte die Schultern. Fred sah mich an. Der Mann klappte das Fenster zu, kam um das Orchestrion herum auf uns zu, blieb nahe bei uns stehen: Er war groß, die Ärmel seiner Jacke waren zu kurz, und seine hageren, muskulösen Arme waren ganz weiß. Er sah mich sehr genau an und sagte: »Ich bin sicher – nein, das ist nichts für Ihre Frau. Aber ich kann warten, wenn Sie noch ein wenig ruhen wollen.«

»Oh, nein«, sagte ich, »wir müssen weg.«

Inzwischen waren die Zeltbahnen aufgerollt worden, ein paar Kinder kletterten auf die Pferde, auf die Schwäne. Wir standen auf und stiegen ab. Der Mann nahm die Mütze ab, winkte uns noch einmal zu und rief: »Alles Gute dann, alles Gute.«

»Danke«, rief ich zurück. Fred sagte kein Wort. Wir gingen langsam über den Rummelplatz, blickten uns nicht mehr um. Fred drückte meinen Arm fester, führte mich bis zur Mommsenstraße, und wir gingen langsam durch die Trümmerfelder, an der Kathedrale vorbei, aufs Hotel zu. Es war noch still in den Straßen um den Bahnhof herum, und die Sonne schien noch, ihr helles Licht machte den Staub sichtbar, der über dem Unkraut in den Trümmern lag.

Sehr plötzlich kam der Rhythmus des Karussells in mir hoch, und ich spürte, daß mir schlecht wurde.

»Fred«, flüsterte ich, »ich muß mich legen oder setzen.«

Ich sah, daß er erschrak. Er legte den Arm um mich, führte mich in ein Trümmergrundstück hinein: ausgebrannte Mauern umgaben uns, hohe Mauern: »Röntgensaal* links« stand irgendwo. Fred führte mich durch eine Türöffnung, drückte mich auf einen Mauerrest, und ich sah teilnahmslos zu, wie er seinen Mantel auszog. Dann drückte er mich nach hinten, bettete meinen Kopf auf seinen zusammengepackten Mantel. Unter mir war es glatt und kühl: ich tastete mit den Händen den Rand des Mauerblocks ab, spürte die Fliesen und flüsterte: »Ich hätte nicht Karussell fahren dürfen, aber ich tue es so gern. Ich fahre so gerne Karussell.«

»Soll ich dir etwas holen?« fragte Fred leise, »Kaffee vielleicht, es ist nicht weit zum Bahnhof.«

»Nein«, sagte ich, »bleib nur bei mir. Gleich kann ich sicher ins Hotel gehen. Bleib nur bei mir, Fred.«

»Ja«, sagte er, und legte die Hand auf meine Stirn.

Ich blickte auf die grünliche Wand, in der der rote Tonfleck einer zerschlagenen Statue zu sehen war, und ein Spruch, den ich nicht mehr entziffern konnte, denn nun drehte ich mich, langsam erst, im Kreise, und meine Füße bildeten den festen Punkt inmitten des Kreises, den mein Körper nun immer schneller beschrieb. Es war wie im Zirkus ungefähr, wo die schlanke Schöne von einem kräftigen Gladiator an den Füßen gepackt und rundgeschleudert* wird.

Zuerst erkannte ich noch die grünliche Wand mit dem roten Tonfleck der Statue, auf der anderen Seite das weiße Licht im Fensterausschnitt, grün-weiß schob es sich abwechselnd vor meine Augen, aber die Grenzen verwischten sich schnell, die Farben gingen ineinander über, ein sehr helles Grünweiß rotierte vor mir, ich vor ihm, ich wußte es nicht, bis in der rasenden Schnelligkeit die Farben zusammenflossen und ich mich parallel zum Erdboden in einem fast farblosen Geflimmer drehte. Erst als die Bewegung sich verlangsamte, merkte ich, daß ich auf der Stelle lag, nur mein Kopf, mein Kopf schien sich zu drehen, manchmal schien er seitlich zu meinem Körper zu liegen, ohne Verbindung mit ihm, dann zu meinen Füßen und nur für Augenblicke da, wo er hingehörte, oben an den Hals angesetzt.

Mein Kopf schien um meinen Körper herumzurollen, aber auch das konnte nicht wahr sein, ich fühlte mit den Händen nach meinem Kinn, spürte sie, die knochige Erhöhung: Auch in den Augenblicken, in denen mein Kopf zu meinen Füßen zu liegen schien, spürte ich mein Kinn. Vielleicht waren es nur die Augen, die sich drehten, ich wußte es nicht, wirklich war nur die Übelkeit, eine scharfe Säure, die mir im Hals hochstieg wie in einem Barometer, immer wieder zurückfiel, um langsam zu steigen. Es nützte auch nichts, die Augen zu schließen: Wenn ich die Augen schloß, drehte sich nicht nur der Kopf, dann spürte ich, wie sich Brust und Beine dem verrückten Kreisen anschlossen, sie alle bildeten ihre Kreise, ein wahnsinniges Ballett, das die Übelkeit noch heftiger werden ließ.

Wenn ich aber die Augen offen ließ, konnte ich erkennen, daß der Wandsektor immer der gleiche blieb: ein Stück grünlich gefärbter Mauer mit einer schokoladenfarbenen Borte oben, und dunkelbraun in das helle Grün hineingemalt ein Spruch, den ich nicht entziffern konnte. Die Buchstaben schrumpften manchmal zusammen wie die mikroskopischen Schriften auf den Tafeln der Augenärzte, schwollen dann an, widerliche, dunkelbraune Würste, die so schnell in die Breite gingen, daß sie ihrem Sinn, ihrer Form nach nicht mehr zu fassen waren, sie platzten, verschwammen braun an der Wand, entzogen sich der Lesbarkeit,* schrumpften im nächsten Augenblick wieder ein, winzig, wie Fliegendreck – aber sie blieben.

Der Motor, der mich rundtrieb, war die Übelkeit – sie war der Angelpunkt dieses Karussells, und ich erschrak, als ich plötzlich erkannte, daß ich ganz gerade lag, am gleichen Fleck wie vorher, ohne auch nur einen Zentimeter verrückt zu sein. Ich erkannte es, als die Übelkeit für einen Augenblick nachließ: Alles war ruhig, alles gehörte wieder zusammen – ich sah meine Brust, das schmutzigbraune Leder meiner Schuhe, und mein Blick fiel auf die Schrift an der Wand, die ich nun lesen konnte: Dein Arzt wird Dir helfen, wenn GOTT ihm hilft.

Ich schloß die Augen, das Wort GOTT blieb bei mir, erst schien es Schrift zu sein, vier dunkelbraune große

Buchstaben, die hinter meinen geschlossenen Lidern standen, dann sah ich die Schrift nicht mehr, und es blieb bei mir als Wort, sank in mich hinein, schien immer tiefer zu fallen, fand keinen Boden und stand plötzlich wieder oben bei mir, nicht Schrift, sondern Wort: GOTT.

GOTT schien der einzige zu sein, der bei mir blieb in dieser Übelkeit, die mein Herz überschwemmte, meine Adern füllte, rundkreiste in mir wie mein Blut – kalten Schweiß spürte ich und eine tödliche Angst – Augenblicke lang hatte ich an Fred gedacht, an die Kinder, hatte das Gesicht meiner Mutter gesehen, die Kleinen, so wie ich sie im Spiegel sehe – aber sie schwammen alle weg in dieser Flut der Übelkeit –, Gleichgültigkeit gegen sie alle erfüllte mich, und es blieb nichts bei mir als das Wort GOTT.

Ich weinte, sah nichts mehr als dieses einzige Wort, heiß und schnell tropfte es aus den Augen über mein Gesicht, und aus der Art, wie die Tränen fielen, ohne daß ich sie unten am Kinn oder am Hals spürte, merkte ich, daß ich jetzt auf der Seite lag – und noch einmal raste ich rund, schneller als eben – lag dann ganz plötzlich still, und ich beugte mich über den Rand des Mauerrestes und erbrach in das staubige, grüne Unkraut . . .

Fred hielt mir die Stirn, wie er sie mir so oft gehalten hat. »Ist dir besser?« fragte er leise.

»Ja, mir ist besser«, sagte ich. Er wischte mir vorsichtig mit seinem Taschentuch den Mund. »Ich bin nur so müde.«

»Du kannst jetzt schlafen«, sagte Fred, »es sind nur ein paar Schritte zum Hotel.«

»Ja, schlafen«, sagte ich.

11

Die gelbliche Farbe ihres Gesichts war dunkler durchgeschlagen, machte ihre Haut fast bräunlich; auch das Weiße ihrer Augen war heftig angefärbt. Ich goß ihr Sprudel ein, sie trank das Glas leer, nahm meine Hand und legte sie sich auf die Stirn.

»Soll ich einen Arzt holen?« fragte ich.

»Nein«, sagte sie, »es ist jetzt gut. Es war das Kind. Es wehrte sich gegen die Flüche, die wir ihm schenkten, gegen die Armut, die es erwartet.«

»Wehrte sich«, sagte ich leise, »dagegen, der zukünftige Kunde eines Drogisten zu sein und ein geliebter Diözesan.* Aber ich will es lieben.«

»Vielleicht«, sagte sie, »wird es ein Bischof, gar kein Diözesan, vielleicht ein Danteforscher.«

»Ach, Käte, mach keine Witze.«

»Es ist kein Witz. Weißt du denn, was aus deinen Kindern wird? Vielleicht werden sie ein hartes Herz haben, werden ihren Hunden Pagoden bauen und den Geruch von Kindern nicht mögen. Vielleicht ist die Frau, die Kinder nicht riechen kann, eins von fünfzehn, die in weniger Raum wohnten, als ihr Hund hat. Vielleicht ist sie . . . « Käte brach ab, draußen ging ein heftiges Geknatter los: Es knallte und krachte wie von Explosionen. Ich lief zum Fenster, riß es auf. Die Geräusche enthielten den ganzen Krieg: Brummen von Flugzeugen, Gebell von Explosionen; der Himmel war schon dunkelgrau, jetzt war er mit schneeweißen Fallschirmen bedeckt, an denen eine große, rote flatternde Fahne langsam nach unten sank: »Gummi Griss – schützt dich vor den Folgen!«* war darauf zu lesen. An den Türmen der Kathedrale vorbei, auf das Dach des Bahnhofs, in die Straßen segelten sie langsam hinunter, die Fahnen, und an manchen Stellen konnte ich den Jubel von Kindern hören, in deren Hände eine Fahne, ein Fallschirm geraten war.

»Was ist los?« fragte Käte vom Bett her.

»Oh, nichts«, sagte ich, »ein Reklamescherz.«

Nun aber kam ein ganzes Geschwader von Flugzeugen: Es brauste heran, mit tödlicher Eleganz: niedrig über den Häusern, graue Schwingen schaukelnd, und das Geräusch ihrer Motoren zielte in unser Herz und traf genau:* Ich sah, daß Käte anfing zu zittern, lief an ihr Bett und hielt ihre Hand. »Mein Gott, was ist denn?«

Wir hörten die Flugzeuge kreisen über der Stadt, dann flogen sie elegant wieder weg, ihr Surren verzog sich zu einem unsichtbaren Horizont hin, und der ganze Himmel über der Stadt war mit großen roten Vögeln bedeckt, die sehr langsam nach unten sanken: Sie bedeckten den Himmel wie eine zerfetzte Abendröte, große rote Gummivögel, die wir erst erkannten, als sie die Höhe der Häuser erreicht hatten: Es waren Störche mit geknickten Hälsen, die flatterten mit schlenkernden Beinen, grausig hingen ihre schlaffen Köpfe nach unten, als käme eine Kompanie von Gehenkten den Himmel herab: Rot segelten sie durch den grauen Abendhimmel, widerliche Wölkchen aus Gummi: stumm und häßlich. Aus den Straßen stieg der Jubel der Kinder auf. Käte drückte meine Hand. Ich beugte mich über sie und küßte sie.

»Fred«, sagte sie leise, »ich habe Schulden gemacht.«

»Das ist nicht wichtig«, sagte ich, »ich mache auch Schulden.«

»Viel?«

»Ja, viel. Jetzt pumpt mir kein Mensch mehr etwas. Es gibt nichts Schwereres, als in einer Stadt von dreinhunderttausend Einwohnern fünfzig Mark aufzutreiben. Mir bricht der Schweiß aus, wenn ich daran denke.«

»Aber du gibst doch Stunden.«

»Ja«, sagte ich, »aber ich rauche viel.«

»Trinkst du auch wieder?«

»Ja, aber nicht oft, Liebste. Seitdem ich von euch weg bin, war ich erst zweimal richtig betrunken. Ist das viel?«

»Es ist nicht viel«, sagte sie, »ich verstehe gut, wenn du trinkst. Aber vielleicht könntest du versuchen, es nicht mehr zu tun. Es ist so sinnlos. Im Krieg hast du fast gar nicht getrunken.«

»Im Krieg war es anders«, sagte ich, »im Krieg habe ich mich an Langeweile besoffen. Du glaubst gar nicht, wie du dich an Langeweile besaufen kannst, du liegst nachher im Bett, es dreht sich dir alles vor Augen. Trink mal drei Eimer lauwarmen Wassers, du bist von Wasser besoffen – wie von Langeweile. Du glaubst nicht, wie langweilig der Krieg war. Manchmal dachte ich auch an euch, ich rief dich an, sooft ich konnte, um deine Stimme zu hören. Es war sehr bitter, dich zu hören, aber diese Bitternis war besser, als von Langeweile besoffen zu sein.«

»Du hast mir nie viel vom Krieg erzählt.«

»Es lohnt sich nicht, Liebste. Stell dir vor, den ganzen Tag am Telefon, fast immer nur die Stimme von hohen Offizieren. Du kannst dir nicht vorstellen, wie albern hohe Offiziere am Telefon sind. Ihr Wortschatz ist so gering, ich schätze ihn auf einhundertzwanzig bis einhundertvierzig Worte. Das ist zu wenig für sechs Jahre Krieg. Jeden Tag acht Stunden am Telefon: Meldung – Einsatz – Einsatz – Meldung – Einsatz – letzter Blutstropfen – Befehl – Tatbericht – Rapport* – Einsatz – Allerletzter Blutstropfen – Aushalten – Führer* – nur nicht weich werden. Dann ein bißchen Klatsch: Weiber. Und stell dir erst die Kasernen vor: Fast drei Jahre lang war ich in den Kasernen Telefonist: ich möchte jahrelang Langeweile auskotzen. Und wenn ich hätte saufen

gehen wollen, wo es etwas gab: Uniformen. Ich konnte nie
Uniformen sehen, du weißt ja.«

»Ich weiß«, sagte sie.

»Einen Leutnant kannte ich, der zitierte seinem Mädchen
Rilke-Gedichte* durchs Telefon. Ich bin bald gestorben,
obwohl es mal was anderes war.* Manche sangen auch,
lehrten sich gegenseitig Lieder durchs Telefon, aber die
meisten schickten den Tod durchs Telefon – er* zappelte
durch den Draht, sie schnauzten ihn* mit ihren dünnen
Stimmen in die Muschel hinein, in das Ohr irgendeines
anderen, der dafür zu sorgen hatte, daß genügend Leute
starben. Wenn wenig Leute fielen, waren die hohen Offiziere
meistens der Meinung, das Unternehmen sei schlecht
durchgeführt worden. Nicht umsonst mißt man die Größe
einer Schlacht nach der Anzahl der Toten. Die Toten waren
nicht langweilig, Liebste, auch die Friedhöfe nicht.«

Ich legte mich neben sie aufs Bett, zog die Decke über
mich. Unten stimmten die Musiker ihre Instrumente, und aus
der Kneipe kam der Gesang eines Mannes, dunkel und schön,
und in den Gesang der Männerstimme fiel der heisere und
wilde Schrei einer Frau: Wir konnten die Worte nicht
verstehen, aber es war ein Wechselgesang von rhythmischer
Schönheit. Im Bahnhof rollten Züge ein, und die Stimme des
Ansagers kam durch den dunkler werdenden Dämmer bis zu
uns wie das sanfte Gemurmel eines Freundes.

»Du möchtest nicht mehr tanzen gehen?«

»Oh, nein«, sagte sie, »es ist so schön, einmal ruhig zu
liegen. Ich wäre froh, wenn du gleich bei Frau Baluhn anrie-
fest, ob alles in Ordnung ist. Und ich möchte noch etwas
essen, Fred. Aber erzähle mir erst noch etwas. Vielleicht
erklärst du mir, warum du mich geheiratet hast.«

»Wegen des Frühstücks«, sagte ich, »ich war auf der Suche
nach jemand, mit dem ich mein Leben lang frühstücken
konnte, da fiel meine Wahl – so nennt man es doch – auf
dich. Du bist eine großartige Frühstückspartnerin gewesen.
Und ich habe mich nie mit dir gelangweilt. Du hoffentlich
auch nicht mit mir.«

»Nein«, sagte sie, »gelangweilt habe ich mich nie mit dir.«

»Aber jetzt weinst du nachts, wenn du allein bist. Wäre es nicht besser, wenn ich wiederkäme, auch so?«

Sie sah mich an und schwieg. Ich küßte ihre Hände, ihren Hals, aber sie wandte sich ab und blickte schweigend auf die Tapete. Der Gesang in der Kneipe hatte aufgehört, aber die Tanzkapelle spielte jetzt, und wir hörten die Geräusche der Tanzenden unten im Saal. Ich zündete eine Zigarette an. Käte blickte noch immer auf die Wand und schwieg.

»Du mußt verstehen«, sagte ich leise, »ich kann dich ja nicht allein lassen, wenn du wirklich schwanger bist. Aber ich weiß nicht, ob ich die Kraft aufbringe, so sanftmütig zu werden, wie es richtig wäre. Ich liebe dich aber, ich hoffe, du zweifelst nicht daran.«

»Ich zweifle nicht daran«, sagte sie, ohne sich umzuwenden, »wirklich nicht.«

Ich wollte sie umarmen, ihre Schulter greifen, sie zu mir hindrehen, aber ich begriff plötzlich, daß ich es nicht tun durfte. »Wenn wieder so etwas passiert wie eben«, sagte ich, »kannst du ja nicht allein sein.«

»Ich möchte die Flüche nicht zählen, die mich treffen, wenn sie im Hause erfahren, daß ich schwanger bin. Du glaubst nicht, wie schrecklich es ist, schwanger zu sein. Als ich mit dem Kleinen ging, Fred, du weißt . . .«

»Ich weiß«, sagte ich, »es war schrecklich: Es war Sommer, und ich hatte keinen Pfennig Geld, keinen Groschen, um dir auch nur einen Sprudel zu kaufen.«

»Und ich war so apathisch«, sagte sie, »es machte mir Spaß, eine richtige Schlampe zu sein. Am liebsten hätte ich vor den Leuten ausgespuckt.«

»Du hast es sogar getan.«

»Stimmt«, sagte sie, »ich spuckte Frau Franke vor die Füße, als sie mich fragte, im wievielten Monat ich sei. Es ist besonders reizend, wenn dich jemand fragt, in welchem Monat du bist.«

»Deshalb haben wir auch die Wohnung nicht bekommen.«

»Nein, wir haben die Wohnung nicht bekommen, weil du säufst.«

»Meinst du wirklich?«

»Bestimmt, Fred. Einer Schwangeren verzeiht man schon was. Oh, ich war böse und schmutzig, und es machte mir Spaß, böse und schmutzig zu sein.«

»Es wäre schön, wenn du dich mir wieder zuwenden könntest, ich sehe dich so selten.«

»Ach, laß mich«, sagte sie, »es ist schön, so zu liegen. Und ich denke immer noch darüber nach, was ich dir antworten soll.«

»Du kannst dir Zeit lassen«, sagte ich, »ich hole etwas zu essen und rufe an. Willst du auch etwas trinken?«

»Ja, Bier, bitte, Fred. Und gib mir deine Zigarette.«

Sie reichte ihre Hand über die Schulter, ich gab ihr meine Zigarette und stand auf. Sie lag noch immer mit dem Gesicht zur Wand und rauchte, als ich hinausging.

Der Flur war von Lärm erfüllt, und ich hörte, wie sie unten im Saal während des Tanzens kreischten. Ich ertappte mich dabei, daß ich im Rhythmus des Tanzes die Treppe hinunterzugehen versuchte. Es brannte nur das kleine Licht ohne Lampenschirm. Draußen war es dunkel. In der Kneipe saßen nur ein paar Leute hinter den Tischen; an der Theke saß eine andere Frau. Sie war älter als die Wirtin, nahm die Brille ab, als ich näher kam, und legte die Zeitung in eine Bierpfütze. Die Zeitung saugte sich voll, wurde dunkel. Die Frau blinzelte mir zu.

»Können wir etwas zu essen haben«, fragte ich, »für Zimmer elf?«

»Aufs Zimmer?« fragte sie.

Ich nickte.

»Machen wir nicht«, sagte sie, »wir bringen nichts aufs Zimmer. Es ist Schlamperei, auf dem Zimmer zu essen.«

»Oh«, sagte ich, » das wußte ich nicht. Aber meine Frau ist krank.«

»Krank?« sagte sie, »das fehlt uns noch.* Hoffentlich nichts Schlimmes, nichts Ansteckendes.«

»Nein«, sagte ich, »es ist ihr nur schlecht, meiner Frau.«

Sie nahm die Zeitung aus der Bierpfütze, klatschte sie aus und legte sie ruhig auf die Heizung. Dann wandte sie sich mir achselzuckend zu.

»Also, was wollen Sie, Warmes gibt es erst in einer Stunde.« Sie nahm einen Teller aus dem Aufzug, der hinter ihr stand, und ging an den Glaskasten mit den kalten Speisen. Ich folgte ihr, nahm zwei Koteletts, zwei Frikadellen und fragte nach Brot.

»Brot?« fragte sie, »warum Brot? Nehmen Sie doch Salat, Kartoffelsalat!«

»Wir möchten lieber Brot«, sagte ich, »es ist wohl besser für meine Frau.«

»Mit Frauen, denen es schlecht ist, soll man nicht ins Hotel gehen«, sagte sie, aber sie ging an den Aufzug und rief in den Schacht hinein: »Brot – ein paar Scheiben Brot.« Es klang dumpf und drohend aus dem Aufzug zurück: »Brot.« Die Frau wandte sich um: »Es dauert einen Moment.«

»Ich möchte telefonieren«, sagte ich.

»Zum Arzt?«

»Nein«, sagte ich. Sie schob mir das Telefon über die Theke. Bevor ich wählte, sagte ich: »Zwei Bier bitte und jetzt einen Schnaps.« Ich wählte Frau Baluhns Nummer, hörte das Klingeln und wartete. Die Frau schob mir den Schnaps über die Theke, ging mit einem leeren Bierglas zum Hahn.

»Hallo«, sagte Frau Baluhn im Telefon, »hallo, wer ist da?«

»Bogner«, sagte ich.

»Ach, Sie.«

»Würden Sie bitte«, sagte ich, »mal . . .«

»Alles in Ordnung. Ich war gerade noch oben. Die Kinder sind sehr lustig, sie waren mit diesen jungen Leuten auf der Kirmes. Sogar Luftballons haben sie. Sind noch nicht lange zurück. Rote Störche – wunderbarer, echter Gummi, lebensgroß.«*

»Sind die Frankes schon zurück?«

»Nein, die kommen erst später, vielleicht morgen früh.«

»Also, wirklich alles gut?«

»Wirklich«, sagte sie, «Sie können ganz beruhigt sein. Grüßen Sie Ihre Frau. Ist der neue Lippenstift nicht gut?«

»Prima«, sagte ich, »also vielen Dank.«

»Macht nichts«, sagte sie, »auf Wiedersehen.«

Ich sagte: »Auf Wiedersehen«, hing ein, trank den Schnaps aus und sah zu, wie das zweite Glas Bier langsam vollief. Der Aufzug drehte sich mit einem knurrenden Geräusch, und ein Teller mit vier Schnitten Weißbrot erschien.

Ich ging zuerst mit den beiden Gläsern hinauf, stellte sie auf den Stuhl neben Kätes Bett. Sie lag immer noch da und starrte gegen die Tapete. Ich sagte: »Es ist alles in Ordnung zu Hause – unsere Kinder spielen mit diesen Klapperstörchen.«

Aber Käte nickte nur und sagte nichts.

Als ich den Teller mit den Speisen brachte, lag sie immer noch da mit dem Blick zur Wand, aber eins von den Gläsern war halb leer.

»Ich bin so durstig«, sagte sie.

»Trink nur.« Ich setzte mich neben sie aufs Bett. Sie nahm zwei saubere Tücher aus ihrer Tasche, legte sie auf den Stuhl, und wir aßen das Fleisch, das Brot von den sauberen Handtüchern und tranken Bier.

»Ich muß noch mehr essen, Fred«, sie sah mich an und lächelte, »jetzt weiß ich nicht, ob ich soviel esse, weil ich weiß, daß ich schwanger bin, oder ob ich wirklich Hunger habe.«

»Iß nur« sagte ich, »was möchtest du noch haben?«

»Noch eine Frikadelle«, sagte sie, »eine Gurke und ein Glas Bier. Nimm das Glas schon mit.« Sie leerte das Glas und gab es mir. Ich ging wieder in die Kneipe hinunter, und während die Frau an der Theke das Bierglas vollaufen ließ, trank ich noch einen Schnaps. Die Frau sah mich freundlicher an als eben, legte eine Frikadelle und eine Gurke auf einen Teller und schob ihn mir über die nasse Theke zu. Es war jetzt ganz dunkel draußen. Die Kneipe war fast leer, und aus dem Tanzsaal kam Lärm. Als ich gezahlt hatte, besaß ich noch zwei Mark.

»Gehen Sie früh, morgen?« fragte die Frau.

»Ja«, sagte ich.

»Dann zahlen Sie das Zimmer besser jetzt.«

»Ich habe schon bezahlt.«

»Ach so«, sagte sie, »aber die Gläser und Teller bringen Sie bitte noch vorher herunter. Wir haben so dumme Erfahrungen gemacht. Nicht wahr, Sie bringen sie?«

»Natürlich«, sagte ich.

Käte lag auf dem Rücken und rauchte.

»Es ist herrlich hier«, sagte sie, als ich mich neben sie setzte, »eine wundervolle Idee, wieder einmal ins Hotel zu gehen. Wir waren lange nicht mehr im Hotel. Ist es teuer?«

»Acht Mark!«

»Hast du denn noch soviel?«

»Ich habe schon gezahlt. Jetzt habe ich nur noch zwei Mark.« Sie nahm ihre Handtasche, schüttete den Inhalt auf die Bettdecke, und wir angelten den Rest des Geldes, das ich ihr auf dem Rummelplatz gegeben hatte, zwischen Zahnbürsten, Seifendosen, Lippenstift und Medaillen heraus. Es waren noch vier Mark.

»Das ist schön«, sagte ich, »damit können wir noch frühstücken gehen.«

»Ich weiß eine nette Bude«, sagte sie, »wo wir frühstücken können. Gleich hinter der Unterführung, wenn man von hier kommt, links.« ich blickte sie an.

»Es ist schön dort, ein reizendes Mädchen und ein alter Mann. Der Kaffee ist gut. Dort habe ich Schulden gemacht.«

»War der Blöde auch da?« fragte ich.

Sie nahm die Zigarette aus dem Mund und sah mich an. »Gehst du öfter hin?«

»Nein, ich war heute morgen zum erstenmal da. Sollen wir dort hingehen morgen früh?«

»Ja«, sagte sie. Sie wälzte sich wieder auf die andere Seite zum Fenster hin und drehte mir den Rücken zu. Ich wollte ihr den Teller hinüberreichen und das Bier, aber sie sagte: »Laß nur, ich esse es später.«

Ich blieb neben ihr sitzen, obwohl sie sich abgewandt hatte, und nippte an meinem Bier. Es war still im Bahnhof. Durch das Fenster sah ich hinter dem Bahnhof am Hochhaus die große lichtumrandete Kognakflasche, die dort immer am Himmel hängt: In der bauchigen Höhlung der Flasche ist der Schattenriß eines Trinkers zu sehen. Und am Giebel des Hochhauses die immer wieder wechselnde Schrift: Beleuchtete Buchstaben kamen aus dem Nichts herausgerollt. Ich las es langsam: SEI SCHLAU – weg war die Zeile –, MACH NICHT BLAU* – kam es aus der dunklen Nacht gepurzelt –, dann blieb es leer für ein paar Sekunden, und eine merkwürdige Spannung erfüllte mich – WENN DU KATER HAST kam es wieder, fiel ins Nichts zurück, und wieder blieb es einige Sekunden leer, dann plötzlich, alle Buchstaben auf einmal aufleuchtend: NIMM DOULORIN* – dreimal, viermal flammte es rot vor dem Nichts heraus: NIMM DOULORIN. Dann kam es giftgelb: VERTRAU DICH DEINEM DROGISTEN AN.

»Fred«, sagte Käte plötzlich, »ich glaube, wenn wir über das reden, was du wissen möchtest, hast du keine Chance. Deshalb möchte ich nicht darüber reden. Du mußt wissen, was du zu tun hast, aber wenn ich auch schwanger bin, ich möchte nicht, daß du nach Hause kommst, herumbrüllst, die Kinder schlägst, obwohl du weißt, daß sie unschuldig sind. Ich möchte es nicht. Es wird nicht lange dauern, dann schreien wir uns gegenseitig an. Ich möchte es nicht. Ich kann auch nicht mehr zu dir kommen.«

Sie blieb mit dem Rücken zu mir gewandt liegen, und wir starrten beide auf die Leuchtschrift oben am Giebel des Hochhauses, die jetzt immer schneller, immer plötzlicher wechselte, in allen Farben den Spruch in die Nacht schrieb: VERTRAU DICH DEINEM DROGISTEN AN!

»Hast du mich gehört?«

»Ja«, sagte ich, »ich habe dich gehört. Warum kannst du nicht mehr zu mir kommen?«

»Weil ich keine Hure bin. Ich habe nichts gegen Huren, Fred, aber ich bin keine. Es ist schrecklich, für mich, zu dir zu kommen, irgendwo im Flur eines zerstörten Hauses oder auf einem Acker mit dir zusammen zu sein und dann nach Hause zu fahren. Ich habe immer das schreckliche Gefühl, du hättest vergessen, mir fünf oder zehn Mark in die Hand zu drücken, wenn ich in die Straßenbahn steige. Ich weiß nicht, was diese Frauen dafür bekommen, wenn sie sich hingegeben haben.«

»Sie bekommen viel weniger, glaube ich.« Ich trank das Bier aus, drehte mich gegen die Wand, blickte auf das herzförmige Muster der grünlichen Tapete. »Das würde also bedeuten, daß wir uns trennen.«

»Ja«, sagte sie, »ich glaube, es ist besser. Es liegt mir nichts daran, einen Druck auf dich auszuüben – du kennst mich ja, aber ich glaube, es ist besser, wir trennen uns. Die Kinder begreifen nicht mehr – sie glauben mir wohl, wenn ich sage, daß du krank bist –, aber sie verstehen unter krank etwas anderes. Außerdem wirkt das ganze Gequatsche im Hause auf sie. Die Kinder werden groß, Fred. Es gibt so viele Mißverständnisse. Manche glauben auch, daß du eine andere Frau hast. Du hast doch keine, Fred?« Immer noch lagen wir mit dem Rücken zueinander, und es hörte sich an, als spräche sie mit einem Dritten.

»Nein«, sagte ich, »ich habe keine andere Frau, du weißt es.«

»Man weiß es nie genau«, sagte sie, »ich habe manchmal gezweifelt, weil ich nicht wußte, wo du wohnst.«

»Ich habe keine andere Frau«, sagte ich, »ich habe dich doch noch nie belogen, das weißt du.«

Sie schien nachzudenken. »Nein«, sagte sie, »ich glaube, belogen hast du mich noch nie. Ich entsinne mich jedenfalls nicht.«

»Siehst du.« Ich nahm einen Schluck von ihrem Bier, das neben mir auf dem Stuhl stand.

»Im Grunde hast du es ganz bequem«, sagte sie, »du säufst, wenn du Lust hast, gehst auf Friedhöfen spazieren, brauchst mich nur anzurufen, und ich komme, wenn du nach mir verlangst – und abends schläfst du bei diesem Danteforscher.«

»Ich schlafe gar nicht oft bei Block. Meistens schlüpfe ich irgendwo anders unter: Ich kann das Haus nicht ertragen. Es ist so groß und leer und schön, sehr geschmackvoll. Ich mag diese geschmackvollen Häuser nicht.«

Ich wandte mich um, blickte über ihren Rücken auf die Leuchtschrift oben am Giebel des Hochhauses, aber es war immer noch derselbe Spruch: VERTRAU DICH DEINEM DROGISTEN AN!

Es blieb die ganze Nacht derselbe Spruch, der immer wieder in allen Farben des Spektrums aufflammte. Wir lagen lange da, rauchten und sagten nichts. Später stand ich auf, zog die Vorhänge zu, aber auch durch die dünnen Vorhänge hindurch sahen wir den Spruch.

Ich war sehr erstaunt über Käte. Sie hatte noch nie so mit mir gesprochen. Ich ließ meine Hand auf ihrer Schulter liegen und sagte nichts. Sie blieb mit dem Rücken zu mir liegen, öffnete die Handtasche, ich hörte ein Feuerzeug klacken und sah den Rauch dort, wo sie lag, gegen die Decke steigen.

»Soll ich das Licht ausknipsen?« fragte ich.

»Ja, es ist besser.«

Ich stand auf, knipste das Licht aus und legte mich wieder neben sie. Sie hatte sich auf den Rücken gedreht, und ich erschrak, als ich mit meiner Hand ihre Schulter suchte und plötzlich in ihr Gesicht faßte, ihr Gesicht war naß von Tränen. Ich konnte nichts sagen, ich nahm meine Hand da oben weg, suchte unter der Decke ihre kleine, feste Hand und hielt sie fest. Ich war froh, daß sie mir sie ließ.

»Verdammt«, sagte sie im Dunkeln »jeder Mann sollte wissen, was er tut, wenn er heiratet.«

»Ich werde alles tun«, sagte ich, »wirklich alles, damit wir eine Wohnung bekommen.«

»Hör schon auf«, sagte sie, und es klang, als wenn sie lachte, »es liegt gar nicht an der Wohnung. Glaubst du wirklich, es läge daran?«*

Ich richtete mich auf, versuchte, ihr ins Gesicht zu sehen. Ich ließ ihre Hand los, sah ihr blasses Gesicht unter mir, sah die schmale, weiße Straße ihres Scheitels,* in die ich sooft hineingefallen bin, und als am Giebel des Hochhauses die Schrift aufleuchtete, sah ich ihr Gesicht deutlich, grün übergossen: Sie lächelte wirklich. Ich legte mich wieder zurück, und nun suchte sie meine Hand und hielt sie fest.

»Du glaubst wirklich nicht, daß es daran liegt?«

»Nein«, sagte sie sehr bestimmt, »nein, nein. Sei doch ehrlich, Fred. Wenn ich zu dir käme, würde sagen, ich hätte eine Wohnung, würdest du erschrecken oder dich freuen?«

»Ich würde mich freuen«, sagte ich sofort.

»Du würdest dich unseretwegen freuen.«

»Nein, ich würde mich freuen, daß ich zu euch zurückkommen kann. Ach, wie kannst du nur denken . . .«

Es wurde ganz dunkel. Wir lagen wieder mit dem Rücken zueinander, und ich wandte mich manchmal, um zu sehen, ob Käte sich gedreht hatte, aber sie starrte fast eine halbe Stunde aufs Fenster und sagte nichts, und wenn ich mich umwandte, sah ich den Spruch am Giebel des Hochhauses aufflammen: VERTRAU DICH DEINEM DROGISTEN AN!

Vom Bahnhof herüber kam das freundliche Gemurmel des Ansagers, aus der Kneipe unten der Lärm der Tanzenden, und Käte sagte nichts. Es fiel mir schwer, wieder mit Sprechen anzufangen, aber ich sagte plötzlich: »Willst du nicht wenigstens essen?«

»Ja«, sagte sie, »gib mir bitte den Teller und mach das Licht an.«

Ich stand auf, knipste das Licht an und lag wieder mit dem Rücken zu ihr, hörte, wie sie die Gurke, die Frikadelle aß. Ich reichte ihr auch das Glas Bier, und sie sagte: »Danke«, und ich hörte, wie sie trank. Ich wälzte mich auf den Rücken und legte meine Hand auf ihre Schulter.

»Es ist wirklich unerträglich für mich, Fred«, sagte sie leise, und ich war froh, daß sie wieder sprach. »Ich verstehe dich gut, verstehe dich vielleicht zu gut. Ich kenne die Gefühle, die du hast, und weiß, wie herrlich es ist, sich so richtig im Schlamm zu wälzen*, manches Mal. Ich kenne das – und vielleicht wäre es besser, du hättest eine Frau, die das gar nicht versteht. Du vergißt aber die Kinder – sie sind da, sie leben, und so wie es ist, ist es für mich unerträglich wegen der Kinder. Du weißt, wie es war, als wir beide angefangen hatten zu trinken. Du warst es, der mich bat, aufzuhören.«

»Es war wirklich schrecklich, wenn wir nach Hause kamen, und die Kinder rochen es. Aber es war meine Schuld, daß auch du trankst.«

»Es geht mir nicht darum, festzustellen, wer an irgend etwas schuld ist.*« Sie stellte den Teller weg und trank einen Schluck Bier. »Ich weiß nicht, werde nie wissen, ob du schuld bist oder nicht, Fred. Ich will dich nicht kränken, Fred, aber ich beneide dich.«

»Du beneidest mich?«

»Ja, ich beneide dich, weil du nicht schwanger bist. Du kannst einfach abhauen, und ich kann es sogar verstehen. Du gehst spazieren, stundenlang auf die Friedhöfe, besäufst dich an deiner Schwermut, wenn du kein Geld hast, Schnaps zu saufen. Du betrinkst dich an der Trauer, die es dir verursacht, nicht bei uns zu sein. Ich weiß, daß du die Kinder liebst, auch mich, du liebst uns sehr – aber niemals denkst du daran, daß dein Zustand, der dir so unerträglich ist, daß du ihn fliehst – uns langsam mordet, weil du nicht bei uns bist. Und niemals denkst du daran, daß Beten das einzige ist, was helfen könnte. Du betest nie, nicht wahr?«

»Sehr selten«, sagte ich, »ich kann es nicht.«

»Das sieht man dir an, Fred – du bist alt geworden, richtig alt siehst du aus, wie ein armer alter Junggeselle. Hin und wieder mit einer Frau zusammen schlafen, bedeutet nicht, verheiratet mit ihr zu sein. Im Krieg sagtest du einmal, du wolltest lieber in einem schmutzigen Keller mit mir wohnen als Soldat sein. Du warst kein Jüngling mehr, als du schriebst, warst sechsunddreißig Jahre alt. Manchmal meine ich doch, daß der Krieg dir einen Knacks gegeben hat. Früher warst du anders.«

Ich war sehr müde, und alles, was sie mir sagte, machte mich traurig, weil ich wußte, daß sie recht hatte. Ich wollte sie fragen, ob sie mich noch liebe, aber ich hatte Angst, es könnte sehr albern klingen. Früher hatte ich nie Angst gehabt, es könnte etwas albern klingen, ich hatte alles zu ihr gesagt, so, wie es mir einfiel. Aber ich fragte sie jetzt nicht, ob sie mich noch liebte.

»Mag sein«, sagte ich müde, »daß ich im Krieg etwas abbekommen habe. Ich denke fast immer an den Tod, Käte, es macht mich ganz verrückt. Im Krieg gab es so viele Tote, die ich nie sah, von denen ich nur hörte. Gleichgültige Stimmen nannten Zahlen im Telefon, und diese Zahlen waren Tote. Ich versuchte, sie mir vorzustellen, und ich konnte sie mir vorstellen: dreihundert Tote, das war ein ganzer Berg. Für drei Wochen war ich einmal dort, was sie die Front nannten. Ich sah, wie die Toten aussahen. Manchmal mußte ich nachts raus, um die Leitung zu flicken, und im Dunkeln stieß ich oft auf Tote. Es war so dunkel, daß ich nichts sehen konnte, nichts. Völlig schwarz alles, und ich kroch dem Kabel nach, das ich in der Hand hielt, bis ich die Stelle erwischte, wo es zerrissen war. Ich flickte die Drähte, schloß das Kontrollgerät an,* hockte im Dunkeln, warf mich hin, wenn ein Lichtsignal hochstieg oder ein Geschütz feuerte, und sprach in der Dunkelheit mit jemand, der dreißig, vierzig Meter von mir entfernt im Bunker saß – aber es war weit, weit, sage ich dir, weiter als Gott von uns entfernt sein kann.«

»Gott ist nicht weit«, sagte sie leise.

»Es war weit«, sagte ich, »viele Millionen Kilometer weit war die Stimme, mit der ich sprach, um zu kontrollieren, ob die Leitung wieder funktionierte. Dann kroch ich langsam zurück, das Kabel in der Hand, stieß im Dunkeln wieder auf die Toten und blieb manchmal bei ihnen liegen. Einmal die ganze Nacht. Die anderen dachten, ich wäre tot, hatten mich gesucht, mich schon aufgegeben, aber ich lag die ganze Nacht neben den Toten, die ich nicht sah, nur fühlte – ich blieb bei ihnen liegen, weiß nicht warum –, und mir wurde die Zeit nicht lange. Als die anderen mich fanden, meinten sie, ich wäre betrunken gewesen. Und ich langweilte mich, als ich zu den Lebenden zurück mußte – du glaubst nicht, wie langweilig die meisten Menschen sind, die Toten sind großartig.«

»Du bist schrecklich, Fred«, sagte sie, aber sie ließ meine

Hand nicht los. »Gib mir eine Zigarette.«

Ich suchte die Zigaretten aus meiner Tasche, gab ihr eine, riß ein Streichholz an und beugte mich über sie, um ihr Gesicht zu sehen. Mir schien, sie sähe jünger aus, wohler und nicht mehr so gelb im Gesicht.

»Es ist dir nicht mehr schlecht?« sagte ich.

»Nein«, sagte sie, »gar nicht mehr. Es geht mir gut. Aber ich habe Angst vor dir, wirklich.«

»Du brauchst keine Angst vor mir zu haben. Mich hat auch nicht der Krieg kaputtgemacht. Es wäre genauso – ich langweile mich einfach. Du müßtest einmal hören, was ich den ganzen Tag im Ohr habe: meist überflüssiges Gerede.«

»Du solltest beten«, sagte sie, »wirklich. Es ist das einzige, was nicht langweilig sein kann.«

»Bete du für mich«, sagte ich, »früher konnte ich beten, ich kann es nicht mehr gut.«

»Es ist viel Training.* Du mußt hart sein. Immer wieder anfangen. Trinken ist nicht gut.«

»Wenn ich betrunken bin, kann ich manchmal ganz gut beten.«

»Es ist nicht gut, Fred. Beten ist etwas für Nüchterne. Es ist, wie wenn du vor einem Aufzug stehst und Angst hast aufzuspringen, du mußt immer wieder ansetzen, und auf einmal bist du im Aufzug, und er trägt dich hoch. Manchmall merke ich es deutlich, Fred, wenn ich nachts wach liege und weine, wenn endlich alles still ist, dann spüre ich oft, daß ich durchdringe. Alles andere ist mir dann gleichgültig, Wohnung und Dreck, auch die Armut, sogar, daß du weg bist, macht mir dann nichts. Es ist ja nicht für lange Zeit, Fred, für dreißig, vierzig Jahre noch, und so lange müssen wir es aushalten. Und ich denke, wir sollten versuchen, es zusammen auszuhalten. Fred, du täuschst dich und träumst, träumen ist gefährlich. Ich könnte verstehen, wenn du einer Frau wegen von uns gegangen wärest. Es wäre mir schrecklich, viel schrecklicher, als es jetzt ist, aber ich könnte es verstehen. Wegen dieses Mädchens, Fred, in der Bude, könnte ich es verstehen.«

»Bitte«, sagte ich, »rede nicht davon.«

»Aber du bist weggegangen, um zu träumen, das ist nicht gut. Du siehst sie gern, nicht wahr, die Kleine in der Bude?«

»Ja, ich sehe sie gern. Ich sehe sie sehr gern. Ich werde oft zu ihr gehen, aber ich würde nie daran denken, dich ihretwegen zu verlassen. Sie ist sehr fromm.

»Fromm. Woher weißt du das?«

»Weil ich sie in der Kirche sah. Ich sah nur, wie sie dort kniete und den Segen bekam, drei Minuten war ich in der Kirche, sie kniete dort mit dem Blöden, und der Priester segnete die beiden. Aber ich sah, wie fromm sie ist, sah es an ihren Bewegungen. Ich ging ihr nach, weil sie mein Herz berührte.«

»Was tat sie?«

»Sie berührte mein Herz«, sagte ich.

»Habe ich auch dein Herz berührt?«

»Du hast mein Herz nicht berührt, sondern hast es umgedreht. Ich war ganz krank damals. Ich war nicht mehr jung«, sagte ich, »fast dreißig – aber du hast mir das Herz umgedreht. Ich glaube, so nennt man es. Ich liebe dich sehr.«

»Haben noch mehr Frauen dein Herz berührt?«

»Ja«, sagte ich, »eine ganze Reihe. Es gab einige, die mein Herz berührt haben. Übrigens sage ich es nicht gern, aber ich weiß kein anderes Wort. Sanft berührt, müßte ich sagen. Einmal habe ich in Berlin eine Frau gesehen, die mein Herz berührt hat. Ich stand am Fenster im Zug, plötzlich fuhr auf der anderen Seite des Bahnsteiges ein Zug ein, ein Fenster stand vor meinem und das Fenster wurde heruntergedreht – es war ganz beschlagen* –, und ich sah in das Gesicht einer Frau, die sofort mein Herz berührte. Sie war sehr dunkel und groß, und ich lächelte ihr zu. Da fuhr mein Zug ab, ich beugte mich vor, winkte, solange ich sie sehen konnte. Ich habe sie nie mehr gesehen, wollte sie gar nicht mehr sehen.«

»Aber sie hat dein Herz berührt. Erzähle mir alle diese Berührungsgeschichten, Fred. Hat sie dir auch nachgewinkt, diese Berührerin?«

»Ja«, sagte ich, »sie winkte mir nach. Ich müßte nach-denken, dann fallen mir bestimmt die anderen ein. Gesichter behalte ich gut.«

»Oh, los«, sagte sie, »denke nach, Fred.«

»Bei Kindern habe ich es oft«, sagte ich, »übrigens auch bei alten Männern, alten Frauen.«

»Und ich habe dir das Herz nur herumgedreht.«

»Auch berührt«, sagte ich, »ach, Liebste, zwing mich nicht, das Wort nun oft zu sagen. Wenn ich an dich denke, geschieht es mir mit dir oft: Ich sehe dich die Treppe hinuntergehen, ganz allein durch die Stadt schlendern, sehe dich einkaufen, den Kleinen füttern. Dann ist es mir mit dir so.«

»Diese Kleine in der Bude ist aber nun ganz nahe.«

»Vielleicht ist es anders, wenn ich sie wiedersehe.«

»Vielleicht«, sagte sie, »magst du das Bier noch?«

»Ja«, sagte ich. Sie reichte mir das Glas, und ich trank es leer. Dann stand ich auf, knipste das Licht an, nahm die leeren Gläser und die Teller und brachte sie hinunter. An der Theke standen zwei junge Männer, die mich angrinsten, als ich die leeren Gläser und die Teller auf die Theke stellte. Jetzt war die Wirtin mit dem weißen, porenlosen Gesicht wieder da. Sie nickte mir zu. Ich ging sofort wieder hinauf. Käte blickte mich an und lächelte, als ich ins Zimmer kam.

Ich knipste das Licht aus, zog mich im Dunkeln aus und legte mich ins Bett. »Es ist erst zehn«, sagte ich.

»Herrlich«, sagte sie, »wir können fast neun Stunden schlafen.«

»Wie lange bleibt der Jüngling bei den Kindern?«

»Bis kurz vor acht.«

»Aber wir wollen in Ruhe frühstücken«, sagte ich.

»Werden wir geweckt?«

»Nein, ich werde schon wach.«

»Ich bin müde, Fred«, sagte sie, »aber erzähl mir noch was. Weißt du keine Berührungsgeschichten mehr?«

»Vielleicht fallen mir noch ein paar ein«, sagte ich.

»Los«, sagte sie, «du bist doch ein netter Kerl, aber ich

möchte dich manchmal prügeln. Ich liebe dich.«

»Ich bin froh, daß du es mir sagst. Ich hatte Angst, dich zu fragen.«

»Früher fragten wir uns alle drei Minuten danach.«

»Jahrelang.«

»Jahrelang«, sagte sie.

»Los, erzähle«, sagte sie, sie nahm meine Hand wieder und hielt sie fest.

»Von Frauen?« fragte ich.

»Nein«, sagte sie, »lieber von Männern oder Kindern oder alten Frauen. Ganz geheuer ist es mir nicht mit den jungen Frauen.«*

»Du brauchst gar nichts zu fürchten«, sagte ich. Ich beugte mich über sie, küßte sie auf den Mund, und als ich mich wieder zurücklegte, fiel mein Blick nach draußen, und ich sah die Leuchtschrift VERTRAU DICH DEINEM DROGISTEN AN!

»Los«, sagte sie.

»In Italien«, sagte ich, »haben mich sehr viele Menschen berührt. Männer und Frauen, junge und alte, auch Kinder. Sogar reiche Frauen. Reiche Männer sogar.«

»Und eben sagtest du noch, die Menschen seien langweilig.«

»Mir ist ganz anders, viel besser, seitdem ich weiß, daß du mich noch liebst. Du hast mir schreckliche Dinge gesagt.«

»Ich nehme nichts davon zurück. Jetzt spielen wir ein wenig, Fred. Vergiß es nicht, daß wir spielen. Der Ernst kommt wieder. Und ich nehme nichts zurück – und daß ich dich liebe, hat gar nichts zu bedeuten. Du liebst die Kinder auch und kümmerst dich einen Dreck um sie.«

»Oh, ich weiß«, sagte ich, »du hast es deutlich gesagt. Aber jetzt wähle meinetwegen Mann, Frau oder Kind und welches Land?«

»Holland«, sagte sie, »ein holländischer Mann.«

»Oh, du bist gemein«, sagte ich, »es ist schwer, einen holländischen Mann zu finden, der dein Herz berührt. Du bist gemein, aber im Krieg habe ich wirklich einmal einen Holländer gesehen, der mein Herz berührt hat, sogar einen

Reichen. Aber er war nicht mehr reich. Als ich durch
Rotterdam fuhr - es war die erste zerstörte Stadt, die ich sah;
merkwürdig, jetzt ist es so weit, daß eine nicht zerstörte Stadt
mich bedrückt -, damals war ich ganz verwirrt, ich sah die
Menschen, sah die Trümmer . . . «

Ich spürte, wie der Griff der Hand sich lockerte, beugte
mich über sie und sah, daß sie schlief: Im Schlaf sieht ihr
Gesicht hochmütig aus, sehr abweisend, ihr Mund ist ein
wenig geöffnet und hat einen schmerzlichen Ausdruck. Ich
legte mich zurück, rauchte noch eine Zigarette und lag lange
im Dunkeln wach, dachte über alles nach. Ich versuchte auch
zu beten, konnte es aber nicht. Einen Augenblick lang dachte
ich daran, noch einmal hinunterzugehen, vielleicht
wenigstens einmal zu tanzen mit einem Mädchen aus der
Schokoladenfabrik, noch einen Schnaps zu trinken und ein
bißchen an den Automaten zu spielen, die jetzt sicher frei
waren. Aber ich blieb liegen. Jedesmal, wenn der Spruch am
Giebel des Hochhauses aufflammte, erleuchtete er die
grünliche Tapete mit dem herzförmigen Muster, der
Schatten der Lampe an der Wand wurde sichtbar und das
Muster der Wolldecken: ballspielende Bären, die sich in
ballspielende Menschen verwandelt hatten: stiernackige
Athleten, die große Seifenblasen einander zuwarfen. Das
letzte aber, was ich sah, bevor ich einschlief, war der Spruch
oben:

VERTRAU DICH DEINEM DROGISTEN AN!

12

Es war noch dunkel, als ich wach wurde. Ich hatte tief
geschlafen und gleich, als ich erwachte, das Gefühl großen
Wohlbefindens. Fred schlief noch, zur Wand gekehrt, ich
sah nur seinen mageren Nacken. Ich stand auf, zog den
Vorhang beiseite und sah über dem Bahnhof das helle Grau
des Morgendämmers. Beleuchtete Züge fuhren ein, die
sanfte Stimme des Ansagers kam über die Trümmer bis
ans Hotel, das dumpfe Rollen der Züge war zu hören. Im
Hause war es still. Ich hatte Hunger. Ich ließ das Fenster
offen, legte mich ins Bett zurück und wartete. Aber ich war
jetzt unruhig, dachte dauernd an die Kinder, sehnte mich
nach ihnen und wußte nicht, wie spät es war. Da Fred noch
schlief, konnte es noch keine halb sieben sein, er wird immer
um halb sieben wach. Ich hatte noch Zeit. Ich stand wieder
auf, zog meinen Mantel über, streifte die Schuhe über die
Füße* und ging leise ums Bett herum. Ich öffnete vorsichtig
die Tür, tappte im Halbdunkel des schmutzigen Flures nach
der Toilette und fand sie endlich in einer unbeleuchteten,
übelriechenden Ecke. Fred schlief noch, als ich zurückkam.
Die beleuchteten Uhren im Bahnhof konnte ich sehen:
gelblich schimmernde Scheiben, aber ich konnte die Zeit
nicht ablesen. Am Giebel des Hochhauses flammte die

Schrift auf, scharf ausgestochen in der grauen Dunkelheit:
VERTRAU DICH DEINEM DROGISTEN AN!

Ich wusch mich vorsichtig, ohne Lärm zu verursachen, zog
mich an, und als ich mich umblickte, sah ich, daß Fred mir
zusah: Er lag da, blinzelnd, steckte sich eine Zigarette an und
sagte: »Guten Morgen.«

»Guten Morgen«, sagte ich.

»Ist dir nicht mehr schlecht?«

»Kein bißchen«, sagte ich, »mir ist ganz wohl.«

»Schön«, sagte er, »du brauchst dich nicht zu beeilen.«

»Ich muß weg, Fred«, sagte ich, »ich habe keine Ruhe
mehr.«

»Wollen wir nicht zusammen frühstücken?«

»Nein«, sagte ich.

Die Sirene der Schokoladenfabrik tutete heftig, dreimal
schnitt ihr wildes Pfeifen in den Morgen. Ich saß auf der
Bettkante, knüpfte meine Schuhe zu und spürte, wie Fred
mir von hinten ins Haar griff. Er ließ es sanft durch seine
Finger gleiten und sagte: »Wenn alles wahr ist, was du gestern
gesagt hast, werde ich dich also so bald nicht wiedersehen,
wollen wir da nicht wenigstens zusammen Kaffee trinken?«

Ich schwieg, zog den Reißverschluß an meinem Rock
hoch, knöpfte meine Bluse zu, ging zum Spiegel und kämmte
mich. Ich sah mich nicht im Spiegel, kämmte aber mein Haar
und spürte, wie mein Herz klopfte. Jetzt aber begriff ich
alles, was ich gestern gesagt hatte, und ich wollte es nicht
zurücknehmen. Ich hatte fest darauf vertraut,* daß er
zurückkommen würde, aber jetzt schien mir alles unsicher.
Ich hörte, wie er aufstand, sah ihn im Spiegel, als er aufrecht
neben dem Bett stand, und es fiel mir auf, wie verkommen er
aussah. Er hatte in dem Hemd geschlafen, das er auch
tagsüber trug, sein Haar war wirr, sein Gesicht hatte einen
mürrischen Ausdruck, als er jetzt die Hose hochzog.
Mechanisch zog ich den Kamm durch mein Haar. Die bloße
Möglichkeit, daß er uns wirklich allein lassen würde – ich
hatte nie ernsthaft an sie gedacht –, jetzt dachte ich daran:
Mein Herz blieb stehen, setzte heftig wieder ein, blieb wieder
stehen. Ich beobachtete ihn genau, wie er, die Zigarette im

Mund, gelangweilt seine zerknüllte Hose zuknöpfte, den Gürtel stramm zog, Strümpfe und Schuhe anzog: Dann blieb er seufzend stehen, strich sich mit den Händen über die Stirn, die Brauen, und ich konnte nicht begreifen, daß ich fünfzehn Jahre mit ihm verheiratet war: Er war mir fremd, dieser gelangweilte, gleichgültige Zeitgenosse, der sich nun aufs Bett hockte, den Kopf in die Hände stützte, und ich ließ mich in den Spiegel fallen und dachte an die Verheißung eines anderen Lebens, das ehelos sein sollte.* Es mußte schön sein in einem Leben, in dem es keine Ehe gab, keine verschlafenen Männer, die, kaum erwacht, nach ihrer Zigarettenpackung griffen. Ich holte meinen Blick aus dem Spiegel zurück, kämmte mein Haar fest und trat ans Fenster. Es war heller geworden, hellgrau jetzt über dem Bahnhof, ich nahm es in mich auf, ohne es zu wissen: Immer noch träumte ich von diesem ehelosen Leben, das uns verheißen ist, hörte den Rhythmus liturgischer Gesänge, sah mich mit Männern zusammen, mit denen ich nicht verheiratet war und von denen ich wußte, daß sie nicht begehrten, in meinen Schoß zu gelangen.

»Kann ich deine Zahnbürste nehmen?« fragte Fred vom Waschtisch her.

Ich blickte zu ihm, sagte zögernd: »Ja«, und plötzlich wurde ich wieder wach.

»Mein Gott«, sagte ich heftig, »zieh doch wenigstens dein Hemd aus, wenn du dich wäschst.«

»Ach, wozu«, sagte er. Er klappte den Kragen seines Hemdes nach innen, rieb sich mit einem angefeuchteten Handtuch übers Gesicht, durch den Nacken, über den Hals, und die Gleichgültigkeit seiner Bewegungen reizte mich.

»Ich werde mich einem Drogisten anvertrauen«,* sagte er, »werde eine vertrauenswürdige Zahnbürste kaufen. Laßt uns überhaupt unser ganzes Vertrauen den Drogisten schenken.«

»Fred«, sagte ich heftig, »daß du Witze machen kannst. Es ist mir ganz neu, daß du morgens gut gelaunt bist.«

»Ich bin gar nicht gut gelaunt«, sagte er, »nicht einmal besonders schlecht, obwohl es bitter ist, noch kein Frühstück gehabt zu haben, keinen Kaffee.«

»Oh, ich kenne dich«, sagte ich, »du, laß du nur dein Herz berühren.«

Er kämmte sich mit meinem Kamm, hielt jetzt inne, wandte sich um und sah mich an: »Ich habe dich zum Frühstück eingeladen, Liebste«, sagte er sanft, »und du hast mir noch nicht geantwortet.«

Er wandte sich wieder ab, kämmte sich weiter und sagte in den Spiegel hinein: »Die zehn Mark kann ich dir erst nächste Woche geben.«

»Ach laß nur«, sagte ich, »du brauchst mir nicht dein ganzes Geld zu geben.«

»Ich möchte es aber«, sagte er, »und ich bitte dich, es anzunehmen.«

»Danke, Fred«, sagte ich, »wirklich, ich danke dir. Wenn wir frühstücken wollen, wird es Zeit.«

»Du gehst also mit?«

»Ja.«

Ach, schön.«

Er zog die Krawatte durch den Kragen, knüpfte sie und ging zum Bett, seinen Rock zu holen.

»Ich komme wieder«, sagte er plötzlich heftig, »komme bestimmt wieder, komme zu euch zurück, aber ich möchte nicht, daß ich zu etwas gezwungen werde, was ich gerne von mir aus tun würde.«

»Fred«, sagte ich, »ich glaube, es gibt nichts mehr darüber zu reden.«

»Nein«, sagte er, »du hast recht. Es wäre schön, dich wiederzusehen in einem Leben, in dem ich dich lieben könnte, so lieben wie jetzt, ohne dich zu heiraten.«

»Ich dachte eben daran«, sagte ich leise, und ich konnte die Tränen nicht mehr zurückhalten.

Er kam schnell ums Bett herum zu mir, umarmte mich, und ich hörte ihn sagen, während sein Kinn auf meinem Kopf ruhte: »Es müßte schön sein, dich dort wiederzusehen. Ich hoffe, du erschrickst nicht, wenn ich auch dort auftauche.«

»Ach, Fred«, sagte ich, »denk doch an die Kleinen.«

»Ich denke daran«, sagte er, »jeden Tag denke ich daran. Gib mir wenigstens einen Kuß.«

Ich hob meinen Kopf und küßte ihn.

Er ließ mich los, half mir in den Mantel, und ich packte unsere Sachen in meine Tasche, während er sich anzog.

»Glücklicher«, sagte er, »waren die, die sich nicht liebten, als sie heirateten. Es ist schrecklich, sich zu lieben und zu heiraten.«

»Vielleicht hast du recht«, sagte ich.

Es war noch immer dunkel, und im Flur roch es aus der Ecke, in der die Toilette war. Das Restaurant unten war geschlossen, es war auch niemand zu entdecken, keine Tür war auf, und Fred hing den Schlüssel an einen großen Nagel neben dem Eingang zum Restaurant.

Die Straße war voller Mädchen, die in die Schokoladenfabrik gingen: Ich war erstaunt über die Heiterkeit auf ihren Gesichtern, die meisten gingen Arm in Arm und lachten miteinander.

Als wir in die Imbißstube traten, schlug es von der Kathedrale Viertel vor sieben. Das Mädchen wandte uns den Rücken zu, bediente die Kaffeemaschine. Es war nur ein Tisch frei. Der Blöde hockte nahe am Ofen, lutschte seine Zuckerstange. Es war warm und rauchig. Das Mädchen lächelte mich an, als sie sich herumdrehte, sagte: »Oh«, sah dann Fred an, wieder mich, lächelte und lief an den freien Tisch, um ihn abzuwischen. Fred bestellte Kaffee, Brötchen und Butter.

Wir setzten uns, und es tat mir wohl, zu sehen, daß sie sich wirklich freute: Ihre Ohren waren ein wenig gerötet vor Eifer, als sie die Teller für uns zurechtmachte. Aber ich hatte keine Ruhe, dachte dauernd an die Kinder, und es wurde kein gutes Frühstück. Auch Fred war unruhig. Ich sah, daß er nur selten zu dem Mädchen hinblickte, mich anzusehen versuchte, wenn mein Blick nicht auf ihm lag, und jedesmal, wenn ich ihn anblickte, sah er weg. Es kamen viele Leute in die Bude, das Mädchen gab Brötchen aus, Wurst und Milch, zählte Geld hin, nahm welches entgegen, und manchmal blickte sie zu mir hin, lächelte mir zu, als müsse sie ein Einverständnis bestätigen. Einverständnis über etwas, was sie stillschweigend vorauszusetzen schien. Wenn es etwas ruhiger wurde, ging sie zu dem Blöden, wischte ihm den Mund ab, flüsterte ihm seinen Namen zu. Und ich dachte an alles, was sie mir über ihn erzählt hatte. Ich erschrak sehr, als plötzlich der Priester eintrat, bei dem ich gestern gebeichtet hatte. Er lächelte dem Mädchen zu, gab ihm Geld und bekam eine rote Packung Zigaretten über die Theke gereicht. Auch Fred sah ihm gespannt zu. Dann riß der Priester die Packung auf, sein Blick streifte gleichgültig das Lokal, er sah mich, und ich sah, daß er erschrak. Er lächelte nicht mehr, steckte die Zigarette lose in die Tasche seines schwarzen Mantels, wollte auf mich zukommen, wurde rot und trat wieder zurück.

Ich stand auf und ging auf ihn zu.

»Guten Morgen, Herr Pfarrer«, sagte ich.

»Guten Morgen«, sagte er, blickte verlegen um sich und flüsterte: »Ich muß Sie sprechen, ich war heute morgen schon bei Ihnen zu Hause.«

»Mein Gott«, sagte ich.

Er nahm die Zigarette aus der Manteltasche, steckte sie in den Mund und flüsterte, während er das Streichholz anriß: »Sie sind absolviert, es gilt – ich war sehr dumm, verzeihen Sie.«*

»Vielen Dank«, sagte ich, »wie war es zu Hause?«

»Ich sprach nur mit einer älteren Dame. War es Ihre Mutter?«

»Meine Mutter?« fragte ich entsetzt.

»Besuchen Sie mich einmal«, sagte er und ging sehr schnell hinaus.

Fred schwieg, als ich zum Tisch zurückkam. Er sah sehr gequält aus. Ich legte meine Hand auf seinen Arm. »Ich muß gehen, Fred«, sagte ich leise.

»Noch nicht, ich muß mit dir sprechen.«

»Es geht hier nicht, später. Mein Gott, du hattest die ganze Nacht Zeit.«

»Ich komme zurück«, flüsterte er, »bald. Hier ist Geld für
die Kinder, ich versprach es ihnen ja. Kauf ihnen etwas
dafür, vielleicht Eis, wenn sie mögen.«

Er legte eine Mark hin. Ich nahm sie und steckte sie in die
Manteltasche.

»Später«, flüsterte er, »bekommst du das, was ich dir
schulde.«

»Ach, Fred«, sagte ich, »laß doch das.«

»Nein«, sagte er, »es ist mir so schwer, daran zu denken,
daß ich dich vielleicht . . .«

»Ruf mich an«, flüsterte ich zurück.

»Du kommst, wenn ich anrufe?« fragte er.

»Vergiß nicht, ich habe noch einen Kaffee zu zahlen und
drei Kuchen.«

»Ich denke daran, willst du wirklich schon gehen?«

»Ich muß.«

Er stand auf, ich blieb sitzen und sah zu, wie er an der
Theke stand und wartete. Das Mädchen lächelte zu mir hin,
als Fred bezahlte, und ich stand auf und ging mit Fred zur
Tür. »Kommen Sie wieder«, rief sie, und ich rief zurück: »Ja«
und warf noch einen Blick auf den Blöden, der mit der
abgelutschten Holzstange im Mund dort hockte.

Fred brachte mich zum Bus. Wir sprachen kein Wort mehr
miteinander, küßten uns schnell, als der Bus kam, und ich
sah ihn dort stehen, wie ich ihn so oft gesehen habe: schlecht
angezogen und traurig. Ich sah noch, wie er langsam zum
Bahnhof ging, ohne sich noch einmal umzuwenden.

Meine Abwesenheit kam mir unendlich lange vor, als ich
die schmutzige Treppe zu unserer Wohnung hinaufstieg, und
es fiel mir ein, daß ich die Kinder noch nie so lange allein
gelassen habe. Es war unruhig im Haus, die Wasserkessel
pfiffen, die Radios gaben ihre amtliche Heiterkeit her, und
im ersten Stock schimpfte Mesewitz mit seiner Frau. Hinter
unserer Tür war Stille: Ich drückte die Klingel dreimal,
wartete und hörte endlich die Kinder, als Bellermann
öffnete. Ich hörte sie alle drei, begrüßte Bellermann nur
flüchtig und lief an ihm vorbei ins Zimmer, um die Kinder zu

sehen: Sie saßen um den Tisch herum so ordentlich, wie sie bei mir nie sitzen, ihr Gespräch, ihr Lachen verstummte, als ich eintrat: nur einen einzigen Augenblick lang war es still, und tiefe Beklemmung befiel mich: ich hatte Angst – nur diesen Augenblick lang, aber ich vergesse ihn nicht, diesen Augenblick.

Dann standen die beiden Großen auf, umarmten mich, und ich nahm den Kleinen auf den Arm, küßte ihn und spürte, wie die Tränen mir übers Gesicht liefen. Bellermann war schon im Mantel, er hielt den Hut in der Hand. »Waren sie brav?« fragte ich.

»Ja«, sagte er, »sehr«, und die Kinder blickten ihn an und lächelten.

»Warten Sie«, sagte ich. Ich setzte den Kleinen in seinen Stuhl, nahm meine Geldtasche aus der Schublade und trat mit Bellermann in den Flur. Ich sah Frau Frankes Hut, Herrn Frankes Kappe auf der Garderobe liegen und grüßte Frau Hopf, die vom Klo kam. Sie trug Papilloten im Haar, hatte eine Illustrierte unter dem Arm. Ich wartete, bis sie in ihrem Zimmer war, sah Bellermann an und sagte:

»Vierzehn, nicht wahr?«

»Fünfzehn«, sagte er und lächelte mir zu.

Ich gab ihm fünfzehn Mark, sagte: »Vielen Dank auch«, und er sagte: »Oh, nichts zu danken«, dann steckte er den Kopf noch einmal in die Tür unseres Zimmers, rief: »Auf Wiedersehen, Kinder«, und die Kinder riefen: »Auf Wiedersehen.«

Ich umarmte sie alle noch einmal, als wir allein waren, blickte sie forschend an, und ich konnte an ihren Gesichtern nichts entdecken, was meine Angst gerechtfertigt hätte. Seufzend fing ich an, ihnen Brote für die Schule zurechtzumachen: Clemens und Carla kramten in ihren Kisten herum. Carla schläft in einem amerikanischen Feldbett, das wir tagsüber zusammenklappen und an die Decke hängen, Clemens auf einem alten Plüschsofa, das längst zu kurz für ihn geworden ist. Bellermann hatte sogar die Betten gemacht.

»Kinder«, sagte ich, »der Vater läßt euch grüßen. Er hat mir Geld für euch gegeben.«

Sie sagten nichts.

Carla trat neben mich, nahm ihr Butterbrotpaket. Ich blickte sie an: Sie hat Freds dunkle Haare, seine Augen, die so plötzlich abirren können.

Der Kleine spielte in seinem Stühlchen, sah manchmal zu mir hin, als wolle er sich meiner vergewissern, und spielte dann weiter.

»Habt ihr schon gebetet?«

»Ja«, sagte Carla.

»Vater kommt bald zurück«, sagte ich, und ich spürte eine große Zärtlichkeit für die Kinder, mußte an mich halten, um nicht schon wieder zu weinen.

Wieder sagten die Kinder nichts. Ich blickte Carla an, die neben mir auf dem Stuhl saß, in einem Schulbuch blätterte und lustlos an ihrer Milch trank. Und plötzlich sah sie zu mir auf und sagte ruhig: »Er ist gar nicht krank, er gibt ja noch Stunden.«

Ich wandte mich um und sah Clemens an, der mit einem Atlas auf dem Sofa hockte. Er sah mich ruhig an und sagte: »Beisem hat es mir erzählt, er sitzt neben mir.«

Ich wußte davon nichts.

»Es gibt Krankheiten«, sagte ich, »derentwegen man nicht im Bett zu liegen braucht.«

Die Kinder sagten nichts. Sie zogen mit ihren Schulranzen ab, und ich ging auf den Flur und blickte ihnen nach, wie sie langsam in die graue Straße hineingingen, die Schultern ein wenig gebeugt von der Last der Bücher, und mich überkam Trauer, weil ich mich selbst sah, in eine Straße hineingehen, mit dem Schulranzen auf dem Rücken, die Schultern ein wenig gebeugt von der Last der Bücher, ich sah die Kinder nicht mehr, sah nur mich selbst, sah mich von oben: ein kleines Mädchen mit blonden Zöpfen, nachsinnend über ein Strickmuster oder das Todesjahr Karls des Großen.*

Als ich zurückkam, stand Frau Franke vor dem Spiegel der Garderobe und zupfte den violetten Schleier an ihrem Hut zurecht. Es läutete zur Achtuhrmesse. Sie grüßte, kam auf mich zu, stand lächelnd vor mir im dunklen Flur, stellte mich,* bevor ich in unser Zimmer zurückgehen konnte.

»Man hört«, sagte sie freundlich, »daß Ihr Mann Sie endgültig verlassen hat. Hört man recht?«

»Man hört recht«, sagte ich leise, »er hat mich verlassen.« Und ich war erstaunt, daß ich keinen Haß mehr spürte.

»Und trinkt, nicht wahr?« Sie knüpfte den Schleier an ihrem hübschen Hals fest.

Es war vollkommen still. Ich hörte drinnen das sanfte Geplapper meines Kleinen, der mit seinen Bauklötzen sprach, hörte die Stimme des Ansagers,* der fünfmal, sechsmal, siebenmal – ich konnte es in der Stille hören – sagte: »Sieben Uhr neununddreißig – vielleicht müssen Sie Ihre reizende Gattin verlassen, vielleicht aber auch können Sie noch Bulwers heiteren Morgenmarsch hören . . .«, ich hörte die Morgenmusik, empfand diese amtliche Heiterkeit wie Geißelschläge. Frau Franke stand vor mir, sie rührte sich nicht, sagte nichts, aber ich sah den tödlichen Glanz ihrer Augen, sehnte mich nach der heiseren Stimme des Negers, die ich einmal gehört habe, ein einziges Mal, und auf die ich vergebens warte seitdem, die heisere Stimme, die sang:

Und er sagte kein einziges Wort.*

Und ich sagte: »Guten Morgen« zu Frau Franke, schob sie beiseite und ging in mein Zimmer. Sie sagte nichts. Ich nahm den Kleinen auf den Arm, drückte ihn an mich und hörte, wie Frau Franke zur Messe ging.

13

Der Omnibus hält immer an der gleichen Stelle. Die Ausbuchtung der Straße, in der er halten muß, ist eng, und jedesmal, wenn er hält, gibt es einen Ruck, von dem ich erwache. Ich stehe auf, steige aus, und wenn ich die Straße überquert habe, stehe ich vor dem Schaufenster eines Eisenwarenladens und blicke auf das Schild: »Leitern aller Größen pro Stufe* DM 3,20.« Es ist sinnlos, daß ich dann auf die Uhr am Giebel des Hauses sehe, um mich zu vergewissern, wie spät es ist: Es ist genau vier Minuten vor acht - und wenn es auf der Uhr acht ist - oder schon nach acht, dann weiß ich, daß die Uhr falsch geht: Der Omnibus ist pünktlicher als die Uhr.

Jeden Morgen stehe ich einige Augenblicke vor dem Schild: »Leitern aller Größen pro Stufe DM 3,20«, neben diesem Schild ist eine dreistufige Leiter aufgestellt, und neben der Leiter seit Sommerbeginn ein Liegestuhl, in dem eine große blonde Frau aus Pappe oder Wachs ruht - ich kenne das Zeug nicht, aus dem sie Schaufensterpuppen machen -, die Frau trägt eine Sonnenbrille und liest einen Roman, der ›Ferien vom Ich‹ heißt. Den Namen des Verfassers kann ich nicht lesen, weil er verdeckt wird vom Bart eines Gartenzwerges, der schräg über einem Aquarium liegt.

Zwischen Kaffeemühlen, Wringmaschinen und der Leiter liegt die große blonde Puppe und liest schon seit drei Monaten den Roman >Ferien vom Ich<.

Heute aber, als ich ausstieg, sah ich, daß das Schild, »Leitern aller Größen pro Stufe DM 3,20«, weg war, und die Frau, die den ganzen Sommer über im Liegestuhl dort gelegen, den Roman >Ferien vom Ich< gelesen hatte, stand jetzt in einem blauen Trainingsanzug mit wehendem Schal auf Skiern, und neben ihr ein Schild: »Denken Sie frühzeitig an den Wintersport«.

Ich dachte nicht an den Wintersport, ging in die Melchiorstraße, kaufte mir fünf Zigaretten an der Bude links neben der Kanzlei und ging am Pförtner vorbei in den Flur. Der Pförtner grüßte mich, er ist einer meiner Freunde in diesem Haus, kommt manchmal zu mir nach oben, raucht seine Pfeife und erzählt mir den neuesten Klatsch.

Ich nickte dem Pförtner zu und grüßte ein paar Kleriker, die schnell mit ihren Aktentaschen die Treppe hinaufstiegen. Oben öffnete ich die Tür zur Zentrale, hing Mantel und Mütze auf, warf meine Zigaretten auf den Tisch, das lose Geld daneben, stöpselte den Kontakt ein und setzte mich.

Ruhe überkommt mich, wenn ich an meinem Arbeitsplatz sitze: Ich habe das sanfte Brummen im Ohr, sage: »Zentrale«, wenn jemand im Hause zweimal gewählt hat, wenn das rötliche Licht aufleuchtet, und stelle die Verbindung her. Ich zählte mein Geld, das auf dem Tisch lag, es war eine Mark zwanzig, rief den Pförtner an, sagte: »Bogner, guten Morgen« – als er sich meldete –, »ist die Zeitung schon da?« – »Noch nicht«, sagte er, »ich bringe sie Ihnen, wenn sie kommt.«

»Was Besonderes los?«

»Nichts.«

»Dann bis gleich.«

»Bis gleich.«

Um halb neun kam die Personalmeldung, die der Bürovorsteher Bresgen täglich an den Prälaten* Zimmer gibt. Vor Zimmer zittern sie alle, selbst die im Hause beschäftigten Priester, die man aus der Seelsorge in die Verwaltung versetzt* hat. Er sagt nie bitte, sagt nie danke, und es überkommt mich ein leichter Schauder, wenn er wählt, ich mich melde. Jeden Morgen sagt er es um halb neun pünktlich: »Prälat Zimmer.«

Ich hörte, was Bresgen meldete: »Krank: Weldrich, Sick, Kaplan Huchel, bisher unentschuldigt: Kaplan Soden.«

»Was ist mit Soden?«

»Keine Ahnung, Herr Prälat.«

Ich hörte einen Seufzer bei Zimmer, wie ich ihn oft höre, wenn Sodens Name fällt, dann war das erste Gespräch beendet.

Erst gegen neun geht die heftige alltägliche Telefonade los. Anrufe von draußen nach hier, von hier nach draußen, Ferngespräche, die ich anmelden muß, hin und wieder schalte ich mich ein, lausche den Gesprächen und stelle fest, daß der Wortschatz auch hier einhundertfünfzig Worte kaum übersteigt. Das am meisten gebrauchte Wort ist Vorsicht. Immer wieder taucht es auf, schlägt durch das allgemeine Gerede.

»Die Linkspresse hat die Rede von SE angegriffen. Vorsicht.«

»Die Rechtspresse hat die Rede von SE totgeschwiegen. Vorsicht.«

»Die christliche Presse hat die Rede von SE gelobt. Vorsicht.«

»Soden fehlt unentschuldigt. Vorsicht.«

»Bolz hat um elf eine Audienz, Vorsicht.«

SE ist die Abkürzung für Seine Eminenz, den Bischof.

Die Scheidungsrichter* sprechen auch am Telefon Latein, wenn sie fachlich miteinander reden: Ich höre ihnen immer zu, obwohl ich kein Wort verstehe: ihre Stimmen sind ernst, aber es ist seltsam, sie über lateinische Witze lachen zu hören. Merkwürdig, daß die beiden, Pfarrer Pütz und Prälat Serge, die einzigen im Haus sind, die mir Sympathien entgegenbringen. Um elf Uhr rief Zimmer den Geheimsekretär des Bischofs an: »Protest gegen die

Geschmacklosigkeit der Drogisten – aber Vorsicht. Profanierung, wenn nicht Verhöhnung der Hieronymus-Prozession.* Vorsicht.«

Fünf Minuten später rief der Generalsekretär des Bischofs zurück: »Eminenz wird den Protest auf privater Ebene lancieren. Ein Vetter Seiner Eminenz ist Vorsitzender des Drogistenverbandes. Also Vorsicht.«

»Was hat die Audienz mit Bolz ergeben?«

»Noch nichts Genaues, aber weiterhin: Vorsicht.«

Prälat Zimmer verlangte kurz darauf Prälaten Weiner: »Sechs Versetzungen aus der Nachbardiözese.«

»Wie sind sie?«

»Zwei sind glatt Vier, drei Drei-Minus,* einer scheint gut. Huckmann. Patrizierfamilie.«*

»Kenne ich, ausgezeichnete Familie. Wie war's gestern?«

»Scheußlich, der Kampf geht weiter.«

»Wie?«

»Geht weiter, der Kampf – es war wieder Essig am Salat.«

»Und Sie hatten doch . . .«

»Hatte ausdrücklich seit Monaten auf Zitronen bestanden. Vertrage Essig nicht. Offene Kampfansage.«

»Wen vermuten Sie dahinter?«

»W.«, sagte Zimmer, »sicher ist es W. Mir ist ganz elend.«

»Scheußliche Sache, wir sprechen noch darüber.«

»Ja, später.«

So wäre ich bald eingeweiht worden in einen Kampf, der offenbar mit Essigtropfen geführt wird.

Gegen viertel nach elf rief mich Serge an.

»Bogner«, sagte er, »haben Sie Lust, einmal in die Stadt zu gehen?«

»Ich kann nicht weg, Herr Prälat.«

»Ich lasse Sie ablösen, für eine halbe Stunde. Nur zur Bank: Falls Sie Lust haben. Manchmal möchte man doch mal raus.«

»Wer soll mich ablösen?«

»Fräulein Hanke. Mein Sekretär ist nicht da, und die Hanke kann wegen des Hüftleidens nicht gehen. Haben Sie Lust?«

»Ja«, sagte ich.

»Na, sehen Sie. Kommen Sie gleich, wenn die Hanke da ist.«

Die Hanke kam gleich. Jedesmal erschrecke ich ein wenig, wenn sie mit dem seltsamen Schwingen ihres Körpers mein Zimmer betritt. Sie löst mich immer ab, wenn ich weg muß: zum Zahnarzt gehe oder Besorgungen mache, die Serge mir aufträgt, weil er mir eine Abwechslung verschaffen will. Die Hanke ist groß, hager und dunkel, sie bekam das Leiden erst vor drei Jahren, als sie zwanzig war, und ich werde es nicht leid,* ihr Gesicht anzusehen: Es ist zart und von Sanftmut beherrscht. Sie brachte mir Blumen mit, violette Astern, stellte sie in den Topf am Fenster und gab mir dann erst die Hand.

»Gehen Sie«, sagte sie, »was machen Ihre Kinder?«

»Gut«, sagte ich, »es geht ihnen gut.« Ich zog meinen Mantel an.

»Bogner«, sagte sie lächelnd, »jemand hat Sie betrunken gesehen. Damit Sie es wissen, falls Zimmer davon anfängt.«

»Ich danke Ihnen«, sagte ich.

»Sie sollten nicht trinken.«

»Ich weiß.«

»Und Ihrer Frau«, sagte sie vorsichtig, »wie geht es Ihrer Frau?«

Ich knöpfte meinen Mantel zu, blickte sie an und sagte: »Sagen Sie mir alles. Was spricht man über meine Frau?«

»Man sagt, daß sie wieder ein Kind bekommt.«

»Verflucht«, sagte ich, »meine Frau weiß es erst seit gestern.«

»Der geheime Nachrichtendienst* wußte es vor Ihrer Frau.«

»Fräulein Hanke«, sagte ich, »was ist los?«

Sie nahm ein Gespräch an, stellte die Verbindung her, sah mich lächelnd an: »Nichts Besonderes, wirklich nicht: Es wird erzählt, daß Sie trinken, daß Ihre Frau schwanger ist – außerdem sind Sie ja schon länger von Ihrer Frau getrennt.«

»Natürlich.«

»Na, sehen Sie. Ich kann Sie nur warnen, vor Zimmer, vor Bresgen, vor Fräulein Hecht, aber Sie haben auch Freunde im Hause, mehr Freunde als Feinde.«

»Ich glaube es nicht.«

»Glauben Sie es mir«, sagte sie, »besonders bei den Klerikern, fast alle mögen Sie gern«, sie lächelte wieder, »es ist die Ähnlichkeit des Typs* – und Sie sind nicht der einzige Trinker.«

Ich lachte. »Sagen Sie mir noch eins: Wer läßt Zimmer mit Essigtropfen langsam ermorden?«

»Sie wissen es nicht?« Sie lachte mich erstaunt an.

»Wirklich nicht.«

»Mein Gott, die halbe Diözese lacht darüber, und ausgerechnet Sie wissen es nicht, wo Sie im Zentrum des Klatsches sitzen. Also: Wupp – Dechant Wupp hat eine Schwester, die Leiterin der Küche im Kloster >Zum blauen Mantel Mariens<* ist. Muß ich Ihnen mehr sagen?«

»Weiter«, sagte ich, »ich habe keine Ahnung.«

»Zimmer hat verhindert, daß Wupp Prälat wird. Gegenzug: fünfzig Pfennige für eine Flasche billigsten Essigs, der in der Küche des Klosters >Zum blauen Mantel Mariens< aus einer verborgenen Ecke geholt wird, sobald Zimmer auftaucht. Nun gehen Sie aber, Serge erwartet Sie.«

Ich nickte ihr zu und ging. Sooft ich mit der Hanke gesprochen habe, erfüllt mich eine merkwürdige Leichtigkeit: Sie hat die Gabe, den Dingen alle Schwere zu nehmen, selbst der penetranteste Klatsch wird bei ihr nur zu einem liebenswürdigen Gesellschaftsspiel, zu dem man beitragen muß.

In dem weißgetünchten Gang, der zu Serges Zimmer führt, sind barocke Plastiken in die Wände einzementiert. Serge saß vor seinem Schreibtisch, hatte den Kopf in die Hand gestützt. Er ist noch jung, einige Jahre jünger als ich, und gilt als eine Größe im Eherecht.*

»Guten Morgen, Herr Bogner«, sagte er. Ich sagte: »Guten Morgen«, ging auf ihn zu, und er reichte mir die Hand. Er hat die außerordentliche Gabe, mich, wenn ich ihn nach einem Pump anderen Tags wiedersehe, in dem Gefühl zu lassen, daß er das Geld vergessen hat. Vielleicht vergißt er es wirklich. Sein Zimmer ist eins der wenigen, das nicht zerstört war: Die große Sehenswürdigkeit ist ein barocker

Fayenceofen* in der Ecke, von dem im Handbuch der Kunstdenkmäler als Besonderheit erwähnt wird, daß er nie geheizt wurde, weil der Kurfürst sich im Winter in einem kleineren Schloß aufhielt. Serge überreichte mir ein paar Verrechnungsschecks* und einen Briefumschlag, der bares Geld enthielt.

»Es sind zweiundsechzig Mark«, sagte er, »und achtzig Pfennige. Bitte zahlen Sie die Schecks und das Geld auf unser Konto ein. Sie kennen die Nummer?«

»Ich kenne sie.«

»Ich bin froh, wenn ich's los bin«, sagte er, »zum Glück kommt übermorgen Witsch zurück und ich kann den Kram abgeben.«

Er sah mich mit seinen sehr ruhigen, großen Augen an, und ich fühlte, daß er erwartete, ich würde von meiner Ehe anfangen. Tatsächlich könnte er mir wahrscheinlich raten; andererseits bin ich natürlich für ihn ein Fall, dessen Hintergründe ihn interessieren. Ich sehe in seinem Gesicht Güte und Klugheit, würde gerne mit ihm sprechen, bringe es aber nicht über mich. Manchmal meine ich, daß ich mit einem schmutzigen Priester reden, sogar bei ihm beichten würde, ich weiß auch, daß es keines Menschen Schuld ist, wenn er sauber ist, die Sauberkeit liebt, und gerade Serge nicht, dessen Güte ich spüre, würde ich sie vorwerfen, und doch hält mich die tadellose Weiße seines Kragens, die Präzision, mit der der violette Rand über die Soutane hinaussieht, davon ab, mit ihm zu sprechen.

Ich steckte das Geld und die Schecks in die Innentasche meines Mantels, blickte noch einmal auf und sah wieder in seine großen, ruhigen Augen hinein, die ständig auf mir zu liegen schienen. Ich spürte, daß er mir helfen wollte, daß er alles wußte, wußte selbst, daß er von sich aus nie davon anfangen würde. Ich hielt seinen Blick aus, bis er leise zu lächeln anfing, und ich fragte ihn plötzlich etwas, was ich schon seit vielen Jahren einmal einen Priester fragen wollte:

»Herr Prälat, glauben Sie daran, daß die Toten auferstehen?«

Ich beobachtete sein schönes, sauberes Gesicht genau, hielt es fest im Auge: Es veränderte sich nicht, und er sagte ruhig: »Ja.«

»Und glauben Sie«, fuhr ich fort – aber er unterbrach mich, hob die Hand und sagte ruhig: »Alles glaube ich. Alles, was Sie fragen wollen. Und ich würde sofort diesen Rock ausziehen, würde Scheidungsanwalt werden, den ganzen Stoß hier liegenlassen«, er deutete auf ein großes Aktenbündel auf seinem Schreibtisch, »würde ihn verbrennen, weil er dann überflüssig wäre für mich, überflüssig auch für die, die sich quälen, weil sie dasselbe glauben.«

»Verzeihen Sie«, sagte ich.

»Oh, wozu«, sagte er leise, »ich glaube, Sie haben das Recht, mich zu fragen, eher als ich das Recht hätte, Sie zu fragen.«

»Fragen Sie mich nicht«, sagte ich.

»Nein«, sagte er, »aber eines Tages werden Sie sprechen, nicht wahr?«

»Ja«, sagte ich, »eines Tages werde ich sprechen.«

Ich holte mir beim Portier die Zeitung ab, zählte draußen vor dem Eingang noch einmal mein Geld und schlenderte langsam in die Stadt. Ich dachte an vieles: an die Kinder, an Käte, an das, was Serge, das, was Fräulein Hanke mir gesagt hatte. Sie hatten alle recht, und ich hatte unrecht, aber keiner von ihnen wußte, auch Käte nicht, wie sehr ich mich wirklich nach den Kindern sehnte, auch nach Käte, und es kamen Augenblicke, in denen ich glaubte, ich hätte recht und alle anderen unrecht, weil sie alle so schön zu reden verstanden, und ich fand nie Worte.

Ich dachte nach, ob ich mir einen Kaffee leisten, dabei die Zeitung lesen sollte, hörte den Straßenlärm nur gedämpft, obwohl ich mitten durch ihn hindurchging. Jemand pries Bananen an. Ich blieb bei Bonneberg* vor den Schaufenstern stehen, sah mir die Übergangsmäntel an, die Gesichter der Schaufensterpuppen, die immer Schrecken in mir hervorrufen. Ich zählte die Schecks in der Innentasche meines Mantels, vergewisserte mich des Briefumschlags mit

dem Bargeld, und plötzlich fiel mein Blick in die Passage, die
Bonnebergs Schaufenster teilt: Ich sah eine Frau, deren
Anblick mein Herz berührte und zugleich Erregung in mir
hervorrief. Die Frau war nicht mehr jung, aber schön, ich sah
ihre Beine, den grünen Rock, die Schäbigkeit ihrer braunen
Jacke, sah ihren grünen Hut, vor allem aber sah ich ihr
sanftes, trauriges Profil, und für einen Augenblick – ich
weiß nicht, wie lange es war – setzte mir das Herz aus; ich sah
sie durch zwei Glaswände hindurch, sah, daß sie auf die
Kleider blickte, zugleich aber an etwas anderes dachte – ich
spürte mein Herz wieder schlagen, sah immer noch das Profil
dieser Frau, und plötzlich wußte ich, daß es Käte war.
Wieder kam sie mir fremd vor, für Augenblicke befiel mich
Zweifel, es wurde mir heiß, und ich dachte, ich würde
verrückt, aber sie ging jetzt weiter, ich folgte ihr langsam,
und als ich sie ohne die Glaswände sah, wußte ich, daß es
wirklich Käte war.

Sie war es, aber sie war anders, ganz anders, als ich sie im
Gedächtnis gehabt hatte. Immer noch, während ich ihr
nachging, in die Straße hinein, kam sie mir zugleich fremd
und sehr bekannt vor, meine Frau, mit der ich die ganze
Nacht zusammen gewesen war, mit der ich fünfzehn Jahre
verheiratet war.

»Vielleicht werde ich wirklich verrückt«, dachte ich.

Ich erschrak, als Käte in einen Laden ging, blieb neben
einem Gemüsekarren stehen, beobachtete den Eingang des
Ladens, und weit hinter mir, als riefe er aus einer Unterwelt
zu mir herauf, hörte ich den Mann, der genau neben mir
stand: »Blumenkohl, Blumenkohl, zwei für eine Mark.«
Obwohl es sinnlos war, ich hatte Angst, Käte würde nie
wieder aus dem Laden herauskommen: Ich sah auf den
Eingang, blickte in das grinsende Gesicht eines Javaners aus
Pappe,* der sich eine Kaffeetasse vor seine blanken Zähne
hielt, hörte die Stimme des Gemüsehändlers wie aus einer
tiefen Höhle heraus: »Blumenkohl, Blumenkohl, zwei für
eine Mark«, und ich dachte an sehr vieles, wußte nicht an was
und erschrak, als Käte plötzlich wieder aus dem Laden trat.

Sie ging in die Grüne Straße hinein, ging sehr schnell, und ich hatte Angst, wenn ich sie einmal für Augenblicke verlor, aber dann blieb sie vor dem Schaufenster eines Spielwarenladens stehen, und ich konnte sie anschauen, ihr trauriges Profil, ich sah ihre Gestalt, die viele Jahre lang nachts neben mir gelegen hat, die ich vier Stunden vorher noch gesehen und nun nicht erkannt hatte.

Als sie sich umwandte, sprang ich schnell hinter den Stand eines Ausrufers, konnte sie beobachten, ohne von ihr gesehen zu werden. Sie blickte in ihre Einkaufstasche, zog einen Zettel heraus, studierte ihn, und neben mir brüllte der Mann:

»Wenn Sie aber bedenken, meine Herren, daß Sie sich fünfzig – fünfzig Jahre lang rasieren, Ihre Haut also . . .«

Aber Käte ging weiter, und ich hörte den Spruch des Mannes nicht zu Ende, ich ging meiner Frau nach, überquerte vierzig Schritte hinter ihr die Straßenbahnschienen, die am Bildonerplatz zusammenlaufen. Käte blieb am Stand einer Blumenhändlerin stehen, ich sah ihre Hände, sah sie genau, sie, mit der mich soviel verband wie mit keinem Menschen auf dieser Welt: mit der ich nicht nur zusammen geschlafen hatte, gegessen, gesprochen, zehn Jahre lang ohne eine Unterbrechung – mit ihr verband mich etwas, was Menschen mehr verbindet als miteinander schlafen: Es hatte eine Zeit gegeben, in der wir zusammen gebetet hatten.

Sie kaufte große, gelbe Margueriten, auch weiße, und sie ging weiter, langsam, sehr langsam, sie, die eben so schnell gegangen war, und ich wußte, woran sie dachte. Immer sagte sie: Ich kaufe die Blumen, die auf den Wiesen wachsen, auf denen unsere Kleinen nie gespielt haben.

So gingen wir hintereinander her, dachten beide an die Kinder, und ich hatte nicht den Mut, sie einzuholen, sie anzusprechen. Ich hörte die Geräusche kaum, die mich umgaben: Sehr fern, sehr sanft trommelte die Stimme eines Ansagers in mein Ohr, der ins Mikrofon rief: »Achtung, Achtung, Sonderzug der Linie H zur Drogistenausstellung – Achtung, Sonderzug der Linie H . . .«

Ich schwamm hinter Käte her wie durch graues Wasser,

konnte die Schläge meines Herzens nicht mehr zählen, und wieder erschrak ich, als Käte in die Klosterkirche trat, die schwarze, ledergepolsterte Tür sich hinter ihr schloß.

Hier erst entdeckte ich, daß die Zigarette noch brannte, die ich mir angezündet hatte, als ich am Portier vorbei aus der Kanzlei getreten war: Ich warf sie weg, öffnete die Kirchentür, hörte Orgelmodulationen aufklingen, ging über den Platz zurück, setzte mich auf eine Bank und wartete.

Ich wartete lange, versuchte mir vorzustellen, wie es am Morgen gewesen war, als Käte in den Bus stieg, aber ich konnte mir nichts vorstellen – ich fühlte mich verloren, träge dahinschwimmend in einem unendlichen Strom, und das einzige, was ich sah, war die schwarze Kirchentür, aus der Käte herauskommen mußte.

Als sie wirklich kam, begriff ich nicht, daß sie es war: Sie ging schneller, hatte die großen, langstieligen Blumen oben auf die Tasche gelegt, und ich mußte mich beeilen, mit ihr Schritt zu halten, während sie rasch über den Bildonerplatz zurück wieder in die Grüne Straße ging: Die Blumen wippten im Rhythmus ihrer Schritte, ich spürte Schweiß in meinen Händen, taumelte leicht, während mein Herz von einem wunden Pochen erfüllt war.

Sie machte vor Bonnebergs Fenster halt, ich konnte schnell in die Passage schlüpfen und sah sie nun dort stehen, wo ich eben gestanden hatte, sah ihr sanftes, trauriges Profil, beobachtete, wie sie die Übergangsmäntel für Männer musterte, und wenn bei Bonneberg die große Pendeltür aufging, hörte ich von drinnen den Lautsprecher:

»Mäntel? – bei Bonneberg. Hüte? – bei Bonneberg. Kostüme? – bei Bonneberg. Ob Mantel, Jacke oder Hut, bei Bonneberg ist alles gut.« Käte wandte sich um, überquerte die Straße, blieb an einer Limonadenbude stehen, und ich sah wieder ihre kleinen Hände, als sie Geld über die Theke schob, Wechselgeld zurücknahm, es in ihre Börse steckte, winzige Gesten, die ich kannte, die mir jetzt heftige Schmerzen in meinem Herzen verursachten. Sie goß sich Limonade ins Glas, trank, und von drinnen schrie die Stimme:

»Mäntel? – bei Bonneberg, Hüte? – bei Bonneberg. Kostüme? – bei Bonneberg. Ob Mantel, Jacke oder Hut, bei Bonneberg ist alles gut.«

Sie schob langsam die Flasche, das Glas zurück, nahm die Blumen in die rechte Hand, und wieder sah ich sie weggehen, meine Frau, die ich unzählige Male umarmt hatte, ohne sie zu erkennen. Sie ging schnell, schien unruhig zu sein, drehte sich immer um, und ich duckte mich, bückte mich, spürte Schmerz, wenn ihr Hut für einen Augenblick untertauchte, und als sie an der Gerstenstraße an der Haltestelle der Zwölf stehenblieb, sprang ich schnell in eine kleine Kneipe, die der Station gegenüber lag.

»Schnaps«, sagte ich in das runde und rote Gesicht des Wirts hinein.

»Einen großen?«

»Ja«, sagte ich, und ich sah, wie draußen die Zwölf vorfuhr und Käte einstieg.

»Zum Wohle«, sagte der Wirt.

»Danke«, sagte ich, und ich goß den großen Schnaps hinunter.

»Noch einen, der Herr?« Der Wirt sah mich prüfend an.

»Nein, danke«, sagte ich, »wieviel macht es?«

»Achtzig.«

Ich legte ihm eine Mark hin, er zählte mir langsam, indem er mich noch immer prüfend anblickte, zwei Groschen in die Hand, und ich ging.

In der Gerstenstraße, über den Moltkeplatz ging ich langsam den Weg zur Kanzlei zurück, ohne zu wissen, daß ich ihn ging, am Pförtner vorbei in den weißgetünchten Flur, vorbei an den barocken Figuren, klopfte an Serges Zimmer und trat ein, als drinnen niemand antwortete.

Ich saß sehr lange an Serges Schreibtisch, blickte auf das Aktenpaket, hörte das Telefon klingeln, ließ es klingeln. Ich hörte Lachen auf dem Flur – wieder klingelte das Telefon heftig, aber wach wurde ich erst, als Serge hinter mir sagte:

»Na, Bogner, schon zurück – so schnell?«

»Schnell?« sagte ich, ohne mich umzuwenden.

»Ja«, sagte er lachend, »kaum zwanzig Minuten«, aber dann stand er vor mir, blickte mich an, und seinem Gesicht sah ich an, was geschehen war: Ich sah alles, wurde ganz wach, und ich konnte auf seinem Gesicht lesen, daß er erst an das Geld dachte. Er dachte, es wäre etwas mit dem Geld geschehen. Ich sah es ihm an.

»Bogner«, sagte er leise, »sind Sie krank oder betrunken?«

Ich zog die Schecks aus der Tasche, den Umschlag mit dem Bargeld, hielt alles Serge hin: Er nahm es, legte es, ohne es anzusehen, auf seinen Schreibtisch.

»Bogner«, sagte er, »sagen Sie mir, was geschehen ist.«

»Nichts«, sagte ich, »es ist nichts geschehen.«

»Ist Ihnen schlecht?«

»Nein«, sagte ich, »ich denke an etwas, mir ist etwas eingefallen«, und ich sah alles noch einmal hinter Serges sauberem Gesicht, sah Käte, meine Frau, hörte jemand rufen: Mäntel?, sah wieder Käte, die ganze Grüne Straße, ich sah die Schäbigkeit ihrer braunen Jacke, horte jemand einen Sonderzug der Linie H zur Drogistenausstellung ausrufen, sah die schwarze Kirchentür, sah langstielige, gelbe Margueriten, die für die Gräber meiner Kinder bestimmt waren, jemand rief: Blumenkohl! – alles sah, hörte ich wieder, sah Kätes trauriges, sanftes Profil durch Serges Gesicht hindurch. –

Als er wegging, sah ich an der weißen Wand über dem Fayenceofen, der nie gebrannt hatte, einen Javaner aus Pappe, der eine Kaffeetasse vor sein blankes Gebiß hielt. »Einen Wagen«, sagte Serge ins Telefon, »sofort einen Wagen.« Dann sah ich sein Gesicht wieder, fühlte Geld in meiner Hand und sah darauf hinunter: ein blankes Fünfmarkstück, und Serge sagte: »Sie müssen nach Hause.«

»Ja«, sagte ich, »nach Hause.«

NOTES TO THE TEXT

Page

36 **die Zwölf:** the number 12 tram (die Straßenbahn).

37 **die Zinken der Bettler:** signs or marks made on the door or wall of a house by beggars or pedlars to indicate the generosity of the occupants (more usually 'Gaunerzinken'.)

38 **(das) Pech:** normally 'pitch', here wax used by cobblers to treat shoe leather in order to make it waterproof.

Wir wohnten in der Luft . . .: i.e. the room where they had lived has been bombed. There are many oblique indications of a background of war damage throughout the novel.

des heiligen Crispinus: St Crispin is the patron saint of shoemakers because he is said to have worked as one. His emblem in art is therefore either a shoe or a cobbler's last (der Dreifuß).

39 **Wieder eine Besorgung zu machen an Ihre Frau:** 'Another packet to deliver to your wife'.

Wird erledigt: 'I'll see to it'.

In den ausgebrannten Fensterhöhlen: another indication of the war damage remaining in the city.

jenen Typen . . . denen ich . . . zu gleichen beginne: i.e.

Page

the beggars who used to knock to take advantage of his
mother's generosity, referred to on p. 37.

41 **Brüche werden durcheinander dividiert, indem man sie
umgekehrt malnimmt:** to divide by a fraction, you invert
it and multiply.

eine Zwei: roughly, Grade B. In German schools perfor-
mance is graded according to a scale 1 to 6. (1 = sehr gut,
2 = gut, 3 = befriedigend, 4 = ausreichend, 5 = man-
gelhaft, 6 = ungenügend.)

42 **Kirche zu den Sieben Schmerzen Mariä:** Church of the
Seven Sorrows of Mary. (These used to be referred to as
the Seven Dolours. In English 'Our Lady of Sorrow' is
used. Certain devotions in the Catholic Church focus on
seven particular sorrows in Mary's life.)

Winiza: Vinnitsa, south-west of Kiev in the Ukraine.

46 **das rote Ewige Licht:** the sanctuary lamp. In a Catholic
Church a small lamp is kept burning near the tabernacle
whenever wafers which have been consecrated at Mass
are there.

48 **ährentragender:** the allusion here is to motifs printed on
the different values of paper money. One such image is of
peasant women wearing wreaths made from ears of corn.

49 **Tagung des katholischen Frauenbundes:** Conference of
the Catholic Women's League.

52 **des Müttervereins:** the Union of Catholic Mothers.

53 **Der Wolf und die sieben Geißlein:** The Wolf and the
Seven Little Kids, one of the Grimms' *Kinder- und
Hausmärchen*.

**und für sie noch zwei weitere Etagen auf der vielstöckigen
Krone des Martyriums:** i.e. their ingratitude and
impoliteness give her another opportunity to be seen by
others to behave like a martyr.

54 **Renoir:** Pierre Auguste Renoir, 1841–1919, French
Impressionist painter.

57 **mein tiefer moralischer Stand wird mit einer gewissen
Milde betrachtet:** 'my low moral standing is viewed with
a certain amount of tolerance'.

Page

Florentiner: florentines (almond slices).

58 **Drogisten:** pharmaceutical chemists. From the many references in the work it is clear that the Association of Dispensing Pharmacists (Drogistenverband) is holding its annual conference in the city.

Es zog: There was a draught.

59 **des Blöden:** this is the word used throughout for the mentally retarded boy, Bernhard. If such a word were used today, it would imply, like 'idiot' or 'simpleton' in English, an unkind attitude towards mental abnormality; at the time when Böll was writing, this would not have been the case.

niederkniete: 'made a genuflection'.

60 **Reibekuchen:** savoury potato cakes.

61 **tiefausgeschnittenen Damen:** (to) ladies in low-cut dresses.

63 **Überschreitung des Zapfenstreiches:** i.e. failure to return to barracks before the sounding of the last post.

Dreiminuspriester mit einer Neigung zu vier plus: a C-minus priest, inclined to D + . (See earlier note to p. 41 on **eine Zwei** and to p. 187 on **Versetzungen**.)

Röcken: here 'cassocks'.

64 **Schwall:** here 'saliva' (der Speichel).

Schlangen, die sich stockend entfernten: 'lines of trams moving away in fits and starts'.

69 **Heil unserem Seelenhirten:** 'Welcome to our Pastor' – a visit from the Bishop is taking place.

71 **seiner Herr zu werden:** to be master of it, to get on top of it.

72 **kommen mir die Putzstücke entgegengebröckelt:** 'bits of plaster come crumbling towards me'.

. . . es klatscht . . . heraus: 'bits come clattering down'.

75 **zur Prozession:** There are numerous references in the novel to the procession in which the Bogner children are taking part (see notes to pp. 78 and 187, and to p. 85 on **den grünen Zweig der Erstkommunikanten**). It is of

Page

course ironic that this religious procession is going on at the same time as the advertising activities of the 'Drogistenverband'. (See Introduction, p. 13).

eines Niggers: in the 1950s this would not have been intended offensively (by a European, at least).

78 **dem heiligen Cassius:** St Cassius who, according to legend, was martyred in Bonn in the fourth century.

Prozessionstag: See notes to pp. 75, 85, and 187.

79 **Dreikönigenkirche:** Church of the Epiphany. (The Epiphany is the feast celebrating the coming of the Wise Men, the 'three kings' to Bethlehem, cf. Matt. 2:1–12.)

80 **Können Sie:** 'Yes, you can'.

die Caritas: (der Caritasverband) a charitable organization run by the Roman Catholic Church.

schien ihrer guten Laune nichts anzuhaben: 'did not seem to have any effect on their good humour'.

Barocklampen: lanterns in baroque (ornate) style.

81 **man munkelte, daß:** 'there was a rumour that'.

die scherzhafte Reklame einer großen Gummifirma von kirchlicher Seite sabotiert . . .: i.e. the models of storks with broken necks to advertise contraceptives (see p. 185).

mir schwirrten . . . durch den Kopf: 'were buzzing around inside my head'.

82 **diese durchgeknetete Musikalität:** this suggests musical sounds that have been worked over ('kneten' – to knead). Leila Vennewitz renders this nicely as 'scrambled harmonies' (Penguin ed. p. 48).

Rot der Märtyrer: red vestments are worn by priests on the feasts of martyrs.

die Sakramentsgruppe: The Blessed Sacrament, i.e. the wafer consecrated at the Holy Eucharist is in the main position in the procession carried here by the Suffragan Bishop (der Weihbischof) preceded by servers with lamps or candles. The group usually walks under a ceremonial canopy, a baldachin.

Page

unter dem knappen Käppi: when not wearing his mitre, the Bishop wears a skull cap.

83 **weit holten seine Beine aus:** 'he took long strides'.

Asketengesicht: an ascetic is one who leads an austere religious life, usually a monk or a hermit. The implication here, however, is that though the Bishop may well have the face of an ascetic, he does not lead the austere life.

Monstranz . . . Hostie: the monstrance is the receptacle in which the Sacrament is carried, so designed that the consecrated wafer (the host) is clearly visible (Latin: monstrare – to show).

84 **Tonsure:** In the rite of Holy Orders the person entering the priesthood or the monastic order has part of his head shaved.

Akademiker: There is in West Germany a 'Katholischer Akademikerverband' – presumably the reference here is to its members walking in a group in the procession.

Die farbentragenden Studenten: the students are wearing the traditional colours of their particular student society ('Verbindung'); they wear coloured caps ('Mützen', 'blau-rot-grünes Käppi') and sashes ('Schärpen'). These associations were and still are common in German universities, but after the period of National Socialist rule many of them fell into disrepute, particularly the notoriously right-wing 'schlagende Verbindungen' (the fencing corps). Clearly Fred finds the self-conscious seriousness of the students here somewhat ludicrous.

85 **Wechselgesang:** antiphonal (or, canon) singing – a series of alternating responses sung by a choir divided into two groups.

den grünen Zweig des Erstkommunikanten: children often make their First Communion on the feast of Corpus Christi, the Thursday after Trinity Sunday. The Procession may therefore be a traditional Corpus Christi procession. (See also notes to pp. 75 and 187.)

Page

87 **Kafka:** Franz Kafka (1883–1924), famous Jewish-German novelist from Prague. In the immediate postwar years – as now – a fashionable subject of conversation among aspiring intellectuals.

88 **die roten:** here, the cigarettes in the red pack (possibly those sold under the brand-name 'Roth-Händle').

89 **hielt im Kauen inne:** 'stopped in the middle of chewing'.
   ohne meinen Drogisten bin ich nichts: Fred of course uses the advertising slogan ironically here.

90 **an der verbrannten Mauer eines zerstörten Hauses:** another indication of the background of war damage.
   bürgerliches Essen: the normal – and usually reliable – sign in front of a modest hotel indicating that it offers good plain home cooking.

91 **Odessa . . . Sebastopol:** seaports on the Black Sea in the south west of Russia, scenes of decisive military sieges during the Second World War. (Fred, therefore, had served with the German army on the Russian front.)

93 **Gummi Griss:** a fictitious trade-name for a contraceptive.

94 **Nur echt mit dem Klapperstorch:** 'Only genuine when bearing the stork trade-mark'. (See also note to p. 81.) Parents used to tell their children that babies were delivered by a 'Klapperstorch'.

98 **Ziegelmuster, das in Streifen regelmäßigen Mäanders verlief:** the design of the bricks followed a regular meander or Greek key pattern.

99 **es hatte mir auf der Zunge geschwebt, war weggerutscht:** '(the adjective) had been on the tip of my tongue but had slipped away'.
   den Herrgott mit in unseren Alltag nehmen – ihm einen Turm in unseren Herzen bauen: fragments from the Bishop's sermon audible over the loudspeakers.
   eine fünfzehner Birne: a 15-watt bulb.

100 **einen Druck von Mona Lisa:** a reproduction of the Mona Lisa (the famous portrait by Leonardo da Vinci).

102 **Endstation der Neun:** terminus of the number 9 tram.

Page

Rondell: here refers to the turning circle used by a tram changing direction.

Skala: here the scale showing the numbers which come up on a one-armed bandit.

Kurbel: the lever which causes the numbers to rotate on a gaming machine.

105 **die Kanonade der Zahnpastafirma:** this ironically underlines the point that the poverty of the Bogners is set against a prosperous commercial background as the gunshots herald the advertising campaign associated with the meeting of the 'Drogistenverband'.

107 **ist offenbar eingeweiht . . . die Kinder verlasse:** 'he has obviously been let into my reasons for leaving the children'.

110 **die . . . Röte des Ewigen Lichtes:** see note to p. 46.

111 **Stuhl . . . an dessen Lehne ein Gitter genagelt war:** the grill nailed to a chair serves here as an improvised Confessional.

die Stola: the stole is an ecclesiastical vestment, usually of silk, worn around the shoulders of a priest whenever he exercises any priestly function.

113 **'In der Welt habt Ihr Angst . . . ich habe die Welt überwunden':** John 16:33.

'Gehet ein . . . nur wenige sind es, die ihn finden': Matt: 7.13.

These texts have been seen by W.A. Coupe (see Introduction p. 15 and Bibliography) as 'the key to the theological message of the novel'.

wenn Sie absolviert sind . . .: Absolution is the forgiveness of sin which can be given in the sacrament by the priest acting in the name of Christ. To give it he must as far as possible be assured of the sinner's repentance, intention not to repeat the sin(s) and readiness to make good if possible any harm done to another person. Here the priest is unsure whether he can give Käte absolution, in view of the hatred which she has expressed ('Haß auf die Priester, die in großen Häusern wohnen und

Page

Gesichter haben wie Reklamebilder für Hautcreme' –
p. 112). At her further plea he gives her conditional absolution, conditional on his having the power to do so; as he
has already said, he feels the need to think over the problem and perhaps take advice on it. Later the priest
absolves Käte completely. 'Sie sind absolviert, es gilt –
ich war sehr dumm, verzeihen Sie' (p. 179). This
indirectly reinforces the criticism of the Church hierarchy in the novel.

115 **die Zehn-, die Dreizehn-, etc:** A weekday Mass normally
takes about twenty-five minutes. Here, listing the periods
of time taken by different priests in a hurry, he is giving
expression to his own feelings towards the better-off,
the busier, the more successful members of the clergy.

sie kommen von der Kur: they are returning after having
taken the waters (at health spas).

Blödigkeit: 'idiocy' (see note to p. 59 on **des Blöden**).

116 **Berliner Pfannkuchen:** a kind of jam-filled doughnut.

119 **Das hat mir heute morgen ein Mann gesagt:** the man, of
course, was Fred (see p. 66).

120 **das Chorgebet:** the prayers of the Divine Office (Matins,
Vespers) sung or recited by the monks in the choir, i.e. as
a community.

124 **wohin ich . . . tun mußte:** 'where I had to place . . .'.

125 **Quintaner:** pupils in the second year at a secondary
school.

126 **Parzelle VII/L:** plot 7, on the left.

. . . von . . . Hausierern gekauft: See note to p. 37 on
his mother's generosity towards pedlars.

132 **Max-und-Moritz-Tapete:** wallpaper with the figures of
Max and Moritz, two famous cartoon figures created by
Wilhelm Busch in his comic satire *Max und Moritz* of
1865.

133 **. . . nur zwei Minuten . . . zum Segen:** i.e. he had gone
into a church, but the Mass was practically over. He had
just been in time for the last blessing, given right at the
end of the service.

Page

zum Evangelium . . . Meßdiener mit dem Missale: The priest moves to the left side of the altar to read the gospel. A server (altar boy) carries the Missal, i.e. the book giving the Mass prayers, across to the correct place for him.

mit roten Fähnchen im Knopfloch: i.e. members of the 'Drogistenverband' who are in the church simply as sightseers not participating in the worship (see Introduction p. 16).

bei der Wandlung: at the Consecration – the moment in the Mass when the bread and wine are sacramentally changed into the body and blood of Christ, at which point a bell is rung by the server.

Muttergottesaltar: the Lady Altar, dedicated to the Virgin Mary.

. . . betete ein Ave: The most frequently used prayer to the Virgin is the Hail Mary – in Latin: *Ave Maria* which quotes from Luke 1, verses 28 and 42 and then asks the Virgin to pray for us.

134 **das Blücherdenkmal:** memorial to Blücher (1742–1819), the famous Prussian field marshal prominent at Waterloo. Through this image of the destroyed memorial Böll makes a sharply anti-militaristic point.

Orchestrion: an orchestrion, or calliope is a mechanical musical instrument used at fairgrounds.

136 **das Kettenkarussell:** a merry-go-round, with gondolas suspended from chains.

gibt seinem Gesicht etwas Mummelndes, Greisenhaftes: 'gives his face something of the look of a doddering old man' (der Mummelgreis = old dodderer).

138 **Schockfreier:** the men who release the brakes on the fairground 'rides', after they have collected the money.

141 **das Todesjahr Karls des Großen:** Charles the Great, the Emperor Charlemagne, lived from AD 742 to 814.

142 **die zwar jeden Morgen den Leib Christi empfängt:** i.e. she receives Holy Communion every morning.

143 **Nofretete:** Nefertiti, an Egyptian queen, whose head is

Page

ever-popular with the makers of cheap photographic reprints for domestic use.

Isenheimer Altar: a famous altarpiece by Mathias Grünewald, now in a museum in Colmar.

Sonnenblumen van Goghs: 'Sunflowers', a famous painting by the Dutch Impressionist painter Vincent van Gogh (1853–90).

Beuroner Madonna: a product of the school of artists at the Benedictine Abbey at Beuron on the Danube.

144 **es ist nichts Besonderes mit dir los:** 'you're nothing special'.

145 **Paradentose:** periodontosis is degeneration of the gums, usually the result of vitamin deficiency.

146 **zwei Quadratmeter:** 2 square metres (*c.* 2 square yards).

148 **Danteforscher:** a Dante specialist. Dante Alighieri, (1265–1321), famous Italian poet, author of the *Divine Comedy*.

   einen alten Niederländer: 'an old Dutch Master' (painting).

149 **Die Tränen saßen mir im Hals:** 'my tears were choking me'.

150 **Röntgensaal:** X-ray theatre. (The bombed building had obviously been a hospital.)

151 **an den Füßen gepackt und rundgeschleudert:** 'held by the feet and twirled round'.

152 **entzogen sich der Lesbarkeit:** 'become illegible'.

154 **der zukünftige Kunde . . . ein geliebter Diözesan:** He is suggesting that the unborn baby is resisting the idea of ever being either a customer of one of the chemists or a member of the Bishop's flock. (The Bishop might use the phrase 'Geliebte Diözesane' addressing members of his flock.)

155 **Gummi Griss – schützt dich vor den Folgen:** a crude advertising slogan for a particular kind of contraceptive. (See notes to pp. 81 and 93.)

   das Geräusch . . . zielte . . . und traf genau: i.e. they are

Page

so disturbed because the advertising gimmick only conjures up the memory of real air-raids.

156 **Rapport:** a military report to the Higher Command.

Führer: the reference is of course to Hitler, whose language ('letzter Blutstropfen', 'nur nicht weich werden') the officers use in their telephone conversations.

157 **Rilke-Gedichte:** Rainer Maria Rilke (1875–1926), a German poet, born in Prague.

Ich bin bald gestorben, obwohl es mal was anderes war: 'I nearly died, but it made a change.'

er . . . ihn: = der Tod.

159 **das fehlt uns noch:** 'that's the last straw'.

160 **Rote Störche – wunderbarer, echter Gummi, lebensgroß:** there is considerable irony in the fact that the Bogner children have returned from the fair with the balloons used in the tasteless advertising gimmick for contraceptives.

163 **Sei schlau – mach nicht blau:** 'Be sensible. Don't get drunk and have to stay off work.' The slogan in German, of course, is crisper and rhymes. (Blau = drunk; einen blauen Montag machen = to skip work on a Monday.)

Doulorin: the name of the drug to cure a hangover, ironically, is reminiscent of the highly suggestive French word 'douleur', which in the Existentialist sense indicates a state of mind – not unlike that of Fred – which is plagued by uncertainty and doubt about the value of life. Böll is critical here of the moral emptiness of advertising and big business.

165 **es liegt gar nicht an der Wohnung. Glaubst du wirklich, es läge daran?:** 'It's not because of the flat. Do you really think it is?'

Straße ihres Scheitels: 'line of her parting'.

166 **sich so richtig im Schlamm zu wälzen:** 'really to wallow in the mud'.

167 **Es geht mir nicht darum, festzustellen, wer an irgend etwas schuld ist:** 'I'm not trying to decide who's guilty of anything.'

Page

168 **schloß das Kontrollgerät an:** 'connected the testing equipment'.

169 **Es ist viel Training:** 'It takes a lot of practice'.

170 **beschlagen:** here 'blacked out'.

172 **Ganz geheuer ist es mir nicht mit den jungen Frauen:** 'I'm not quite at ease with those young women.'

174 **streifte die Schuhe über die Füße:** 'slipped on my shoes'.

175 **Ich hatte fest darauf vertraut:** 'I had been convinced'.

176 **. . . die Verheißung eines anderen Lebens, das ehelos sein sollte:** Käte's words are alluding to a saying of Jesus recorded in the Gospels answering a trick question from the Sadducees (Mark 12:25 and more fully Luke 20:34–6). Fred clearly picks up her meaning, as is shown by his words (p. 177) 'Es wäre schön, dich wiederzusehen . . .' and 'Ich hoffe, du erschrickst nicht, wenn ich auch dort auftauche', i.e. he hopes she will not be taken aback when he turns up in heaven. (See also Introduction p. 23.)

Ich werde mich einem Drogisten anvertrauen . . .: Fred is using ironically the advertising slogan of the 'Drogistenverband'.

179 **Sie sind absolviert . . .:** see note to p. 113.

182 **das Todesjahr Karls des Großen:** See note to p. 141. The repetition of the motif characterizes Böll's method in this story. Käte's memory of her own schooldays and youth parallels that of her daughter Carla. Böll leaves it to the reader to decide whether this implies continuity – or a meaningless repetition.

183 **stellte mich:** 'cornered me'.

des Ansagers: here, radio-announcer.

Und er sagte kein einziges Wort: See pp. 75–6 and Introduction pp. 9–11.

184 **pro Stufe:** per rung (step).

185 **Prälat:** a title given to senior members of the clergy, cf. Monsignor in English.

186 **aus der Seelsorge in die Verwaltung versetzt:** 'transferred from pastoral to administrative work'.

Page

Scheidungsrichter: these will be church officials adjudicating matrimonial cases.

187 **Profanierung . . . der Hieronymus-Prozession:** The suggestion is that the pharmacists with their advertisements have shown lack of reverence, have even made a mockery of the procession (particularly as the Catholic Church condemns the use of contraceptives as immoral). It is not clear why the procession is here referred to as the Hieronymus-Procession. St Jerome (347–*c.* 420) is best remembered as the translator of the Bible from Greek and Hebrew into Latin (the Vulgate). It is likely that the procession described here is the Corpus Christi Procession (see notes to pp. 75 and 85).

Versetzungen . . . glatt Vier, drei Drei-Minus: transfers (of particular clerics) from the next diocese. They are here 'assessed' according to the school marking system, cf. earlier notes to p. 41 on **Eine Zwei** and p. 63 on **Dreiminuspriester.**

Patrizierfamilie: patrician, well-established family background.

188 **ich werde es nicht leid . . .:** 'I never get tired of . . .'.

Der geheime Nachrichtendienst: literally, 'Secret Service'; Fräulein Hanke means this metaphorically.

189 **die Ähnlichkeit des Typs:** the suggestion here is that the clerics like him because they are similar to him, sharing his qualities and his failings.

Kloster 'Zum blauen Mantel Mariens': Paintings and statues often portray the Virgin as wearing a blue cloak – here Böll invents from this a name for a convent.

gilt als eine Größe im Eherecht: 'is recognized as a great authority on marital law'.

190 **ein barocker Fayenceofen:** ornate tiled stove dating from the baroque period in the seventeenth century.

Verrechnungsschecks: crossed cheques (that must be paid into a bank account and not directly exchanged for cash).

191 **Bonneberg:** a department store.

192 **eines Javaners aus Pappe:** a Javanese figure made of cardboard (advertising coffee).

SELECT VOCABULARY

Abbreviations follow the pattern of the *Collins German Dictionary*, 1980, which was used in the preparation of this vocabulary. Suggested translations, however, refer specifically to Böll's usage *in this text*, not necessarily to standard German.

etw. **abbekommen** to get damaged
abgeerntet harvested
abgefallen unfrocked (priest)
abgehackt clipped, disjointed
abgehetzt harassed
abgestützt shored up
abhauen to get away, clear out
abirren to wander, stray
die **Abkürzung** abbreviation
ablösen to relieve, take over from
die **Abneigung (gegen)** aversion (to)
die **Absage** refusal

abwechselnd alternately
abweisend cold, dismissive
der **Acker** field
die **Aktentasche** briefcase
albern foolish, stupid
der **Alpdruck** nightmare
die **Andacht** (church) service
angeblich allegedly
angehalten sein to be obliged, required
die **Angel** hinge (of a door)
angeln to hook, fish out
der **Angelpunkt** pivot

angeschlagen
chipped

die **Anlage** park

anpreisen to sell,
hawk

der **Ansager** (station)
announcer

der **Anschlag** notice

anschreiben to chalk
up, put on tick

ansetzen to get in
position, start

ansteckend
infectious

**Anstrengungen (auf
sich) nehmen**
to take on
strenuous things

der **Anstrich** coat of
paint; veneer;
touch

sich **jdm. anvertrauen** to
trust, confide in

die **Arbeitsgemeinschaft**
association

aufblähen to fill,
distend, puff up

die **Auferstehung**
resurrection

aufgeschossen lanky

aufgestützt raised,
propped up

sich (dat.) **etw.**
aufpacken to
burden oneself
with sth.

aufpuffen to push,
nudge open
(gently)

aufreizend
provocative,
challenging;
irritating

sich **aufrichten** to sit up

etw. **in Aufruhr bringen**
to cause to revolt

aufschichten to pile
up

der **Auftrag** orders,
instructions

(Geld) auftreiben to
raise (money)

auftupfen to mop
up, dab

ausbrechen to bring
up, vomit

die **Ausbuchtung** curve

ausflicken to patch
up

ausgestochen
outlined

ausklatschen to
shake, wring out

ausknipsen to switch
off

auskotzen to spew
out, throw up

auskramen to dig up

ausräumen to clear
out

jdm. etw. ausreden
to talk sb. out of
sth.

der **Ausrufer** street
      trader
     ausscheiden to leave
der **Ausschuß** governing
      body, committee
     ausschwenken to
      rinse out
     ausweichen to get
      out of the way,
      avoid
     auszüngelnd licking,
      darting (flame)
der **Automat** pinball
      machine; one-
      armed bandit,
      fruit machine

die **Baskenmütze** beret
     bauchig bulbous
das **Baugerüst**
      scaffolding
der **Bauklotz** (building)
      brick, block
     baumeln to dangle
     (jdm.) bedienen to
      serve (sb.); to
      operate
das **Beet** flower bed
     (etw. zutage)
      befördern to
      unearth, bring to
      light
     beharrlich
      unwavering
die **Behörde** office;
      authority

     (jdm. die Regeln)
      beibringen to
      teach (sb. the
      rules)
der **Beichtstuhl**
      confessional
der **Beiklang** overtone
die **Beilage** supplement
     beiläufig casual
     beizen to stain
     beklemmend
      oppressive
     belanglos
      inconsequential,
      trivial
     beneiden to envy
     bergen to hold,
      clasp; to shelter
sich **besaufen** to get
      drunk
     bescheinigen to
      certify
sich **beschweren** to
      complain
     bestätigen to
      confirm
die **Bestürzung**
      consternation,
      alarm
     beten to pray
     bewachen to watch
     (vor Kälte) bibbern
      to shiver
die **Bierpfütze** puddle of
      beer
die **Bildung** education;
      culture

blechern metal

blinzeln to blink

die **Blockflöte** recorder

der **Blumenkohl**
cauliflower

bohnern to polish

das **Bohnerwachs** floor
polish

die **Borte** edge, trim

die **Bouillon** clear beef
soup

die **Brausekabine**
shower (cubicle)

brav good, well-
behaved (child)

brockenweise bit by
bit

brodeln to bubble

die **Bruchrechnung**
fractions

die **Bude** hut; stall,
kiosk; digs

das **Büfett** sideboard

bugsieren to tow

bummeln to stroll

das **Bumsen** banging

der **Bund** bond; vow(s)

der **Bürovorsteher** office
supervisor, chief
clerk

der **Dämmer** twilight

die **Demut** humility

derb strong, tough

die **Diele** hall

der **Diözesan** member of

the diocese

der **Domherr** canon

draufgehen to
disappear (money)

sich **einen Dreck um jdn.**
kümmern not to
give a damn about
sb.

der **Dreifuß** cobbler's
last

die **Drillichhose**
dungarees

die **Dringlichkeit**
urgency

der **Drogist** (dispensing)
pharmaceutical
chemist

das **Dröhnen** booming
(sound)

einen **Druck auf jdn.**
ausüben to exert,
put pressure on sb.

das **Durchschnittsgesicht**
nondescript face

das **Düster** gloom

eckig angular

das **Ehrengericht**
tribunal

das **Eichenlaub** oak
leaves

der **Eifer** enthusiasm;
eagerness

sich **eignen (als)** to be
suitable (as)

das **Eingemachte**
preserves

eingeschränkt restricted

eingespannt harnessed

einklemmen to jam (in)

der **Einmachgeruch** smell caused by preserving or bottling

auf jdn. einreden to keep on and on at sb.

einrücken to report for duty

der **Einsatz** bet, stake; military action

einstöpseln to plug in

das **Einverständnis** agreement, mutual understanding

jdn. in etw. (acc.) einweihen to initiate sb. into sth.

das **Einzahlungs-formular** paying-in slip

der **Eiter** pus

der **Ekel** disgust, revulsion

die **Emaille** enamel

die **Empörung** indignation

endgültig finally

entziffern to decipher

entzündet inflamed

die **Erhöhung** elevation

die **Erleichterung** relief

erobern to conquer

sich **bei etw. ertappen** to catch oneself doing sth.

der **Expedient** dispatch clerk

die **Fachausstellung** specialist exhibition

fachlich professionally

fachsimpeln to talk shop

fad soft, dull (sound)

fahl wan

die **Fahne** flag, banner

fahnenflüchtig sein to be a deserter, go absent without leave

der **Fallschirm** parachute

die **Falte** wrinkle

fauchen to hiss

die **Fäulnis** decay, rottenness

die **Feierlichkeit** solemnity

feist fat

das **Fell** skin, hide

die **Fernsprechzentrale** telephone exchange

der **Fetzen** shred, scrap (of torn paper)

flau insipid

flicken to mend

die **Fliese** tile

der **Fluch** curse

der **Flur** corridor, hall

freilegen to uncover, expose

der **Friedhof** graveyard

die **Frikadelle** rissole

die **Frömmigkeit** piety

frönen (+ dat) to indulge in

mit den Händen fuchteln to wave one's hands about

das **Futteral** case

füttern to feed (animals, children)

die **Garderobe** cloakroom

die **Gardinenstange** curtain rod

der **Gartenzwerg** garden gnome

das **Gebiß** (set of) false teeth

das **Gebrüll** braying, bellowing

gedämpft muffled

gedunsen bloated

das **Geflecht** web, network

das **Geflimmer** shimmering

der **Gegenzug** counter-attack

das **Gehalt** salary

geil lecherous

der **Geißelschlag** whip-lash

das **Geknatter** clatter

geknickt broken (neck)

gekräuselt screwed-up, wrinkled (nose)

die **Genugtuung** satisfaction

gerechtfertigt justified

die **Gerechtigkeit** fairness, justice

das **Gerede** talk, gossip

die **Gereiztheit** irritation

das **Geröll** pile of debris; scree

das **Geschwätz** chatter, prattle

das **Gewäsch** twaddle, claptrap

gewerbsmäßig professional

der **Giebel** gable

die **Gier** greed; craving

giftgelb sickly yellow

der **Gips** plaster

glätten to smooth out

die **Gleichgültigkeit** indifference

das **Glucksen** gurgling

das **Glücksrad** wheel of fortune

die **Gosse** gutter

die **Gratisprobe** free sample

graumeliert greying (hair)

grell gemalt gaudily painted

den **Griff tun** to make a movement with the hand

großartig wonderful, splendid

grübeln to brood

der **Grundstücksmakler** estate agent; dealer in land

das **Gummi** (sl.) rubber (contraceptive)

das **Gurren** cooing

der **Hahn** top

der **(die)Halbwüchsige** adolescent

handeln (mit) to deal (in)

das **Händlergeschlecht** merchant family

hantieren to busy oneself

hausieren to hawk, peddle

der **Hausmeister** school caretaker

der **Hebel** lever; bar (of a telephone)

heil undamaged

heiser husky, hoarse

die **Heiterkeit** cheerfulness, happiness

der **Heizkörper** heater

die **Heizsonne** electric fire

hell high-pitched

heranholen to conjure up

herumbrüllen to yell

der **Heuchler** hypocrite

hinauszögern to delay, put off

hingerissen overcome

hissen to hoist

die **Hobelbank** carpenter's bench

der **Hobelspan** wood shaving

hochmütig arrogant

hocken to crouch

die **Höhlung** hollow

das **Holpern** bumping, jolting

holprig bumpy

die **Holzverschalung** wooden frame

das **Hüftleiden** hip trouble

Hüpfen spielen to play hopscotch

die **Hure** whore

die **Inbrunst** fervour, passion

innehalten to stop

die **Innerlichkeit**
inwardness;
spirituality

innig fervently,
intently

die **Inschrift** inscription

der **Invalide** disabled
war veteran

der **Jammer** wretched
sight

der **Junggeselle**
bachelor

die **Kammer** (small)
room, box-room

die **Kanzlei** (church)
office

der **Kaplan** chaplain

das **Kasperletheater**
Punch and Judy
show

die **Kastanie** chestnut

Kater haben to have
a hangover

keck pert, cheeky

keifen to bicker

der **Kelch** chalice

die **Kirmes** fair

der **Kittel** smock; skirt

klacken to click

der **Klappenschrank**
switchboard

der **Klatsch** gossip

klauen to pinch,
nick

die **Klebemasse** adhesive

der **Klebestreifen** sticky
tape

klecksen to dab

der **Kleister**
(wallpaper-)paste

klimpern (mit) to
jingle (coins); to
tinkle

die **Kluft** chasm,
canyon, ravine

knackend clicking

**jdm. einen Knacks
geben** to give sb. a
jolt, a knock

knallen to bang,
slam

der **Knäuel** knot, group
(of people)

knurrend rumbling

die **Konkurrenz**
opposition,
competition, rival
organization

der **Korn** (corn-)
schnapps

der **Köter** (pej.) dog,
hound, mongrel

die **Kraft aufbringen** to
summon up the
strength

der **Kram** stuff, business

jdn. kränken to hurt
sb.'s feelings

die **Krankenkasse** (state)
medical insurance
(scheme)

kreischen to shriek, squeal

der **Kreislauf** cycle; (blood) circulation

der **Krempel** rubbish, junk

der **Kunde** client

der **Kurfürst** Elector, electoral prince

die **Lache** puddle

der **Lack** varnish, lacquer

der **Laden** shop; shutter

das **Lallen** babble

(den Protest) lancieren to launch (a protest)

langstielig long-stemmed (flowers)

sich **langweilen** to be (get) bored

der **Lappen** cloth

die **Last** weight, burden

der **Lauch** leek

das **Leichenhaus** mortuary

leiernd droning

die **Leitung** (telephone) cable, wire

das **Lesezeichen** bookmark

die **Leuchtschrift** neon writing, sign

der **Lichtkegel** beam

die **Lockenpracht** (magnificent) display of curls

sich **lockern** to loosen

das **Los** (lottery) ticket

die **Lücke** gap, opening

das **Luder** creature, rascal, scamp

der **Lutscher** lollipop

mager thin

das **Mahlen** grinding

der **Makler** broker

die **Manchesterjacke** corduroy jacket

die **Medaille** medallion

das **Meßbuch** missal

der **Meßdiener** server, acolyte

die **Messinghülle** brass cap, top

die **Mietskaserne** tenement block

das **Mittelschiff** nave (of a church)

die **Mohrrübe** carrot

muffig musty, stale (smell)

sich (dat.) **Mühe geben** to take trouble (over), make an effort

die **Mulde** hollow

mürrisch sullen, morose

die **Muschel** mouth-
piece (of a
telephone)
mustern to look
over, scrutinize

die **Nabelschnur**
umbilical cord
nachlassen to
decrease, ease up
nachrücken to move
up
närrisch (auf + acc)
mad (on)
nebenan next door
nippen (an + dat) to
sip
notdürftig in a
rough and ready
manner
nüchtern sober

ordentlich properly
der **Ornat** vestments,
robes

packen to take hold
of, seize
die **Papillote** hair-curler
die **Pappe** cardboard
die **Parzelle** plot (of
land)
die **Pendeltür** swing
door
die **Personalakte**
personal file
der **Pförtner** porter,
doorman

die **Phrase** empty
(hollow) phrase,
half-truth
der **Placken** patch
die **Platte** board, panel
platzen to burst
polternd noisy
das **Portal** gateway
die **Posaune** trombone;
(fig.) trumpet
die **Profanierung**
desecration
das **Profil** (raised) image
prügeln to beat
etw. auf Pump
kaufen to buy sth.
on tick
purzeln to tumble
pusten to blow

quälen to torment
das **Quieken** squealing
die **Rabenmutter** bad
mother
der **Rachen** throat
Ranken (pl.)
arabesques;
embellishment
der **Ranzen** (school)
satchel
rappeln to rattle
der **Rasen** lawn
die **Rasur** shave
die **Rate** instalment
ratlos helpless(ly)
redselig talkative
der **Reinfall** disaster,

flop, bad bet (of a person)

der **Reißverschlug** zip

reizend charming

richten to judge

der **Rost** grille, grating

das **Rübenkraut** turnip

sich (dat.) **einen Ruck geben** to make an effort, pull oneself together

rückgängig machen to cancel, call off

der **Rülpser** belch

der **Rummelplatz** fairground

(die Stirn) runzeln to wrinkle, crease

der **Rupfen** hessian

rutschen to slide, slip

sabotieren to sabotage

die **Saffianpantöf-felchen** little morocco leather slippers

die **Saite** string (of a musical instrument)

die **Sanftmut** gentleness

der **Sarg** coffin

die **Sauerstoff-Flasche** oxygen cylinder

sich **saugen** to be absorbed, sucked into

der **Säugling** baby

die **Säure** acidity

die **Schäbigkeit** shabbiness

der **Schacht** (lift-)shaft

der **Schaden** disadvantage; harm

der **Schal** scarf

scharfgewürzt hot, highly seasoned

der **Schattenriß** silhouette

die **Scheibe** pane (of glass)

scheppernd clattering

Scherereien einbringen to cause trouble

die **Schießbude** shooting gallery

die **Schlampe** slut

schlampig untidy

schlapphängend loose, floppy

schlecken to eat sth. sweet

der **Schleier** veil

eine **Schleife ziehen** to loop, turn round

schlendern to stroll

schlenkernd dangling

der **Schlitz** slot

die **Schlucht** gorge, ravine

das **Schlucken** gulp(-ing)

das **Schmalz** fat

schmiedeeisern wrought iron

(sich aneinander) schmiegen to cuddle, snuggle up to sb.

schmoren to braise, (pot-)roast

die **Schnauze** muzzle; front (of a stove/ machine)

schnauzen to shout, snap

der **Schnürsenkel** shoelace

der **Schopf** (shock of) hair

der **Schoß** lap; womb; vagina

schräg diagonally; obliquely

der **Schrott** scrap metal

Schulden machen to go into debt

(Kopf-)Schuppen (pl.) dandruff

(die Lippen) schürzen to purse one's lips

etw. in Schuß halten to keep sth. in good shape

der **Schuster** shoemaker

der **Schwaden** cloud

der **Schwamm** sponge

schwanger pregnant

der **Schweißapparat** welding equipment

die **Schwemmsteinmauer** plasterboard wall

schwerfällig clumsily

die **Schwermut** melancholy

schwindelig dizzy

etw. in Schwingungen bringen to cause sth. to vibrate/ rattle

schwul queer

die **Seelsorge** spiritual welfare (work)

segnen to bless

die **Seifenblase** soap bubble

das **Seitenschiff** side aisle (in a church)

die **Sektpulle** bottle of sparkling wine

die **Selbstgefälligkeit** complacency

der **Selbstmordversuch** suicide attempt

die **Selbstverständlichkeit** a thing taken for granted/ seen as natural

sensibel sensitive

der **Sitz** fit (of a dress/ suit)

der **Smoking** dinner jacket

die **Soutane** cassock

das **Spalier** row, line; trellis

der **Spalt** gap

das **Sparschwein** piggy bank

die **Sperrholzwand** plywood wall

die **Spesen** expenses

die **Spitze** lace

die **Spritze** icing (piping) bag

spröde weak, thin (sound); rough, hard (earth)

der **Spruch** quotation

der **Spruchband** banner

das **Stadtwappen** city coat-of-arms

der **Stapel** stack, pile

sich **stauen** to pile up

die **Stauung** build-up, accumulation; traffic jam

der **Stechschritt** goose step

die **Steppmaschine** (straight) stitching machine

stetig steady, unwavering

der **Stich** engraving

im **Stich lassen** to abandon

das **Stichwortverzeichnis** index of key words (reference dictionary)

stiernackig bull-necked

die **Stiftung** donation, endowment

stochern (in + dat) to pick at (food)

stocken falter, break off (when speaking)

das **Stöhnen** groaning

stöpseln to connect, plug in

der **Stoß** pile, stack

sich **straffen** to tighten up

die **Strähne** strand

stramm tight

der **Strauch** bush, shrub

sich **streiten** to quarrel

der **Strick** rope

die **Strieme** weal, streak

der **Strom** electricity

der **Strudel** whirl(-pool)

stumpf dull

Stunden geben to give (private) tuition

das **Tablett** tray

talgig greasy (skin)

die **Tapetenfabrik** wallpaper factory

taumeln to sway

der	**Tintenstift** indelible pencil		**umsäumen** to line
der	**Ton** clay		**umsonst** free of charge
der	**Toto** tote, odds (in betting)		**unausrottbar** ineradicable
	träge sluggish		**Unbehagen**
	trällern to warble		**hervorrufen** to
das	**Transparent** banner		cause disquiet
die	**Trauer** grief		**unbotmäßig**
der	**Trichter** megaphone		insubordinate
der	**Trog** trough	die	**Unerbittlichkeit**
der	**Trost** consolation		relentlessness
die	**Trostlosigkeit** hopelessness; misery	das	**Unkraut** weed(s)
			unstet unsteady, unreliable
der	**Trotz** defiance	die	**Unterführung**
der	**Trubel** hurly-burly		underpass
	tüchtig efficient, competent, capable		**Unterschlupf** gewähren** to offer shelter
der	**Tümpel** pond		**unwillkürlich**
	tuten to toot, hoot		involuntarily
die	**Übelkeit** sickness	die	**Verachtung** scorn
	einer Sache (gen.)		**verblüht** faded
	überdrüssig sein to be weary of sth.		**verfilzt** matted
		jdm	**zur Verfügung stehen** to be at
	überflüssig superfluous		sb.'s disposal
der	**Übergangsmantel** between-seasons coat	sich	**einer Sache vergewissern** to make sure of sth.
der	**Überhang** surplice	die	**Vergünstigung** privilege
	übernächtigt bleary-eyed		**verhängt** curtained
	überqueren to cross		**verhindert** would-be, frustrated
die	**Umarmung** embrace		

die **Verhöhnung** mockery

das **Verhütungsmittel** contraceptive

verkommen terrible, awful, degenerate (in appearance)

in **Verlegenheit kommen** to get into financial difficulties

sich **verpflichten** to undertake (to do sth.)

verschlissen worn

verschmiert greasy

verschont bleiben to be spared

verschossen faded

(Arme) verschränken to fold

verschwommen blurred

versetzen to transfer

verspritzt sprayed

verstreichen to pass (of time)

verunzieren to spoil

verwahrlost neglected

das **Verwaltungsgebäude** administration building

verziert decorated, embellished

verzückt enraptured

das **Visier** sight (of a gun)

vollgestapelt piled up

voraussetzen to require, demand; to presuppose, take for granted

das **Vordach** porch

die **Vorratskammer** store cupboard

die **Vorsicht** care

Vorsicht üben to be careful

die **Vorstandswahl** election(s) to the executive

der **Wächter** (night-) watchman

waghalsig bold, foolhardy

wählen to dial

wallend flowing (curls, gown)

wälzen to shift, roll

die **Wanze** bug

der **Wechselgesang** antiphonal singing

die **Wehen** (pl.) labour pains

wehend blowing, fluttering (in the wind)

sich **wehren** to defend oneself

der **Weihrauchgeruch** smell of incense

das **Weihwasser** holy water

der **Weltpriester** secular priest

werfen to throw; to warp, buckle

der **Widerständler** member of the Resistance

der **Windfang** porch

die **Wirtschafterin** housekeeper

wohlabgemessen measured

wohlgeraten fine, successful

der **Wohlklang** melodious sound

wühlen to burrow, rummage

der **Wulst** bead, knot

wund sore

(sich) zahnen to cut through

das **Zahnfleisch** gum(s)

die **Zange** pincers

zappeln to wriggle

die **Zartheit** softness, delicacy

auf **die Zehenspitzen stellen** to stand on tiptoe

das **(tutende) Zeichen** the (ringing/ buzzing) tone (of a telephone)

die **Zeltbahn** tarpaulin cover

das **Zeltdach** awning

der **Zeltpflock** tent peg

die **Zentrale** switchboard

zerfetzt ragged, tattered

zerknittert creased

zerknüllt crumpled

zerkocht overcooked

zermürben to wear down

zerstampfen to grind

zeugen to father (a child)

zierlich dainty, petite

die **Ziffer** number, digit, figure

zischen to hiss

zubilligen to grant

die **(körperliche) Züchtigung** (corporal) punishment

zugig draughty

zullen to suck

zünftig in good order; expert, professional

zupacken to grasp sth.

zupfen to tug

zurechtzupfen to pull together

**zusammengesch-
raubt**
compressed
zusammenklappen
to fold up
zusammenknüllen
to screw up,
crumple
zusammensacken to
collapse, subside

**zusammen-
schrumpfen** to
dwindle, grow
small
jdm. **zuzwinkern** to
wink at sb.
sich **zwängen** to squeeze
one's way
zwiebelig delicate,
fine (skin)